Ulrich Deinet
Innovative Offene Jugendarbeit

Soziale Arbeit und sozialer Raum

herausgegeben von Ulrich Deinet

Band 3

Ulrich Deinet

Innovative Offene Jugendarbeit

Bausteine und Perspektiven einer sozialräumlichen Offenen Kinder- und Jugendarbeit

Verlag Barbara Budrich
Opladen • Berlin • Toronto 2013

Bibliografische Information der Deutschen Nationalbibliothek
Die Deutsche Nationalbibliothek verzeichnet diese Publikation in der Deutschen Nationalbibliografie; detaillierte bibliografische Daten sind im Internet über http://dnb.d-nb.de abrufbar.

Gedruckt auf säurefreiem und alterungsbeständigem Papier.

www.budrich-verlag.de

ISBN 978-3-8474-0022-6 (Paperback)
eISBN 978-3-86649-542-5 (eBook)

Umschlaggestaltung: disegno visuelle kommunikation, Wuppertal – www.disenjo.de
Typografisches Lektorat: Judith Henning, Hamburg – www.buchfinken.com
Druck: paper & tinta, Warschau
Printed in Europe

Inhalt

Qualitätsentwicklung und Praxisforschung

Einleitung

Die Offene Kinder- und Jugendarbeit (OKJA) steht vor großen Herausforderungen: Besonders vor dem Hintergrund der Ausweitung der Ganztagsschule sowie des regional zum Teil erheblichen Rückgangs der Zahl von Kindern und Jugendlichen wird die Zukunftsfähigkeit der OKJA diskutiert. Parallel haben sich die Lebenswelten von Kindern und Jugendlichen deutlich verändert. Kommerzielle Angebote spielen eine größere Rolle, die virtuellen Räume haben eine enorme Bedeutung gewonnen, die junge Generation ist in den „sozialen Netzwerken“ des Internets zu Hause. Dies hat zur Folge, dass insbesondere die klassischen Angebote der Kinder- und Jugendarbeit sowie der Offene Bereich von Einrichtungen, Abenteuerspielplätzen usw. zum Teil nicht mehr so frequentiert werden wie dies in der Vergangenheit noch der Fall war.

Im Feld wird deshalb (zum Teil kontrovers) etwa eine stärkere Bildungsorientierung der OKJA diskutiert, die aber mit der Gefahr verbunden scheint, dass sie ihre Grundprinzipien wie das der Freiwilligkeit aufgeben muss und somit auch in ihrer Selbstständigkeit bedroht ist. Klar erscheint aber, dass sich die OKJA verändern und „neu erfinden“ muss! Dass sich für solche Veränderungen nur schwer allgemeine Tendenzen beschreiben lassen, hängt mit den unterschiedlichen Lebenswelten von Kindern und Jugendlichen zusammen, die sich nicht nur zwischen städtischen und ländlichen Regionen sehr differenziert darstellen. Die aus den Lebenswelten resultierenden Bedarfe und Anforderungen an die OKJA sind sehr unterschiedlich und differenzieren sich auch weiter nach Alter, Geschlecht, familiären Hintergründen, ethnischen Orientierungen etc. Der sozialräumliche Ansatz der OKJA geht davon aus, dass es möglich ist, aus einer Analyse der Lebenswelten von Kindern und Jugendlichen z. B. in einem Stadtteil Rückschlüsse für notwendige konzeptionelle Entwicklungen zu ziehen und konzeptionelle Differenzierungen, d.h. Profilierungen, Spezialisierungen, Schwerpunktbildungen von Einrichtungen und Projekten zu entwickeln. Dies ist nicht mit einer einmaligen Abfrage von Kindern und Jugendlichen zu bewerkstelligen, sondern setzt eine Haltung voraus, die mit dem „sozialräumlichen Blick“ nicht nur die Lebenswelten von Kindern und Jugendlichen dauerhaft unter die Lupe nimmt, sondern auch die Funktionalität der OKJA insgesamt verändert.

In diesem Buch werden Grundlagen, Methoden, Ansätze aber auch konkrete Beispiele beschrieben. Damit sollen Anregungen gegeben werden, wie Konzepte für eine zeitgemäße, innovative OKJA entwickelt werden können. Dazu zählen auch Methoden der Qualitätsentwicklung auf Einrichtungs-, Projekt-, wie auch auf kommunaler Ebene, bis hin zu Ansätzen der wissenschaftlichen Forschungs- und Innovationsentwicklung in diesem Feld. Damit soll ein Beitrag zur Weiterentwicklung der OKJA mit innovativen Bausteinen gegeben werden.

Aufbau des Buches und die einzelnen Beiträge

Ausgangslage

Der erste Beitrag fasst die wichtigsten Herausforderungen zusammen, mit denen die OKJA zur Zeit konfrontiert ist und beschreibt damit die schwierige Ausgangslage zwischen demografischem Wandel, der Veränderung der Schullandschaft und den spezifischen Bedingungen im Feld. Christian Reutlinger fokussiert im zweiten Beitrag urbane Lebenswelten als Rahmenbedingungen der OKJA und beschreibt städtische Räume als Aneignungsräume von Kindern und Jugendlichen, die in ihrer Dynamik und Entwicklung auch zu sehr verschiedenen sozialräumlichen Orientierungen und Mobilitätsformen führen – und damit auch zu sehr verschiedenen Wahrnehmungen und Nutzungen von Einrichtungen.

Sozialräumliche Konzeptentwicklung und Methoden der Lebensweltanalyse

Nach der Diskussion wesentlicher Rahmenbedingungen beschäftigen sich die folgenden vier Beiträge mit dem Ansatz einer sozialräumlichen Konzeptentwicklung sowie mit den Methoden der Lebensweltanalyse.

Der dritte Beitrag stellt die Schritte einer sozialräumlichen Konzeptentwicklung vor, die im Gegensatz zur klassischen institutionellen Konzeptentwicklung nicht von den Rahmenbedingungen der Institution, sondern von den Lebenswelten der Zielgruppen ausgeht und aus deren Analyse konzeptionelle Entwicklungen interpretiert. Sozialräumliche Konzeptentwicklung führt zu einer Sozialraumarbeit so wie sie von Reutlinger und Wigger auf drei unterschiedlichen Ebenen beschrieben werden, die für die OKJA zu einer Funktionalität führt, in der die Arbeit in der Einrichtung nur eine von drei Ebenen darstellt. Die Beiträge 4-5 beschäftigen sich mit den Methoden einer Sozialraum- und Lebensweltanalyse, dem Kernstück sozialräumlicher Konzeptentwicklung. Zunächst geht es im vierten Beitrag um den Einsatz sozialräumlicher Analyse- und Beteiligungsmethoden am Ort Schule. Das „Methodenset Schule“ stellt eine erprobte Form von Kinder- und Jugendbefragungen dar, die in sehr animativer Form als Kombination von Befragung, Nadelmethode und weiteren „Methodenstationen“ gestaltet werden kann. Im fünften Beitrag beschreibt Christina Muscutt vor dem Hintergrund der zunehmenden Bedeutung virtueller Räume für Jugendliche methodische Schritte, mit denen diese neuen Räume im Rahmen einer Lebensweltanalyse untersucht werden können. Sie befasst sich dabei mit einer Befragung zur Nutzung des Internets sowie einer Begehung virtueller Räume gemeinsam mit Jugendlichen.

Konzeptionelle Differenzierungen

Es folgen sieben Beiträge, die unter der Überschrift Konzeptionelle Differenzierungen verschiedene Bereiche der OKJA zeigen, in denen die Konzepte weiterentwickelt und ausdifferenziert wurden.

Im sechsten Beitrag geht es zunächst um den Offenen Bereich als Aneignungs- und Bildungsraum: dieser Bereich ist kaum vordefiniert und kann – im Vergleich zu den Räumen der pädagogisch durchorganisierten und intentional arrangierten Angebote – deshalb von Kindern und Jugendlichen angeeignet, verändert und als Raum eigensinnig interpretiert werden. Beitrag 7 beschreibt eine Kooperation zwischen Gemeinwesenarbeit und OKJA, die sich insbesondere in sogenannten Stadtteilen mit besonderem Entwicklungsbedarf nicht nur innerhalb des Programms soziale Stadt entwickelt hat. Dabei steht als gemeinsames Ziel die Revitalisierung öffentlicher Räume im Vordergrund. Die sozialräumliche Orientierung im zweitgrößten Bereich der Jugendhilfe (den Hilfen zur Erziehung) ist mit der großen Chance verbunden, eine viel stärkere Kooperation zwischen OKJA und HzE als bisher zu entwickeln. Im achten Beitrag wird gezeigt, dass die mit unterschiedlichen gesetzlichen und konzeptionellen Mandaten versehen Bereiche doch erhebliche Schnittmengen aufweisen, wenn es um die Aktivierung von Ressourcen in einem Sozialraum geht – bis hin zum Thema Kinderschutz, das sich als Querschnittsaufgabe für alle Bereiche der Jugendhilfe, also auch für die OKJA, stellt. Beitrag 9 diskutiert zunächst die früher sehr verbreitete Trennung zwischen stationärer und mobiler/aufsuchender Jugendarbeit, die in den letzten Jahren vielfach überwunden wurde. Gemeinsam mit Richard Krisch werden Ansätze einer mobilen, aufsuchenden und herausreichenden Arbeit beschrieben, die zu einem sehr interessanten Konzept der OKJA werden, in dem Chancen und Probleme beider Arbeitsformen so integriert werden, dass die Ansätze nicht unzulässig vermischt, sondern in einem sozialräumlichen

Ansatz produktiv verbunden werden. Im Beitrag 10 geht es um die Schaffung gesundheitsfördernder Settings als Aufgabe der OKJA. Die Inblicknahme der Lebenswelten von Kindern, Jugendlichen und ihren Familien mit Hilfe sozialräumlicher Methoden führt auch zu einer Thematisierung von Themen wie z. B. Ernährung. Das in der Sozialraumorientierung diskutierte Thema der Schaffung gesundheitsförderlicher Settings kann dabei in Verbindung gebracht werden mit den in der OKJA sehr oft zu findenden Ernährungs- und Verpflegungsangeboten. Beitrag 11 beschreibt die vielfach verbreitete Kooperation zwischen OKJA und Schule, zunächst auf der Grundlage der aktuellen Entwicklungen im Ganztagsschulbereich und den damit verbundenen Kooperationsformen. Eine Untersuchung aus NRW zeigt sehr unterschiedliche Varianten und Formen, die weit über eine Dienstleistungsorientierte Kooperation mit der neuen Ganztagsschule hinausgehen und Jugendarbeit als außerschulischen Lernort definieren. Dabei spielt eine weitere Öffnung sowie die Gestaltung von Schule als wichtigem Lebensort von Kindern und Jugendlichen eine große Rolle; nur so kann eine zukunftsweisende Kooperation zwischen beiden Bereichen aufgebaut und eine einseitige Inpflichtnahme der Jugendarbeit verhindert werden. Beitrag 12 befasst sich mit der mit dem Stichwort „Bildungslandschaft“ intendierten Verbindung unterschiedlicher Lernorte in einem Sozialraum zwischen institutionellen und informellen Settings. Eine solche Verbindung sollte dazu führen, dass die Jugendarbeit sich viel stärker als bisher in die Entwicklung solcher Bildungslandschaften einbringen kann, in dem sie außerschulische Lernorte betont und ihre Brückenfunktion zu außerschulischen Bildungsorten von Kindern und Jugendlichen wahrnimmt (etwa die Förderung informeller Bildungsprozesse im öffentlichen Raum). Auf der Grundlage eines breiten Bildungsbegriffes scheint die bisher eher schullastige Entwicklung von Bildungslandschaften zugunsten einer darüber hinaus gehenden Bildungsinfrastruktur möglich zu sein, in der sich die OKJA einbringen kann.

Qualitätsentwicklung und Praxisforschung

Im letzen Teil des Buches geht es um die Metaebene zwischen Qualitätsentwicklung und Praxisforschung.

Beiträge 13 und 14 fokussieren die Qualitätsentwicklung der OKJA auf Einrichtungsebene sowie auf kommunaler Ebene. Evaluation wird in diesem Zusammenhang nicht als technokratisches Verfahren verstanden sondern als Bewertung und Einschätzung der entwickelten konzeptionellen Differenzierungen sowie deren möglichen Veränderungen. Dazu dienen auf Einrichtungsebene unterschiedliche Methoden der Qualitätsentwicklung und Konzeptarbeit so wie auf kommunaler Ebene etablierte Verfahren wie der sogenannte Wirksamkeitsdialog zwischen Einrichtungen, politischer Steuerung, der Verwaltung und externen Partnern. Welche Hindernisse in Prozessen der Qualitätsentwicklung gegeben sein können und wie sie überwunden werden müssen thematisiert der 15. Beitrag auf der Grundlage von Beratungsprojekten mit Einrichtungen und Kommunen. Am Ende des Buches im Beitrag 16 wird die Notwendigkeit der Entwicklung innovativer Bausteine für die OKJA thematisiert, ausgehend von der Annahme, dass solche Entwicklungen bereits existieren, zum Teil aber auch im Feld selbst nicht ausreichend wahrgenommen, thematisiert, untersucht und systematisiert werden. Das Vorhaben einer innovativen Praxisforschung ist mit dem Ziel verbunden zu einem stärkeren Transfer zwischen Praxisforschung und Ausbildung in der OKJA zu gelangen, auch um dieses Feld am Arbeitsmarkt wieder attraktiver zu machen.

Entstehung der Beiträge und Danksagung

Die Beiträge beziehen sich zum großen Teil auf in den letzten fünf Jahren in Zeitschriften und Büchern veröffentlichte Texte. Die einzelnen Buch- und Zeitschriftenbeiträge befassten sich mit sehr unterschiedlichen Aspekten der OKJA, die zusammen genommen ein breites Spektrum der OKJA erfassen. Die einzelnen Beiträge wurden verändert, aktualisiert oder auch zusammengefasst; die Quellen werden zu Beginn jedes Kapitels in einer Fußnote genannt.

Ich bedanke mich vor allem bei der Zeitschrift „deutsche jugend“ und bei den Fachverlagen (Barbara Budrich, Beltz Juventa, Springer VS) für die Freigabe meiner Texte, die – so meine Hoffnung – als Ganzes mehr sind als die Summe der Einzelbeiträge und ein umfassendes Bild der Offenen Kinder- und Jugendarbeit abgeben. Mein Dank geht auch an die Mitautor/innen Christina Muscutt, Katja Müller, Michael Janowicz, Richard Krisch, Christian Reutlinger und Matthias Spaan.

Ulrich Deinet März 2013

Ulrich Deinet, Katja Müller

Die Offene Kinder- und Jugendarbeit vor großen Herausforderungen

Die Offene Kinder- und Jugendarbeit hat sich in den westdeutschen Bundesländern nach dem Zweiten Weltkrieg insbesondere als Freizeitangebot für Kinder und Jugendliche nach der (Halbtags-)Schule entwickelt, nicht zuletzt als Unterstützung für die Kinder und Jugendlichen, die auf Grund ihrer familiären und sozialen Situation und ihres Wohnumfeldes auf eine öffentliche Förderung besonders angewiesen sind. Auch in der DDR gab es ansatzweise vergleichbare offene Jugendeinrichtungen, z. B. als Jugendclubs. Unterschiedliche jugendpolitische Bedingungen in den Bundesländern, besonders aber kommunale Voraussetzungen, führten dazu, dass sich das Feld sehr differenziert entwickelt hat. So gibt es große Unterschiede in der Trägerstruktur und zwischen Jugendeinrichtungen in Klein-, Mittel-, Großstädten und Landkreisen – bei konzeptionellen Grundelementen, die fast überall zu finden sind. Die meisten offenen Einrichtungen sind heute eher klein bis mittelgroß, d. h. sie verfügen oft nur über wenige Stellen für hauptamtliches Personal, das aber meist durch mehrere Honorarkräfte unterstützt wird. Eine „Einzelkämpfersituation" von Fachkräften ist häufig anzutreffen. Es haben sich auch andere Formen der Organisation der Offenen Kinder- und Jugendarbeit entwickelt, etwa Teams der Kinder- und Jugendförderung, in denen hauptamtliche Fachkräfte auf der Ebene eines Stadtteils oder Bezirks tätig sind und nicht ausschließlich in einer Einrichtung agieren. Auch Formen der mobilen oder aufsuchenden Jugendarbeit haben sich mit dem Bereich der OKJA als Ausdruck einer sozialräumlichen Orientierung vernetzt. Offene und mobile Jugendarbeit ist damit häufig regelmäßig im Stadtteil präsent und führt Angebote im öffentlichen Raum, etwa auf Plätzen oder in Parks durch.

Im Folgenden soll mithilfe empirischer Befunde ein Blick auf die aktuelle Situation der Offenen Kinder- und Jugendarbeit geworfen werden. Daten zu den Rahmenbedingungen (Finanzen, Personal etc.) werden mit Einschätzungen von Fachkräften zu ihrer Arbeitssituation in Beziehung gebracht. Am Ende werden daraus aktuelle fachpolitische Herausforderungen formuliert.

Die Positionierung der Jugendarbeit innerhalb des Systems der Jugendhilfe

Die Positionierung der Offenen Kinder- und Jugendarbeit und ihr spezifisches Mandat im System der Jugendhilfe lassen sich wie folgt zusammenfassen: Offene Kinder- und Jugendarbeit ist Erziehung, Bildung, Betreuung für alle Kinder und Jugendlichen. Im Sozialgesetzbuch VIII heißt es dazu:

> „Jungen Menschen sind die zur Förderung ihrer Entwicklung erforderlichen Angebote der Jugendarbeit zur Verfügung zu stellen. Sie sollen an den Interessen junger Menschen anknüpfen und von ihnen mitbestimmt und mitgestaltet werden, sie zur Selbstbestimmung befähigen und zu gesellschaftlicher Mitverantwortung und zu sozialem Engagement anregen und hinführen" (§11 SGB VIII (1).

Damit ist sehr deutlich ein Curriculum der Kinder- und Jugendarbeit beschrieben, das dieses von anderen Arbeitsbereichen der Jugendhilfe unterscheidet:

- Offene Kinder- und Jugendarbeit gehört nicht zum Jugendschutz oder zur Jugendsozialarbeit,
- Kinder- und Jugendarbeit ist nicht Prävention im Vorfeld der Hilfen zur Erziehung (kann aber diese Wirkung entfalten),
- Kinder- und Jugendarbeit ist nicht Hilfe zum Übergang in den Beruf (kann aber auch diese Wirkung entfalten) (vgl. Deinet u.a. 2010).

Die Offene Kinder- und Jugendarbeit muss in ihren Inhalten, Methoden und Angeboten „offen" bleiben, weil sie sich an den häufig wechselnden Themen und Interessen von jungen Menschen orientieren soll. Oft entsteht ein Widerspruch zwischen dem genuinen Ansatz der Offenen Kinder- und Jugendarbeit und den vielfach durchgeführten (Präventions-)Programmen, die sich an potentiellen Gefahren und Gefährdungen orientieren. Das Jugendbild der OJKA aber ist grundsätzlich positiv und nicht eingeschränkt auf „Randgruppen" oder „benachteiligte" Jugendliche. Ausgangspunkt sind nicht potentielle Gefährdungen sondern die Förderung von Kindern und Jugendlichen in ihrer Entwicklung als Aufgabe der Jugendarbeit.

Es geht nicht darum, auf gesetzlichen Grundlagen zu beharren, aber im Vergleich zu den anderen Bereichen der Jugendhilfe ist diese Positionierung wichtig, weil schon das Gesetz die Kinder- und Jugendarbeit auffordert, sich nicht zwingend vom Präventionsparadigma leiten zu lassen, das die Soziale Arbeit mit jungen Menschen sonst weitgehend bestimmt. Auch der Bildungsbegriff der Jugendarbeit (vgl. Sting/Sturzenhecker 2012) geht von einem positiven Jugendbild aus und betont die Entwicklungsmöglichkeiten von

Kindern und Jugendlichen. Da mit dem Angebot der Kinder- und Jugendarbeit kein individueller Rechtsanspruch verbunden ist, wird auch damit unterstrichen, dass die allgemeine Entwicklungsförderung für alle jungen Menschen ihre Leitlinie ist.

Zwischen gefühlter und empirischer Ausgangslage

Der skizzierte rechtliche und fachpolitische Auftrag der Kinder- und Jugendarbeit benötigt unterstützende Rahmenbedingungen für seine Umsetzung. Sind diese tatsächlich gegeben? Im Rahmen des Projekts „Ausgebrannt" hat der Kinder- und Jugendring Sachsen zu dieser Frage im Jahr 2011 die Alltagserfahrungen von Fachkräften in der Kinder- und Jugendarbeit (OKJA, Jugendverbandsarbeit) untersucht. Ausgangspunkt war die Feststellung, dass sich in Sachsen die Rahmenbedingungen der Jugendarbeit erheblich verschlechtert hatten. Die Reduzierung von Landesmitteln bezogen auf die Förderung von Fachkräften und Projekten der Jugendbildung, eine Einschränkung der Vorgaben für die kommunale Förderung, eine Verdichtung des Verwaltungsaufkommens, desolate kommunale Budgets, sowie eine damit einhergehende verstärkte Konkurrenz der Träger um Fördermittel (vgl. Wendt 2012, S. 27) veranschaulichen äußert problematische Veränderungen in diesem Feld. Wendt befragte im Rahmen des Projekts repräsentativ die Auswirkungen dieser Entwicklungen für die Fachkräfte der Jugendarbeit. Sie beschrieben in Interviews und Fragebögen ihre Arbeitsbedingungen sehr belastend, mit den Bildern von „Hamsterrad, kaukasischer Kreidekreis, kein Durchatmen, bis zum Umfallen, nichts geschafft haben" (ebd., S. 34).

Als Ergebnis zeichnet Wendt ein düsteres Bild einer überforderten Jugendarbeit, die auf Grund eingeschränkter und auch nicht zu kalkulierender Rahmenbedingungen fachlich ins Trudeln gerät. Durch diese „Bedingungen des Prekariums" sieht er ein Fünftel der (vor allem jüngeren und akademisch ausgebildeten) Fachkräfte akut gefährdet, durch Burnout oder Arbeitsplatzwechsel der Jugendarbeit verloren zu gehen (vgl. ebd.) Können diese dramatischen Beobachtungen als Folge schwieriger Arbeitsbedingungen in der Jugendarbeit aus Sachsen auf das gesamte Bundesgebiet übertragen werden?

Finanzen

Die Wissenschaftler der Dortmunder Arbeitsstelle Kinder- und Jugendhilfestatistik kommen bezogen auf die Auswertung von Daten zur Finanz- und Personalausstattung zu einer differenzierten Einschätzung. Für die Jugendarbeit stellen sie nach leichten Anstiegen seit 2009 eine Stagnation der Ausgaben fest. Es gibt allerdings deutliche Unterschiede in den einzelnen Bundesländer zu verzeichnen (vgl. Schilling 2012, S. 7): Einem Rückgang in Ostdeutschland allgemein stehen beispielsweise einzelne Zuwächse in den Ländern Brandenburg (+ 8,6%) und Niedersachsen (+ 8,3 %) gegenüber (vgl. ebd.). Es ist zu berücksichtigen, dass sich diese Angaben auf das gesamte Feld der Jugendarbeit (Jugendverbandsarbeit, Jugendbildungsarbeit und OKJA) beziehen. Für NRW bietet die Strukturdatenerhebung regelmäßige Entwicklungslinien für die Offene Kinder- und Jugendarbeit allein ab. Hier ist entgegen des westdeutschen Trends bei einer konstanten Landesförderung der letzten Jahre ein Rückgang der Ausgaben um 5% zwischen 2008 und 2011 zu verzeichnen – ein Hinweis auf einen Bedeutungsverlust der OKJA oder die prekäre Finanzlage der Kommunen (vgl. LWL/LVR 2012)?

Personal

Mit dem Beitrag „Jugendarbeit – gelandet nach freiem Fall?“ stellt Pothmann im Jahr 2010 nach deutlichen Rückgängen zwischen 1998 und 2006 erstmals wieder Zuwächse bei der Zahl der Einrichtungen (+4%) und im Personaltableau (+6%) fest, allerdings wieder mit deutlichen Unterschieden in Ost- und Westdeutschland (vgl. Pothmann 2012, S. 14): Während im Westen die personellen Ressourcen zwischen 2006 und 2010 um 9 % zunahmen, reduzierten sie sich in Ostdeutschland um 11%. Die in Ostdeutschland noch stärker wirkenden demografischen Veränderungen dürften ein Grund für diese Unterschiede sein (vgl. ebd.). Dennoch können in NRW die westdeutschen Zugewinne für die OKJA nicht bestätigt werden: Hier kam es in der Zahl der Fachkräfte und der Einrichtungen – wie bei den Ausgaben – zwischen 2008 und 2011 zu einem Rückgang um ca. 5%. Die Zahl der hauptberuflich Beschäftigten der OKJA ist damit in NRW seit 2002 in 2011 erstmals rückläufig (vgl. LWL/ LVR 2012).

Bezogen auf den Altersaufbau des Personals, der in den letzten Jahren vor allem unter dem Stichwort Überalterung diskutiert wurde, scheint das Ende einer Entwicklung absehbar. Der Anteil der über 40-Jährigen in der Kinder- und Jugendarbeit hat sich zwischen 1998 und 2010 von 36% auf 50% erhöht, seit 2006 war jedoch nur noch ein Anstieg um 2 Prozentpunkte zu konstatieren (vgl. Pothmann 2012, S. 15). Positiv angestiegen ist das Qualifikationsniveau der Fachkräfte in der Kinder- und Jugendarbeit, insbesondere in den ostdeutschen Bundesländern: Während im Westen der Anteil der sozialpädagogisch ausgebildeten Akademiker/-innen konstant bei rund 43% aller in der Kinder- und Jugendarbeit tätigen Personen liegt, stieg im Osten die Quote auf knapp 33% an (vgl. ebd.).

Neben dieser Professionalisierung des Feldes verändern sich die Beschäftigungsverhältnisse: Der Anteil der Vollzeitstellen in der OKJA sank in NRW seit 2004 auf nun 47.5 % (LWL/ LVR 2012), die Arbeitsverhältnisse werden durch Teilzeitanstellungen, Befristungen und ein sinkendes Lohnniveau prekärer (vgl. Schmidt 2011, S. 24f.). Schmidt vermutet, dass zunehmend einzelne unbefristet angestellte Mitarbeiter/innen in Leitungspositionen (in Vollzeit) in Kombination mit einer Vielzahl von befristet angestellten Teilzeit- und Honorarkräften das Feld prägen. Die Gründe für eine gestiegene Verweildauer liegen in der Veränderung des öffentlichen Tarifsystems, sowie verschiedenen Tarifsystemen freier Träger, die dazu führen, dass sich berufliche Veränderungen finanziell eher nachteilig auswirken. Je nach Erhebung wird die durchschnittliche Verweildauer in Einrichtungen mit 8-14 Jahren angegeben. Es ist also nicht mehr – wie vor über zehn Jahren empfohlen – nach fünf Jahren Schluss (vgl. Deinet 2000).

Den in vielen Aspekten positiven Entwicklungen der Offenen Kinder- und Jugendarbeit stehen demnach in einzelnen Bundesländern und Regionen sehr gravierende Einschnitte gegenüber. Manche positiven Trends sind zudem auf Zuwächse in den Ganztags- und Betreuungsangeboten zurückzuführen, die im Zuge des Ausbaus der Ganztagsschule stark angestiegen sind. Zum Teil werden diese von der Kinder- und Jugendarbeit getragen, sind aber bei genauerem Hinsehen nur teilweise dem originären Auftrag der Kinder- und Jugendarbeit zuzuordnen. Es zeigt sich also auch in der Empirie die typische Vielfalt und Ungleichzeitigkeit des Feldes. Aufgrund der sehr unterschiedlichen Entwicklungsdynamik bilden (bundesweite) Durchschnittswerte die regionalen Tendenzen nicht ab. Auch „korrespondieren die jüngsten empirischen Befunde nicht ohne Weiteres mit der „gefühlten Wirklichkeit des Feldes" (Pothmann 2012, S. 15).

Bezogen auf die Rahmenbedingungen der Offenen Kinder- und Jugendarbeit bleibt also festzuhalten: Die OKJA gehört zu den gesetzlich nur unzureichend abgesicherten Feldern der Jugendhilfe. Die nicht festgelegte Ausgabenhöhe führte je nach kommunalpolitischer (und landespolitischer) Akzeptanz des Feldes und Bemessung des Jugendhilfe-Etats zu einer sehr uneinheitlichen Ausstattung an Personal, Einrichtungen und Angeboten. Einerseits wird sie im Vergleich zu den Leistungsbereichen der Jugendhilfe mit individuellem Rechtsanspruch (Kindertageseinrichtungen und der Hilfen zur Erziehung) eher marginalisiert und muss als Leistung „nach pflichtgemäßen Ermessen" (§ 74 Abs. 3 KJHG) häufig hinter anderen Themen anstehen. Demgegenüber stellt die Offene Kinder- und Jugendarbeit in vielen Kommunen aber auch einen anerkannten Bestandteil der sozialen Infrastruktur dar, deren Einrichtungen z. B. bei der Entwicklung von Bildungslandschaften als eigenständige außerschulische Bildungsinstitutionen in kommunale Vereinbarungen einbezogen werden. So werden derzeit zum Teil neue Einrichtungen gebaut, während anderswo der Ausstieg aus dem Feld aus finanziellen Gründen eingeläutet wird. Auch wenn überörtliche und kommunale Qualitäts- und Wirksamkeitsdialoge zu positiven Auswirkungen auf die fachliche Präsentation und Legitimation führen (vgl. Deinet u.a. 2007), können diese die Strukturveränderungen und zum Teil deutlichen Kürzungen im Bereich der Jugendarbeit nicht verhindern. Der Erhalt oder Ausbau dieses erreichten Bestandes ist durch die zugespitzten kommunalen Haushaltslagen aktuell weniger von fachlichen Maßgaben als von finanziellen Spielräumen abhängig. Wenn externe Gutachter Einsparungshinweise geben und die überörtliche Finanzaufsicht kommunale Haushalte genehmigt, sind die Entscheidungen über Zukunft und Weiterentwicklung dieses Arbeitsfeldes nicht mehr allein in kommunalpolitischer Hand.

Das Dilemma der Jugendarbeit fasst Wendt in seinen Schlussbemerkungen zu den Studienergebnissen in Sachsen sehr treffend zusammen: „Die Jugendarbeit erfüllt in diesen Prozessen eine wichtige Funktion jenseits formeller (Aus-)Bildungsprozesse; sie stützt Prozesse des Heimisch-Seins und -Werdens; sie trägt dazu bei eine positive Bindung zum Land und seinen Chancen und Möglichkeiten zu entwickeln. Ihre Bedeutung ist empirisch wie bildungstheoretisch (vgl. Kinder- und Jugendbericht 2005), aber längst noch nicht jugend- und sozialpolitisch anerkannt" (Wendt 2012, S. 34). Wendt deutet hier auf ein grundsätzliches Dilemma der Kinder- und Jugendarbeit insgesamt hin: Es existiert eine große Diskrepanz zwischen einem theoretisch und empirisch belegbaren Bedeutungsgewinn der Kinder- und Jugendarbeit insbesondere in der Bildungsdebatte und einem empfundenen Bedeutungsverlust, der etwa in der Studie aus Sachsen und durch die Feststellung eingeschränkter Rahmenbedingungen belegt wird.

Aktuelle Herausforderungen

Gesamtgesellschaftliche Veränderungsprozesse haben immer auch Auswirkungen auf die Lebenssituation von jungen Menschen. Die Verfasser des 9. Kinder- und Jugendberichtes der Landesregierung von Nordrhein-Westfalen nennen:

- den demographischen Wandel und das Verhältnis der Generationen zueinander,
- die Integration von Menschen mit Zuwanderungsgeschichte,

- die Förderung von Kindern und Jugendlichen, die unter schwierigen Lebensverhältnissen aufwachsen.

als die aktuell größten Herausforderungen für die gesamte Jugendhilfe (MGFFI 2010, S. 6). Für die Offene Kinder- und Jugendarbeit lassen sich diese wie folgt konkretisieren und ergänzen:

Veränderungen der Schullandschaft

Insbesondere die Bildungsdebatte und die Veränderung der Schullandschaft beeinflussen die Rahmenbedingungen der Offenen Kinder- und Jugendarbeit deutlich. Der Ausbau der Ganztagsschulen und der ganztägigen Betreuung hat gravierende Auswirkungen für die Offene Kinder- und Jugendarbeit. Kinder und Jugendliche sind länger und intensiver in den Schulkontext eingebunden und sind nachmittags nicht mehr wie gewohnt als Nutzer/innen von Angeboten ansprechbar bzw. stehen als freiwillige Mitarbeiter/innen nicht zur Verfügung. Die Schulen hingegen sind auf der Suche nach verlässlichen Kooperationspartnern, um die für sie neuen Herausforderungen in der Gestaltung der Ganztagskontexte zu bewältigen. Die Einrichtungen der OKJA sind dabei, auf diese Veränderungen konzeptionell zu reagieren. Die weitere Entwicklung wird zeigen, inwieweit die OKJA in der Lage ist, dabei ihr eigenständiges Profil zu erhalten oder sogar weiter auszubauen oder ob sie – was viele Fachkräfte ebenfalls befürchten – von Schule gewissermaßen assimiliert wird und ihre Arbeitsgrundlage von Partizipation, Freiwilligkeit, Interessensorientierung und Flexibilität verliert.

Demografie

Die demografische Entwicklung in Deutschland führt dazu, dass der Anteil der Kinder und Jugendlichen an der Gesamtbevölkerung deutlich zurückgehen wird. Die Konsequenzen für soziale Institutionen, Bildungseinrichtungen und Leistungen der Jugendhilfe werden derzeit diskutiert bzw. bereits umgesetzt. Auch für die OKJA muss unter diesen Bedingungen die Zielgruppenfrage neu gestellt werden. Anders jedoch als beispielsweise für die Schule oder den Kindertagesstätten-Bereich fallen die Antworten anders aus. Während diese Institutionen nahezu 100% eines Jahrgangs erreichen und daher bei sinkenden Kinderzahlen eine Verringerung des Angebots eine rechnerische Logik darstellt (den erforderlichen Ausbau der U3-Betreuung einmal ausgenommen), ist die Ausgangssituation der OKJA anders: In allen relevanten Studien erreicht sie derzeit bundesweit maximal zehn Prozent eines Jahrgangs als regelmäßige Besucher/innen (vgl. Schmidt 2011, S. 46ff.). Dieser gering erscheinende Anteil hängt mit der Personal- und Einrichtungsdichte zusammen, die nicht annähernd eine flächendeckende Versorgung mit Angeboten gewährleisten kann.

Daher ist die Konsequenz des demografischen Wandels für die OKJA nicht zwangsläufig ein zu erwartender Besucherrückgang: Bei einer prinzipiellen Offenheit der Angebote für alle Kinder und Jugendlichen konzentrierte sich die OKJA immer auf solche Zielgruppen, die besonderer staatlicher Integrationsleistungen im Freizeitbereich bedürfen (Heute würde man eher von Inklusionsleistung sprechen!). Insofern ist sogar davon auszugehen, dass bei ansteigenden prekären Lebensbedingungen von Familien, der zunehmenden Kinderarmut etc. die „typische Zielgruppe" der OKJA zahlenmäßig anwächst. Auf die Förderung dieser Bereiche legt zudem die Jugendpolitik großen Wert (s.o.). Bei gleichbleibendem Bestand an Einrichtungen und Personal müsste also in Zukunft der Prozentsatz eines Jahrgangs steigen, der durch Angebote der OKJA erreicht werden: Wenn die Zahlen der Stammbesucher/innen konstant bleiben, ist ihr Anteil an der geringer werdenden Gesamtmenge der Kinder und Jugendlichen größer. Diesen Nachweis wird die OKJA in Zukunft mit belastbarem Zahlenmaterial erbringen müssen.

Ausbildung

Obwohl die Kinder- und Jugendarbeit (bezogen auf Einrichtungen und Personal) das drittgrößte Feld der Jugendhilfe nach den Kindertageseinrichtungen und den Hilfen zur Erziehung ist, findet sie in der Ausbildung an Hochschulen und Universitäten keinen seiner Größe entsprechenden Platz. Es entsteht der Eindruck, dass weder auf Seiten der Hochschullehrer/innen noch der Studierenden die Kinder- und Jugendarbeit in Seminarveranstaltungen, Schwerpunkten etc. ausreichend thematisiert wird. Sicher ist dies auch dem Umstand der Kürze der Bachelorausbildung geschuldet, in der nicht alle Felder der Jugendhilfe im Rahmen der Ausbildung ausreichend behandelt werden können. Dennoch ist es aus Sicht der Kinder- und Jugendarbeit nicht hinzunehmen, dass nur ganz wenige Bezüge zwischen Ausbildung und Praxis im Rahmen des Bachelorstudiums vermittelt werden. Auch entsprechend spezialisierte Masterstudiengänge haben sich bisher nicht etabliert, so dass das Feld insgesamt im Hochschul- und universitären Bereich unterrepräsentiert ist. Dies führt zu einer mangelnden Attraktivität des Feldes – die Studierenden haben zu wenige Gelegenheiten zu erkennen, wie interessant dieser Bereich gerade für den Berufseinstieg sein kann (s.u.). Das uneinheitliche professionelle Bild der Tätigkeit erschwert dies möglicherweise zusätzlich (vgl. Schmidt 2011, S. 27). Wer nicht schon vor oder während des Studiums Kontakte zur Kinder- und Jugendarbeit aufgebaut hat, der/die wird im Laufe der Ausbildung nur schwerlich einen Zugang zu dem Feld finden. Demzufolge geht es bei der Verbesserung der Lage des Feldes auch darum, die spezifischen im Rahmen der Ausbildung an Hochschulen und Universitäten zu vermitteln.

Personalentwicklung

Kinder- und Jugendarbeit ist nicht mehr eine (kurze) Durchgangsstation für Fachkräfte der Sozialen Arbeit. Träger der OKJA müssen sich darauf einstellen, mit älter werdendem Personal das Feld zu gestalten. Dennoch – und dies ist paradox – bietet die OKJA für eine zunehmende Zahl der (befristeten) Teilzeitstelleninhaber/innen keinen langfristig gesicherten Lebensunterhalt. Aufgrund dieser geringen materiellen Attraktivität, einem nun modularisierten Studienaufbau und dem Wegfall des Berufsanerkennungsjahres im Anschluss gerät zunehmend die Gewinnung von qualifiziertem Personal in den Blick (vgl. agj 2011). Gerade in ländlichen oder strukturschwachen Regionen ist der prognostizierte Fachkräftemangel bereits in der OKJA angekommen. Es ist zu erwarten, dass sich der ohnehin geringe Anteil männlicher Fachkräfte durch den Wegfall des Zivildienstes weiter reduziert, da sich ein Zugang in die Soziale Arbeit durch eine solche Erfahrung nicht mehr eröffnet. Nach wie vor ist auch der Ausstieg aus der OKJA ein Problem: Die Durchlässigkeit in andere Arbeitsfelder ist schwach, sei es weil die praktischen Erfahrungen und die damit verbundene Qualifizierung in der OKJA wenig bekannt oder anerkannt ist oder weil die Trägerstrukturen wenig alternative Tätigkeitsbereiche im sozialen Bereich anbieten können (vgl. Müller 2012).

Aus diesen Gründen ist es erforderlich, den – bisher vernachlässigten – Blickwinkel auf das Personal zu richten und ihn zu erweitern. Wurde bislang vorrangig eine Antwort auf die Frage gesucht, wie alt man höchstens sein dürfe, um professionell Jugendarbeit „auf dem Platz" zu machen oder wie lange der Verbleib einer Fachkraft in einer Einrichtung sinnvoll sei, so ist heute umfassendere Personalentwicklung zu betreiben. Einerseits muss das vorhandene Personal fachlich adäquat eingesetzt werden, andererseits ist der Einstieg in eine strategische Ausrichtung der Personalentwicklung angezeigt. Eine systematische Personalentwicklung haben insbesondere die großen Träger in den letzten Jahren fatalerweise buchstäblich ‚verschlafen'" (vgl. ebd.).

Ausblick: OKJA als attraktives Feld der Jugendhilfe?

Offene Jugendarbeit muss sich wieder als interessantes Einstiegsfeld für neue Fachkräfte präsentieren und dazu ihre besonderen Rahmenbedingungen darstellen und weiterentwickeln:

1. Im Vergleich zu anderen Feldern der Jugendhilfe ist die OKJA deutlich weniger vorstrukturiert. Fragen der Konzept- und Angebotsentwicklung ergeben sich insbesondere aus § 11 SGB VIII, d. h. müssen jeweils in Bezug auf die Themen der Jugendlichen fortlaufend neu entwickelt werden. Wie in keinem anderen Feld der Jugendhilfe ist die Angebotsentwicklung hier bedarfsorientiert und nicht durch Gesetze oder andere Bestimmungen vorgegeben.

2. Die Fachkräfte agieren in einem Feld, das ausgesprochen flexibel und offen ist für neue Entwicklungen (die aber auch unbedingt notwendig sind!). So ist der Innovationsbedarf in der Kinder- und Jugendarbeit extrem groß, z.B. in Bezug auf die Entwicklung neuer Angebote in Bezug auf Medien, Kultur, Sport/Bewegung, Mobilität etc. Studierende und angehende neue Fachkräfte, die auch durch ihren Lebensalltag entsprechende Kompetenzen mitbringen, sollten sehr willkommen sein und könnten große Freiräume für die Gestaltung des Feldes haben.

3. Der offene Rahmen der OKJA macht es erforderlich, eigene Angebote zu kreieren, ständig Konzepte weiter zu entwickeln etc. In den Projekten und Angeboten besteht eine ausgesprochene Vielfalt: Neben kontinuierlichen (Alltags-)Angeboten gibt es zahlreiche Projektformen, die zeitlich begrenzt z. B. auf Ferientermine spezialisiert sind. Auch in der Zielgruppenfrage gibt es ein großes Spektrum zwischen den Angeboten für Kinder, jüngere Jugendliche, Jugendliche und ebenso die Zielgruppe der jungen Erwachsenen, die zum Teil in der Vergangenheit etwas aus dem Blick geraten ist. Deshalb ist die OKJA ein interessantes Erfahrungsfeld auch für Fachkräfte, die später in andere Felder wechseln, in denen diese Art der kreativen Konzeptentwicklung nicht an der Tagesordnung ist. Andere Arbeitsgebiete – nicht nur in der Jugendhilfe – könnten von dieser Flexibilität profitieren.

4. Fachkräfte der Offenen Kinder- und Jugendarbeit sind Expert/innen für die Themen und Lebenswelten der Kinder und Jugendlichen in ihrem Sozialraum. Diesen Anspruch sollten sie gemeinsam mit ihren Trägern wieder stärker in den Mittelpunkt ihrer Arbeit stellen und damit als Lobby und Schnittstelle in andere Lebens- und Bildungsbereiche fungieren. Für die Träger von Angeboten und Einrichtungen der Offenen Kinder-

und Jugendarbeit heißt das: Sie müssen die o. g. Erfahrungsfelder auch tatsächlich ermöglichen! Junge Fachkräfte dürfen nicht gebremst werden durch trägerspezifische Problematiken, unattraktive Arbeitsverträge und starre Strukturen. Im Gegenteil müssen sich die Träger bemühen, bei angehenden Fachkräften den Ruf eines professionellen Experimentierfeldes zu bekommen, in dem sie wertvolle Berufserfahrungen sammeln können.

Kinder- und Jugendarbeit sollte mit einem positiven Selbstbewusstsein in die Diskussion um die Weiterentwicklung der Jugendhilfe gehen. Dafür sprechen insbesondere drei Faktoren:

- Offene Kinder- und Jugendarbeit agiert an der Schnittstelle von öffentlichem Raum, Schule und Familie. Sie ist damit ein wichtiges Bindeglied zwischen den unterschiedlichen Lebenswelten von Kindern und Jugendlichen, das andere und neue soziale Beziehungen ermöglicht.
- Der konzeptionelle Ansatz ist so flexibel, um sich an die sozialräumlichen Gegebenheiten anpassen zu können. So wird die Ausprägung der OKJA je nach Träger, Einrichtung, Kooperationspartner und Zielgruppe den verschiedenen Gegebenheiten vor Ort gerecht. Diese Vielfalt bildet die differenzierten Bedürfnisse der jungen Menschen ab.
- Als Partner von Schule und anderen Feldern der Jugendhilfe bietet die Offene Jugendarbeit ein breites Spektrum informeller und nichtformeller Bildungsangebote und bildet damit einen wichtige Säule innerhalb der kommunalen Bildungslandschaften.

Einen Aufbruch kann man nicht herbeireden. Aber Perspektiven können formuliert werden, so wie es etwa Werner Lindner tut: „Wenn die Kinder- und Jugendarbeit angesichts der gesellschaftlichen Verwerfungen wie auch im Hinblick auf die anwachsenden öffentlich finanziellen Krisen, Szenarien auch zur Bearbeitung sozialer Ungerechtigkeit einen Beitrag leisten will, ist sie zum einen gefragt, sich noch stärker als Experimentierfeld für jugendliche Lebensentwürfe zu profilieren und als Ressource der Lebensbewältigung zur Verfügung zu stehen“ (Lindner 2011, S. 675).

Neben dieser Profilschärfung nach innen kommen Fachkräfte dieses Feldes nicht umhin, stärker als bisher ihre Leistungen und die damit verbundenen Wirkungen für ihre Zielgruppen nach außen zu tragen. Diese Lobbyarbeit für den eigenen Arbeitsplatz sollte verbunden werden mit einer Lobbyarbeit für die Zielgruppe. Fachkräfte der OKJA sind Experten für die Anliegen und Themen junger Menschen. Wer sonst könnte in der Kommune und im Sozialraum diese Interessen unterstützen und Jugendbeteiligung im öffentlichen

Raum voran bringen? Eine solche Aufgabe geht über den Tellerrand einer Einrichtung hinaus, wird aber aktuell durch die europaweit angeregten und bundesweit fortgeführten Kampagnen für eine eigenständige Jugendpolitik unterstützt.

Die Beiträge dieses Bandes greifen einzelne Themenschwerpunkte der hier skizzierten Entwicklung der OKJA auf, mit dem Ziel, die Zukunftsfähigkeit des Feldes zu unterstützen und innovative Prozesse anzuregen.

Literatur

Arbeitsgemeinschaft für Kinder- und Jugendhilfe (AGJ) (2011): Fachkräftemangel in der Kinder- und Jugendhilfe. Positionspapier der AGJ. In: www.agj.de (13.09.2011)

Arbeitsgemeinschaft für Kinder- und Jugendhilfe (AGJ) (2010): Personalentwicklung in der Kinder- und Jugendhilfe. Herausforderungen für Leitungshandeln und Qualifizierung. In: www.agj.de (13.09.2011)

Deinet, Ulrich (2000): Die Jugendarbeit ist überaltert. In: deutsche jugend, Jg. 48, H. 12, S. 529–536

Deinet, U./Szlapka, M./Witte, W. (2007): Qualität durch Dialog. Qualitätsentwicklung, Berichtswesen und Wirksamkeitsdialoge in der Kinder- und Jugendarbeit. Wiesbaden

Deinet, Ulrich/Icking, Maria/Leifheit, Elisabeth/Dummann, Jörn (2010): „Jugendarbeit zeigt Profil in der Kooperation mit Schule", in der Reihe „Soziale Arbeit und Sozialer Raum" (Hrsg. Ulrich Deinet) Bd. 2, Barbara Budrich

Schmidt, Holger (2011): Empirie der Offenen Kinder- und Jugendarbeit. Wiesbaden

Sting, St./Sturzenhecker, B. (2013): Bildung und Offene Kinder- und Jugendarbeit. In: Deinet, U., Sturzenhecker, B. (2013): Handbuch Offene Kinder- und Jugendarbeit (4. Auflage). Wiesbaden: VS

Lindner, Werner (2011): Jugendarbeit, in: Otto, Hans-Uwe/Thiersch, Hans (Hg.) Handbuch soziale Arbeit, 4. völlig neu bearbeitete Auflage, München und Basel, S. 669 – 675

Landesjugendhilfeausschuss Westfalen-Lippe (LJHA) (2009): Positionspapier Kinder- und Jugendarbeit. Wirkungen, Prinzipien und Rahmenbedingungen einer kommunalen Pflichtaufgabe. Beschluss vom 16.09.2009

Pothmann, Jens (2008): Vergessen in der Bildungsdebatte. Dimensionen des Personalabbaus in der Kinder- und Jugendarbeit. In: KomDat Nr. 1+2/2008, 11.Jg. S. 5-6

Pothmann, Jens (2008): Jugendarbeit – gelandet nach freien Fall? In: KomDat Nr. 1/2012, 15.Jg. S. 14-15

Schilling, Matthias (2012): Jugendhilfeausgaben nehmen 2010 weiter zu. In: KomDat Nr. 1/2012, 15.Jg. S. 5-7

Thole, Werner/Pothmann, Jens (2013): Die MitarbeiterInnen. In: Deinet, Ulrich/Sturzenhecker, Benedikt: Handbuch Offene Kinder- und Jugendarbeit, Wiesbaden

Ministerium für Generationen, Familie, Frauen und Integration des Landes Nordrhein-Westfalen (MGFFI) (2010): Bildung, Teilhabe, Integration – Neue Chancen für junge Menschen in Nordrhein-Westfalen; 9. Kinder- und Jugendbericht der Landesregierung; Düsseldorf

Müller, Katja (2013): Personalentwicklung in der OKJA. In: Deinet, U., Sturzenhecker, B. (2013): Handbuch Offene Kinder- und Jugendarbeit (4. Auflage). Wiesbaden: VS

LWL-Landesjugendamt Westfalen/ LVR-Landesjugendamt Rheinland (2012): Entwicklungslinien der Offenen Kinder –und Jugendarbeit. Befunde der 5. Strukturdatenerhebung zum Berichtsjahr 2011 für Nordrhein-Westfalen

Wendt, Peter-Ulrich (2012): Unter den Bedingungen des Prekariums. Projekt „ausgebrannt?" – Arbeitssituation und Arbeitsbelastung von Fachkräften der Jugendarbeit im Land Sachsen-Anhalt. In: deutsche jugend, 60. Jg. H.1; S. 27-35

Christian Reutlinger

Räumliche Umwelten von Kindern und Jugendlichen – oder: Das (erneute) Finden professioneller Raumsensibilität als aktuelle Herausforderung von offener Kinder- und Jugendarbeit

Alleinstellungsmerkmal Offener Kinder- und Jugendarbeit: Professionelle Raumsensibilität

„Fachkräfte der Offenen Kinder- und Jugendarbeit sind Expert/innen für die Themen und Praxen der Kinder und Jugendlichen in ihrem Sozialraum (...). Wer sonst könnte in der Kommune und im Sozialraum diese Interessen unterstützen und Jugendbeteiligung im öffentlichen Raum voran bringen?" Mit dieser Frage formulieren Ulrich Deinet und Katja Müller in der einleitenden Skizzierung aktueller Herausforderungen der Offenen Kinder- und Jugendarbeit in diesem Band eine klare Positionierung und ein Alleinstellungsmerkmal: OKJA als Vermittlungs- und Verbindungsinstanz mit klarer parteilicher Perspektive (siehe Einleitung i.d.B.). Gleichzeitig verweisen sie auf unterschiedliche *sozialräumliche Dimensionen*, die implizit wie explizit in der professionellen Arbeit mit Kindern und Jugendlichen stecken: Der lebensweltliche Bezug und das daraus hervorgehende Verständnis für Themen und Praxen Heranwachsender, die Verortung im Stadtteil und die Sensibilität für die konkreten Kontextbedingungen des Aufwachsens oder die Vermittlung der Kinder- und Jugendperspektive auf den unterschiedlichen Verwaltungsebenen, zwischen professionellen Logiken, wie auch in konfliktträchtigen Konstellationen unterschiedlicher (und unterschiedlich mächtiger) Akteur/innen wie bspw. im öffentlichen Raum.

Diesen sozialräumlichen Dimensionen und die daraus hervorgehenden Herausforderungen für OKJA soll im vorliegenden Beitrag nachgegangen werden. Ausgangspunkt ist die Beobachtung, dass es der OKJA in ihrer bisherigen Geschichte immer wieder gelang, die Bedeutung räumlicher Umwelten von und für Kinder(n) und Jugendliche(n) vor dem Hintergrund des jeweiligen gesellschaftlichen Kontextes zu erkennen und in die professionelle Arbeit mit einzubeziehen. Diese als *professionelle Raumsensibilität* zu bezeichnende spezifische Fähigkeit erlaubte es, dass auf das räumliche Bedürfnis Heranwachsender mit ermöglichenden pädagogischen Antworten - Deinet und Müller sprechen hier von professionellen Experimentier- oder Erfahrungsfelder (siehe Einleitung i. d. B.) - reagiert werden konnte: Kinder und Jugendliche brauchen eigenständige und aneignungsfähige Räume, um auf von Bedürfnissen Erwachsener heraus ausgerichteten räumlichen Bedingungen handlungsfähig zu bleiben. Die Offene Kinder- und Jugendarbeit kann entsprechende räumliche Ermöglichungskontexte zur Verfügung stellen.

> „So wie Jugendliche nach Räumen streben, Möglichkeiten in den Räumen suchen, müssen Jugendarbeiter versuchen, ihre pädagogischen Vorstellungen umzudenken, auf Räume zu beziehen" (Böhnisch/Münchmeier 1987, S. 91f.).

In den Überlegungen zur „Pädagogik des Jugendraums" propagieren Lothar Böhnisch und Richard Münchmeier für die Jugendarbeit die Notwendigkeit zum „räumlichen Denken" und leiten daraus sozialräumliche Handlungsprinzipien ab. Damit beschreiben sie zentrale Aspekte professioneller jugendarbeiterischer Raumsensibilität: „Wenn wir also sehen, wie das Sozialräumliche in den verschiedensten Bereichen des Bewältigungshandelns von Kindern und Jugendlichen wirkt, erscheint uns plausibel, dass die Hilfen und Angebote der Sozialpädagogik auch sozialräumlich strukturiert und gestaltet sein müssen. So ist in der Jugendarbeit das Prinzip des „eigenen Jugendraums" längst zum hauptsächlichen Gestaltungsprinzip geworden. Räume sind nicht mehr länger nur Voraussetzung und „Bühne", auf der Pädagogik abläuft, sondern sie sind selbst schon Pädagogik. Dabei sind es natürlich nicht nur die bloß umbauten Räume, auf die sich die sozialräumliche Qualität der Jugendpädagogik bezieht, sondern es sind vor allem die Möglichkeiten, die in den Räumen stecken, welche den Raum erst zum pädagogischen Ort der jugendkulturellen Aneignung und thematischen Anregung werden lassen" (Böhnisch 1992, S. 257).

> „Jugendraum als Medium von Raumaneignung (...) hat vielfältige Ebenen, nicht nur jene der intentionalen Erziehung. Wir gehen davon aus, dass die Mehrzahl der Aneignungsprozesse, in denen Jugendliche sich Angebote und Möglichkeiten der Jugendsozialarbeit zu Eigen machen, gegen die intendierten (offiziellen) Bedeutungen erfolgt. Jugendliche nutzen gerade die nicht geplanten Möglichkeiten, die in ihr stecken. ‚Die Nebensache wird so zur Hauptsache'. Daraus folgen bestimmte Regeln für die Praxis: Jugendpädagogen dürfen die Nutzungsmöglichkeiten nicht zu komplett und umfassend vorplanen und regulieren. Sie müssen Raum dafür lassen, dass sich auch gegenläufige Nutzungsarten durchsetzen können: Sie müssen ein Gespür für die verschiedenen Bedeutungsebenen der Maßnahme, in der sie sich befinden, entwickeln können" (Fülbier/Münchmeier 2001, S. 851).

Vielfach beschränkt sich jedoch die sozialräumliche Praxis von OKJA auf das zur Verfügung stellen von physisch-materiellem Raum, indem Proberäume für Bands in Jugendhäusern eingerichtet, Graffiti-Workshops veranstaltet und dadurch Bahnunterführungen verschönert, oder im Rahmen von Abenteuer- und Erlebnisprojekten alternative Welten inszeniert werden. Angesichts verschärfter, d.h. die Probleme zuspitzender, gesellschaftlicher Entwicklung der vergangenen Jahre ist eine so verstandene sozialräumliche Praxis jedoch kritisch zu überprüfen: Hintergrund ist die Tatsache, dass sich die sozialräumlichen Herausforderungen, welche sich durch das Verhältnis von physisch-materiellem Raum und sozialen Bedingungen ergeben, massiv verändert haben. Dies hat gravierende Auswirkungen sowohl für die Handlungsmöglichkeiten von Kindern und Jugendlichen wie auch für eine sozialräumlich agierende Kinder- und Jugendarbeit, wie in der Folge genauer ausgeführt wird. In einem historischen Rückblick gilt es, die bisherige sozialräumliche Logik von offener Kinder- und Jugendarbeit herauszuarbeiten[1], mit dem Ziel, aktuelle Herausforderungen benennen zu können. Bei der bisherigen Thematisierung der Bedeutung der sozialräumlichen Bedingungen für Kinder und Jugendliche dominieren Ansätze aus städtischen Kontexten, d.h. aus ‚urbanen' Lebenswelten[2]. Bei der Suche nach einer aktuellen professionellen Raumsensibilität gibt es jedoch begrifflich-diskursive „Sackgassen“, wie beispielsweise viele Stränge der aktuellen Rede von der Sozialraumorientierung. Deshalb vorweg einige Anmerkungen zu diesem Diskurs.

---

1 Die hier dargestellte Systematik der sozialräumlichen Kindheitsgeschichte wurde bereits an einer anderen Stelle ausführlich rekonstruiert – die entsprechenden Veröffentlichungen dazu siehe Reutlinger 2008a, 2009a und auch Fritsche/Rahn/Reutlinger 2011.

2 Urbane Lebenswelten sind solche, die sich vorwiegend im städtischen Kontext beschreiben lassen. In der heutigen Zeit, in welcher ca. 90% der Menschen in städtischen Kontexten leben (Kessl/Reutlinger 2010b), erlangen die urbanen Lebenswelten eine immer größere Bedeutung – dennoch gehören die regionalen Lebenswelten als komplementär zum Verständnis der Einheit beider Bereiche mit dazu (vgl. Deinet 2012). Nach wie vor ist eine deutliche Schieflage zwischen Untersuchungen von Lebenswelten von Kindern und Jugendlichen in der (Groß)Stadt (städtischen Bereichen) und ländlichen Bereichen zu konstatieren. Gleichzeitig weist die aktuelle Diskussion zu den räumlichen Bedingungen von ländlich geprägten Kindheiten und Jugenden darauf hin, dass die Dichotomie Stadt-Land heute nicht mehr haltbar ist und vielmehr von einem „Mix aus Innovation und Tradition, Ent-Dörflichung und Wieder-Verdörflichung, als ein widersprüchliches neben- und gegeneinander verschiedener Entwicklungsstränge" auszugehen ist (Herrenknecht 2000, 48). Der Begriff der Region scheint erst einmal hilfreich zu sein, die Lebenslage Jugendlicher im ländlichen Raum fassen zu können (vgl. Böhnisch/Funk 1989, S. 173), wenngleich man sich dadurch einen neuen voraussetzungsreichen Raumbegriff einhandelt (vgl. Reutlinger 2008b).

Quartiere als territoriale Behälter sind keine Sozialräume - Anmerkungen zur problematischen Rede von der Sozialraumorientierung

Ein territoriales oder rein physisch-materielles Raumverständnis ist angesichts einer zunehmend entgrenzten Welt und der damit verbundenen Neuordnung des Räumlichen (siehe unten) nicht nur für die offene Kinder- und Jugendarbeit ein Problem. Betrachtet man die aktuelle „sozialpädagogische Rede von der Sozialraumorientierung" (Kessl/Reutlinger 2010a), so zeichnen sich die meisten Ansätze Sozialer Arbeit, die Reformprozesse über eine Raumorientierung (als Dezentralisierung von Strukturen oder als Aktivierung von Bewohner/innen) durchführ(t)en, als territoriale Ansätze aus: Hilfen zur Erziehung, Gemeinwesenarbeit, Präventionsarbeit, um nur einige Felder zu benennen. Indem versucht wird, städtische Gebiete gleicher sozialer Problemlagen zu bestimmen, übernimmt Soziale Arbeit eine stadtsoziologische Raumlogik, die Segregationsprozesse lediglich territorialisiert betrachtet (wie bspw. prominent im Bund-Länder-Programm „Soziale Stadt", vgl. Walther 2002). Wenn versucht wird, soziale Probleme da zu lösen, wo sie sichtbar werden und ein ‚Stadtteil mit besonderem Entwicklungsbedarf' als ‚Sozialraum' definiert wird, besteht die Gefahr der Verdinglichung (vgl. Reutlinger 2005). Oder mit anderen Worten: In Zeiten des sozialstaatlichen Abbaus und der Integrationsschwierigkeiten werden die damit zusammenhängenden sozialen Probleme nicht sozialstaatlich gelöst, sondern in bestimmte, als benachteiligt markierte Gebiete der Städte hineinverlagert.

Aus der Perspektive von Kindern und Jugendlichen greift jedoch eine raumbezogene Soziale Arbeit, die sich auf (benachteiligte) Stadtteile und mit einer Raumvorstellung von Raum als abgeschlossenem Behälter (Container) beschränkt, zu kurz. Dadurch drohen die biographischen Bewältigungsaufgaben, die aus dem ständig ansteigenden Druck des „Mithaltenmüssens" und der Gefahr des Überflüssigseins resultieren, in der *Unsichtbarkeit* zu versinken (Reutlinger 2003). Die Herausforderung für die offene Kinder- und Jugendarbeit besteht deshalb darin, erneut an der Bedeutung (urbaner) Umwelten für Kinder und Jugendlichen anzusetzen. Sie dürfte hierzu nicht mehr länger nur territorial argumentieren, sondern müsste erneut verstehen lernen, worin heute das (sozial)räumliche Problem liegt. Das heißt, die Herausforderung liegt darin, den ‚Sozialraum' von den Konstitutionsleistungen bzw. Handlungen des dynamischen Subjektes her aufzuschließen. Das handelnde Subjekt konstituiert den ‚Sozialraum' vor dem Hintergrund seiner biographischen Bewältigungsaufgaben und von den Bedeutungen, welches es der physisch-materiellen und sozialen Welt beimisst. Mit einer solchen Perspektive stellt sich heraus, dass die speziellen Entwicklungsgebiete der Städteförderung in den wenigsten Fällen ‚Sozialräume' sind, weder für die Akteure der Jugendhilfe noch für die Adressat/innen (vgl. Reutlinger 2004). Aus diesem Grund sollen die Sozialräume als von Menschen über Handlung konstituierte ‚Räume' betrachtet werden, welche sich je nach Akteur anders und von neuem konstituieren können. „Sozialräume werden nicht als gegebene oder gar absolute Einheiten verstanden, sondern als ständig (re)produzierte Gewebe sozialer Praktiken (Kessl/Reutlinger 2010a, S. 21).

1. Aufwachsen in der Stadt und räumliche Umwelt: Schaffung einer personalen Welt durch das „Umleben" der Welt der Dinge und Gegenstände

Bei der Analyse der städtischen Entwicklung und der daraus hervorgehenden räumlichen Bedingungen lässt sich für Kinder und Jugendliche nachzeichnen, dass sie zu jeder Zeit auf funktional nicht vorbestimmte „Möglichkeitsräume" (Winnicott 1985) angewiesen waren. Gleichzeitig wird auch deutlich, wie wichtig der spielerische Umgang mit den physisch-materiellen, sozialen und symbolischen Vorgaben ist, um die Umwelt mit eigenen Bedeutungen zu belegen (und damit zu ihrer „Lebenswelt" zu machen, vgl. Rahn 2011) und wie sich Heranwachsende darüber als eigenständige Individuen entwickeln (Reutlinger 2008). Diese Erkenntnis war jedoch nicht zu jeder Phase städtischer Entwicklung gleichermaßen im Bewusstsein: Von der Mitte des 19. Jahrhunderts an bis zum zweiten Weltkrieg boten insbesondere Altstadtviertel eine privilegierte sozialräumliche Umwelt für Arbeiter- und Kleinbürgerkinder. Unter den spezifischen räumlichen Bedingungen (Hinterhöfe, verwilderte und unbebaute Grundstücke) und durch die kinderreichen Familien dieser sozialen Schichten ist die Rede von einer „klassenspezifischen Straßenkindheit", die zur Entfaltung einer „eigenständigen, klassenspezifischen Kinder- und Jugendkultur" führte (Behnken/du Bois-Reymond/Zinnecker 1989, S. 6f.). Aus einer bürgerlich geprägten Perspektive wurde die Bildung derartiger lokaler Kinder- und Jugendkulturen jedoch als negativ für die Entwicklung von Heranwachsenden betrachtet (Zinnecker 1979) und als Beginn von Verwahrlosung gesehen. Der Aufenthalt junger Menschen auf der Straße war für die so genannte Erziehungsbewegung im Laufe des vergangenen Jahrhunderts ein Schreckgespenst (siehe Reutlinger 2012b). „Jeder Jugend- und Volkserzieher weiß aus Erfahrung, welche große Gefahr der Jugend erwächst, wenn sie unbeaufsichtigt sich selbst überlassen bleibt [...]. (W)enn der Unterricht beendet ist, dann halten sich die Kinder zumeist auf der Straße auf […]. Und was sie auf der Straße von verdorbenen Altersgenossen oder älteren Personen an tollen Streichen und an Schlechtigkeiten lernen, davon wissen die Lehrer aus Erfahrung viel zu berichten. Die ‚Straßenjungen' sind leider sehr oft ›Rekruten des Bettelvolks, der Trinkerschar, des ‚Verbrecherheeres'. Die Kriminal-Statistik zeigt ein erschreckendes Bild der Verdorbenheit vieler Kinder" (Rude zit. in Zinnecker 1979, S. 729).

Umso zentraler waren Perspektiven, welche einen aufklärerischen Charakter hatten und auf die Wichtigkeit der eigenständigen Raumaneignung durch Kinder und Jugendliche hinweisen konnten. Zu Beginn des 20. Jahrhunderts ist in diesem Zusammenhang die Studie zum „Lebensraum des Großstadtkindes" von Martha Muchow (1998 [1935]) hervorzuheben, welche dazu beitrug, aus pädagogischer Perspektive eine positive Sicht auf die Lebensräume[3] von Großstadtkindern, bzw. der Bedeutung von Straßensozialisation einzunehmen. Muchows Untersuchung ist für das beginnende zwanzigste Jahrhundert exemplarisch, weil sich ihr Anliegen der Sensibilisierung der Eigenständigkeit kindlicher Lebensräume in die aufklärerische Tradition einer Ellen Key einreiht: Key proklamierte 1902 „Das Jahrhundert des Kindes" (Key 1902), indem sie die Misshandlungen des Kindes in den damaligen Industriegesellschaften aufgedeckte und gerechtere politische Verhältnisse forderte. Kinder wurden in dieser neuen Perspektive als eigenständige, sich entwickelnde Persönlichkeiten entdeckt (vgl. bspw. Benjamin 1991 [1927]), Kindheit als eigenständige Lebensphase und gesellschaftlicher Raum „erfunden" (Aries 1992; Andresen 2006). „Der Lebensraum des Großstadtkindes (als Raum, in dem das Kind lebt) [umfasst] keineswegs die ganze Großstadt" (Muchow 1998 [1935], S. 87). Bei „der vom Großstadtkind ‚gelebten' wie überhaupt bei jeglicher ‚gelebten Welt' handelt es sich um ein eigentümliches, zwischen Person und Welt sich realisierendes Leben" (ebd., S. 69). Die Lebensräume der Kinder unterscheiden sich nach „Lebensalter, Geschlecht, Begabung und Bildungsgrad sowie nach dem Grade ihrer ‚Seßhaftigkeit' oder ‚Bewegung'" usw. (Muchow/Muchow 1998 [1935], S. 147). Indem in Muchows Studie die Eigentätigkeit beim Schaffen eines persönlichen Lebensraumes betont wird, zeigt sich ein verändertes Verständnis von Kindheit und Raum: Kinder sind ständig darum bemüht, ihren Handlungsraum zu erweitern. Gleichzeitig sind Kinder jedoch in der physisch-materiellen, durchaus „erwachsenen" Welt nur sehr schlecht eingepasst, indem für sie beispielsweise genau die Teile der physisch-materiellen Welt von Bedeutung werden, die für den Erwachsenen unwichtig sind und umgekehrt. Deshalb müssen Kinder vorhandene physisch-materielle Arrangements verändern,

3 Der „Lebensraum" des Kindes kann nach Muchow dreifach aufgeschlossen werden: Als „Raum, in dem das Kind lebt", als „Raum, den das Kind lebt" sowie als „Raum, den das Kind erlebt" (Muchow 1998 [1935]).

sich dadurch besondere Aneignungsmöglichkeiten eröffnen und die Welt „umleben“, wie diese aktive Aneignung und Veränderung von Martha Muchow bezeichnet wird (Muchow/Muchow 1998 [1935]), S. 123). In diesem Zusammenhang streicht Muchow die Nutzung der an sich für Kinder verbotenen oder zumindest nicht für Kinder angelegten Flächen und Orte heraus und macht auf die Bedeutung des so genannten Streifraums als unbewachten Experimentierraum aufmerksam (ebd. S. 75). Ausgangspunkt der Lebensraumanalyse Muchows bilden konkrete Orte und Plätze in der Stadt (bspw. „der Spielplatz“, „der unbebaute Platz“, „die verkehrsarme Straße“ oder „das Warenhaus“). Diese sind territorial fassbar und verweisen auf eine bestimmte, von Erwachsenen definierte Funktion. An diesen Orten lassen sich Handlungen von Kindern beobachten und mit bestimmten von Muchow entwickelten Erhebungsmethoden aufzeichnen[4]. Diese Handlungen sind nach kindspezifischer Logik strukturiert und weichen von den vorgegebenen Funktionen der Orte ab, wodurch die physisch-materielle Welt kindspezifisch „umgelebt“ und angeeignet wird. Im Prozess des kindspezifischen Umlebens der physisch-materiellen Welt entsteht eine personale Welt, welche Muchow als *Lebensraum* bezeichnet[5]. Der Lebensraum des Großstadtkindes baut sich nicht neben dem der Großstadterwachsenen auf, sondern überlagert oder – in der Sprache Martha Muchows – „durchwächst“ ihn. In der Entwicklung des Kindes dehnt sich der Lebensraum langsam und kontinuierlich vom „mehr oder weniger eng um die Wohnung und die Wohnstraße“ liegenden Nahraum „schichtenförmig aus“. Diese „Zonen von unterschiedlichem Bekanntheitsgrad um diesen Heimatraum“ lassen sich jedoch wiederum im Territorium verorten: „von hier aus wird links und rechts, drüben, „dahinter“, „nebenbei“ und „weit weg“ bestimmt, und von hier aus dringt man zunächst in die be-

---

4 Martha Muchow (1998 [1935]) war auch forschungsmethodisch Pionierin, indem sie mit der flush-light-Methode, der time-sample-Methode und der Dauer-Beobachtungs-Methode (Muchow 1998 [1935], S. 100) ein Repertoire zur Erhebung von räumlichen Umwelten entwickelte, auf welches aktuelle Methoden der Lebensweltanalysen zurückgreifen (vgl. bspw. Deinet/Krisch 2002).

5 Die Lebensräume der Kinder sind anders strukturiert als diejenigen der Erwachsenen, gleichzeitig unterscheiden sich die Lebensräume der Kinder nach „Lebensalter, Geschlecht, Begabung und Bildungsgrad sowie nach dem Grad ihrer ‚Seßhaftigkeit‘ oder ‚Bewegung‘“ usw. (Muchow/Muchow 1998 [1935], S. 147). Dennoch zeichnet sich eine homogene Vorstellung von Kindern ab: Die Lebensräume der Kinder (im Sinne von Räumen der Kinder) werden als eigenständig, gleichberechtigt und damit schützenswert bzw. von Erwachsenen verteidigungswert gesehen. Die damit verbundenen Einsichten hatten nachhaltige Auswirkungen auf die Erziehung und auf das zugrunde liegende pädagogische Verständnis. Kindheit als gesellschaftlicher Raum bedeutete fortan ein Vorbereitungs- und Schutzraum, ein gesellschaftlich eingerichtetes Moratorium (vgl. Andresen 2002, S. 21ff.).

nachbarten, dann aber in immer fernere Straßen und Plätze vor" (Muchow/Muchow 1998, S. 148f.). Damit wird zwar ein Raumverständnis in den Vordergrund gestellt, welches den Menschen als raumkonstituierend betrachtet, Ausgangs- und Endpunkt der Analyse bleibt jedoch ein territorial verortetes und abgegrenztes Gebiet. In den Anfängen der sozialräumlichen Kindheits- und Jugendforschung stand jedoch überhaupt die Thematisierung unterschiedlicher Räumlichkeiten sowohl auf gesellschaftlicher Ebene (Aufklärung von Kindheit als eigenständige Lebensphase), aber auch im Zusammenspiel von physisch-materieller Welt und Handlung im Vordergrund. Dies schien in der gesellschaftlichen Realität der industriellen Stadt kein Problem zu sein, da gesellschaftliche Prozesse, Handlungsräume der Menschen sowie die physisch-materielle Welt weitgehend übereinzustimmen schienen (Reutlinger 2003). Unter diesen gesellschaftlichen Bedingungen mussten Kindheit und Jugend als eigenständige Lebensphasen zuerst eingeklagt werden, indem auf ihre Konstitutionslogik der Sozialisation, die sich von der Arbeit abgrenzt, hingewiesen wurde (siehe oben). In dieser damalig begrenzten und territorial verorteten urbanen Welt war dies über die Thematisierung der Eigenständigkeit des kindlichen Raumlebens (Handlungsraum) und der Problematisierung, dass kindliche Bedürfnisse in der physisch-materiellen Welt nicht gelebt werden konnten, möglich. Durch die dahinter stehende aufklärerische Haltung ist es gelungen, gesellschaftlich abgesicherte „Räume" für Kinder und Jugendliche zu schaffen (Erfindung von Kindheit und Jugend als gesellschaftlich abgesicherte Lebensphasen für zunehmend alle Heranwachsenden) – diese waren jedoch wiederum territorial festgeschrieben, indem bspw. neben der Fabrik ein von Mauern umgebenes Schulhaus, ein materialisierter Raum, zur Vorbereitung auf das spätere Erwerbsleben gebaut wurde.

Martha Muchow ebnete mit ihrer Studie vielen nachfolgenden sozialräumlichen Denkansätzen der Kindheits- und Jugendforschung den Weg, was in der Folge am Beispiel sogenannter Zonenmodelle (1.1) oder Aneignungsmodelle (1.2) ausgeführt werden soll.

1.1 Zonenmodelle als Darstellungsform der spezifischen Mensch-Umwelt-Dynamik des Aufwachsens in der industriellen Stadt

In den 1950er Jahren nahm die Stadtsoziologin Elisabeth Pfeil in ihrer Untersuchung über das „Großstadtkind" (Pfeil 1955) im Rahmen der „Großstadtforschung“ (Pfeil 1972) die deutschsprachige Tradition räumlich orientierter Entwicklungs- und Sozialisationskonzepte wieder auf[6].

> „Das Kind erfährt die Welt in konzentrischen Kreisen; Mittelpunkt ist der Intimbereich der Familie. Von hier aus erfolgt sein Ausgriff in die Welt, hierhin kann es sich jederzeit zurückwenden. Zu jeder Gemeinschaft, an der das Kind teilnimmt, gehört ein räumlich abgegrenzter Bezirk; in ihn einzutreten heißt, Menschen zu begegnen. Kontakt mit Menschen setzt Eintritt in die räumlichem Konfigurationen der Gesellschaft voraus“ (Pfeil, 1955, S. 12).

Hierbei greift Pfeil (1955) die schon von Martha Muchow beschriebene allmähliche, d.h. langsame und kontinuierliche „schichtenförmige“ Ausdehnung des Lebensraumes wieder auf. Die daraus im Sinne konzentrischer Kreise hervorgehenden Zonen- oder Schichtmodelle dienen der Erfassung sich mit zunehmendem Alter erweiternder Umweltkreise (Wohnung, Schule, Gleichaltrigenkultur bis hin zur Arbeitswelt und Politik).

> „Die Umwelt des Stadtkindes kann modellhaft in Form von vier verschiedenen Sektoren mit unterschiedlicher Wertigkeit dargestellt werden:
>
> 1. Der Innenbereich oder Intimbereich, auch ‚Schwellenbereich‘ genannt, Wohnung und Haus, das ‚Drinnen‘ (wie Kinder sagen).
>
> 2. Die Wohnumgebung, alles was das Kind von der Haustür aus erreichen kann, der Nahbereich und der erweiterte Nahbereich der Wohnung, das ‚Draußen‘ (wie Kinder es nennen).
>
> 3. Der große und weite Bereich der großstädtischen Einrichtungen, die von Kindern nacheinander und punktuell erfahren werden und die für ihre Sozialisation von Anfang an von sehr unterschiedlicher Bedeutung sein können.
>
> 4. Die Räume und Erlebnisbereiche, die eine Stadt umgeben und die meistens als freie Landschaft bzw. Natur bezeichnet werden, die aber von einem Stadtkind nicht in unmittelbarem Zusammenhang mit der Wohnumgebung erlebt werden,

---

6 Der Zweite Weltkrieg führte zu einem Einbruch in der sozialräumlichen Kindheits- und Jugendforschung – zumindest in der deutschsprachigen Tradition. Erst Mitte der 1950er bzw. Anfang der 1960er Jahre erkannte man das Problem der mangelnden Infrastruktur für Kinder in den sich entwickelnden Städten, und das Thema „Kindheitsräume“ erlebte eine Renaissance. Aus dieser „kindheitsraumforschungsfreien“ Zeit ist wichtig, dass der Begriff des „Lebensraums“ durch die nationalsozialistische Diktatur eine negative Konnotation erhält, indem Adolf Hitler beispielsweise in „Mein Kampf“ im Zusammenhang mit der so genannten „Ostorientierung oder Ostpolitik“ seine Lebensraumpläne bekundete und realpolitisch dann auch verfolgte. Diesen Zusammenhang muss man sich immer wieder bewusst machen, wenn in späteren Arbeiten zu Kinderräumen von „Lebensraum“ die Rede ist – vor allem in jüngster Zeit wird dies oft nicht berücksichtigt (vgl. kritisch? Schöffel/Kemper 2010). Wenn in der Folge von „Lebensraum“ die Rede ist, wird deshalb ausschließlich auf den Muchowschen Bedeutungsgehalt Bezug genommen.

> dass Verkehrsmittel benutzt werden müssen, um sie zu erreichen, was bei Kindern eine ‚Bewußtseinslücke' bezüglich des räumlichen Zusammenhangs erzeugt" (Thomas 1979, S. 38).

Dieter Baacke entwickelte das Zonenmodell weiter: Es diente zur Beschreibung und Erklärung des Verhaltens Jugendlicher und zur Erfassung konkreter Handlungs- und Erfahrungszusammenhänge der Jugendkulturen in ihren Lebenswelten. Mit vier unterschiedlichen „Zonen" (Baacke 1999, S. 108), die ein Kind oder ein Jugendlicher durchläuft und die schematisch als sich erweiternder Kreis angeordnet werden können, sollen – so Baacke – die Handlungsräume eines Heranwachsenden ausdifferenziert beschrieben werden können. Ein zentrales Kennzeichen für das Aufwachsen in modernen Gesellschaften liegt für Baacke darin, dass die Ganzheitlichkeit des Lebens, die ein Kind anfangs erfährt, durch diese Ausdifferenzierung im Laufe des Heranwachsens immer mehr in unterschiedliche Funktionen aufgesplittert wird (ebd., S. 165). In Bezug auf Wertvorstellungen, Institutionen und ihre Kontrollinstanzen erleben die jungen Menschen ihren neu erfahrenen Raum als beschränkt und reglementiert, eigene Stile und Ziele geraten in den Hintergrund. Aus dieser Analyse erarbeitete Baacke einen pädagogischen Vorschlag, indem er für Jugendeinrichtungen die Möglichkeit sieht, einen Ausweg aus reglementierten und beschränkten physisch-materiellen Umwelten zu bieten (als Nah- und Erkundungsraum, Integrationsmöglichkeiten in funktionale und gesellschaftliche Systeme oder bei Bedarf einfach nur zur Verfügung stehender Handlungsraum (vgl. Baacke 1980). Die „kinder- und jugendfeindliche" physisch-materielle Welt wird hier wieder anhand von Handlungsproblemen Heranwachsender thematisiert. Reagiert wird mit der Schaffung (pädagogisierter) physisch-materieller Orte (z. B. Jugendhäuser).

Durch die noch immer gültigen Grenzen und Trennlinien, die die einzelnen gesellschaftlichen Teilräume separierten, musste Kinder- und Jugendarbeit bei der Erklärung des räumlichen Verhaltens die veränderte Bedeutung von Kindheit und Jugend als (gesellschaftlich abgesicherte) Lebensphasen („Räume") und ihr Verhältnis zu den beiden anderen Raumdimensionen (Handlung und physisch-materielle Welt) nicht thematisieren.

1.2 Aneignung als handlungstheoretisches Paradigma zur Erklärung des spezifischen Mensch-Umwelt-Verhältnisses Heranwachsender

Handlungsansätze aus der „sozialräumlichen Jugendpädagogik" (Böhnisch/Münchmeier 1987, 1990) bzw. der offenen Kinder- und Jugendarbeit (vgl. Deinet 2005a) argumentieren ähnlich wie die aufgezeigten Zonenmodelle, indem ein pädagogisierter physisch-materieller Raum als fördernde räumliche Umwelt betrachtet wird. Der Fokus der Theoriebildung lag jedoch nicht im System ineinander greifender Schichten. Vielmehr führen sie auf der Handlungsebene Muchows Idee des personalen „Umlebens" der räumlichen Umwelt weiter, indem diese ab Mitte der 1980er Jahre entwickelten Ansätze ihre Handlungskonzepte auf den Aneignungsbegriff der so genannten kulturhistorischen Schule der sowjetischen Psychologie zurückführten (siehe dazu zum Beispiel Chombart de Lauwe, P. H. und M.J. 1977, und später Becker u.a. 1983, 1984; Deinet 1990, 1991 oder Rolff/Zimmermann 1990).

> „Die Aneignung des Raums entspricht so einer Gesamtheit psychologischer Prozesse, die in der Subjekt-Objekt-Beziehung, also zwischen dem Subjekt (Individuum oder Gruppe), welches sich den Raum anzueignen versucht, und den Objekten, die die Subjekte im Alltagsleben umgeben. Ihre Grenzen sind durch Schranken der physischen und juristischen Inbesitznahme definiert sowie zugleich durch die sozialökologischen Bedingungen, denen die Subjekte unterworfen sind" (Paul-Henry Chombart de Lauwe 1977, S. 6).

> „Sich etwas aneignen bedeutet in der Tat nicht nur, einen Ort nach seinem bekannten Gebrauch zu nutzen, sondern eine Beziehung zu ihm aufzubauen, ihn in sein Leben zu integrieren, sich in ihm zu verankern und ihn in eine eigene Prägung zu geben, mit ihm umzugehen, Akteur seiner Veränderung zu werden" (Marie-José Chombart de Lauwe 1977, S. 24).

Kinder lernen, wie dies der sowjetische Psychologe Alexejew Nikolajew Leontjew darstellte, in räumlichen Bezügen. Leontjew sieht in den „dominanten Tätigkeiten" die für bestimmte Entwicklungsphasen adäquate Aneignungsform des Kindes (Leontjew 1973, S. 398). Die dominante Tätigkeit wird bei Erreichen der für diesen Lebensabschnitt typischen geistigen Leistungen durch eine andere dominante Tätigkeit abgelöst (Holzkamp/Schurig 1973, S. XIV). Die jeweils dominante Tätigkeit einer Entwicklungsphase wird im Wesentlichen durch die gesellschaftlichen Bedingungen geprägt, indem die „konkret-historischen Bedingungen (...) sowohl den konkreten Inhalt der einzelnen Entwicklungsstufen als auch den gesamten Verlauf der psychischen Entwicklung" beeinflussen (Leontjew 1973, S. 403).

> „Gegenstandsbedeutungen finden ihre konkreten Zuweisungen in der Einbettung in Räume; die Kategorie des Raumes spiegelt mit seinen Strukturen auch die Strukturen der Gesellschaft wieder. Gegenstandsbedeutung und Raumbezug haben [...] gerade in der Altersstufe der Kinder und jüngeren Jugendlichen direkten Verweisungscharakter. [...] Die Umwelt des Kindes stellt nicht nur ein Netz unsichtbarer und durch vergegenständlichte Bedeutungen überzogener Räume dar, die im Aneignungsprozess erschlossen werden müssen, sondern ist entsprechend der Struktur der kapitalistischen Gesellschaft auch ein Raum, der durch kodifi-

zierte Regelungen, Machtbefugnisse, Herrschafts- und Eigentumsansprüche verregelt ist" (Deinet 1992, S. 41).

Ulrich Deinet (vgl. bspw. Deinet 1990, 2005a; Deinet/Krisch 2002) sieht eine „dominante Tätigkeit" des mittleren Kindesalters in der „Ausweitung des Handlungsraumes" (vgl. Deinet 1990, S. 61). Kinder sind auf den sozialen Nahraum angewiesen. Deshalb haben gesellschaftliche Umbrüche, abzulesen beispielsweise an „räumlicher Desorganisation als Folge sozialer Entwicklungen oder sozialer Krisen (Verbauung von aneigenbaren Räumen, Blockierung von räumlichen Aneignungsmöglichkeiten, Ausgrenzung etc.) im Sozialerleben und Sozialverhalten" (Böhnisch/Münchmeier 1987, S. 107), für Kinder eine direktere und durchschlagendere Bedeutung als für Erwachsene (Böhnisch/Münchmeier 1990). Verstädterungs- und Modernisierungsprozesse im Zusammenhang mit dem massiven wirtschaftlichen Aufschwung (Wirtschaftswunder) führten zur Durchstrukturierung von immer mehr Lebensbereichen nach der Logik des Kapitals. Im Zuge dieser Entwicklung wurden die Orte von Kindern zunehmend spezialisiert und voneinander abgetrennt. Wohnen und Familie, Spielen und Freizeit, aber auch Schule und Lernen usw. fanden getrennt voneinander an dafür spezialisierten Orten statt. Die Lebensorte von Kindern und Jugendlichen in der entfremdeten Stadt waren von „Anregungsarmut", räumlicher „Monofunktionalität" und „Beschränkungen" gekennzeichnet und die Heranwachsenden wurden „in abgegrenzte Privaträume verdrängt" (Zeiher 1994, S. 355ff.).

Kinder erleben die mit der Funktionalisierung der räumlichen Welt verbundene Separierung, Normierung und Durchgeplantheit als personales Problem, weil die funktionalisierte urbane Entwicklung seit dem 2. Weltkrieg ihre entwicklungsspezifischen Bedürfnisse nicht mit einbezog. Nicht bedacht wurde, dass die Funktionen eines physischen Raums veränderbar sein, bzw. andere Nutzungen als die dominanten („in Beton gegossenen") zugelassen werden müssen. So ist für Kinder und Jugendliche die Raumaneignung zentral, d.h. das „räumliche Erleben", der Veränderungscharakter und die „Qualitäten der Räume, die Individuen in ihrer unmittelbaren Umgebung finden" (Deinet 2010, S. 37). Diese Aneignungsräume für Kinder seien weggefallen, da die dinglichen Raumstrukturen nicht immer wieder von neuem von den verschiedenen Gruppen als Handlungsräume gelebt werden konnten.

Dem in der sozialräumlichen Diskussion gebräuchlichen Handlungsbegriff der Aneignung folgend (vgl. Deinet 1992; Rolff/Zimmermann 1990) brauchen Kinder und Jugendliche für ein gelingendes Aufwachsen die Auseinandersetzung mit der (physisch-materiellen und sozialen) Welt, die sie umgibt. Damit reiht sich dieses Konzept, das für das Verständnis der konkreten Handlungen von Kindern und Jugendlichen erstellt wurde (vgl. Deinet 1992), in eine marxistische Gesellschaftstheorie ein. Im Zusammenhang mit der

Durchkapitalisierung entfremden sich nicht nur die vom Menschen durch Arbeit geschaffenen Gegenstände, sondern auch die räumlichen und sozialen Welten, die Lebensorte der Kinder und Jugendlichen. Aneignungshandlungen sind in einer entfremdeten Stadt blockiert. Kinder und Jugendliche müssen jedoch handlungsfähig bleiben und sich ihre Umwelt aneignen, auch wenn diese entfremdet ist. Aus diesem Grund eignen sie sich die physisch-materiellen Gegebenheiten mit eigenen (kindspezifischen oder jugendkulturellen) Formen außerhalb der Normorientierung an. Gleichzeitig verstoßen sie damit, etwa mit der symbolischen Raumaneignung durch ‚Graffitis' (vgl. Specht 1991), gegen die gesellschaftlichen Normen und Regeln, verhalten sich damit ‚abweichend' und werden ‚sozial auffällig'. Die Formen der jugendspezifischen Aneignung können als Gesellschaftskritik (oder als Kapitalismuskritik) gesehen werden und aus gesellschaftlicher Normalitätsperspektive besteht die Angst, dass die Jugendlichen einen subkulturellen Gegenentwurf zur industriekapitalistischen Arbeitsgesellschaft darstellen könnten und nicht (mehr) in die gesellschaftlichen Strukturen integrierbar sind.

Um in einer solchen Welt trotzdem handlungsfähig zu sein, treten Kinder und Jugendliche in Spannung mit der räumlichen Umwelt, was beispielsweise anhand von Zerstörung städtischer Einrichtungsgegenstände (Vandalismus) sichtbar wird. Im Aufbau solcher Spannungen schaffen Heranwachsende etwas Eigenes. Sie konstituieren kinder- und jugendspezifische Handlungs- und Bewältigungsräume und werden da auffällig, wo diese an den glatten physisch-materiellen Strukturen anecken (vgl. ausführlich Reutlinger 2002). Dies erklärt, warum es beim Aneignungshandeln von Kindern und Jugendlichen bei bestimmten Gruppen auch zu Verhalten oder Handlungen kommt, die als abweichend oder deviant beschrieben werden, denn um handlungsfähig zu bleiben, haben die Heranwachsenden gar keine andere Möglichkeit, als die (räumlichen) Strukturen anzugreifen.

1.3 Professionelle Raumsensibilität - die Rolle der offenen Kinder- und Jugendarbeit in der entfremdeten Stadt

Das sozialräumliche Kinder- und Jugendproblem in der urbanen Welt (der „entfremdeten Stadt") wird aus der beschriebenen Perspektive als Problem der physisch-materiellen Welt („Raumproblem") gesehen; die jugendarbeiterische Reaktion darauf ist es, pädagogisierte (wiederum physisch-materielle) Räume zu schaffen. Indem die offene Kinder- und Jugendarbeit ein Sensorium für die Lebenswelten von Kindern und Jugendlichen entwickelt und deren Stärkung zu ihrem Mandat macht, erhält sie die Rolle des sozialräumlichen Anwaltes. Kinder brauchen die Erwachsenen als Anwälte, die ihnen sowohl konkrete, nicht funktionalisierte Räume für Kinder in der Stadt (Orte) zur Verfügung stellen, als auch symbolische ‚Räume' in der Politik und Gesellschaft öffnen. In einer Zeit der „Reduzierung der Entwicklungsmöglichkeiten Jugendlicher" ist festzuhalten, „dass diese nur im Rahmen von Konzepten der offenen Jugendarbeit die Chance haben, in ihren jeweiligen Gruppen- und Cliquenzusammenhängen ihre Sozialräume möglichst autonom zu konstituieren" (Becker/Eigenbrodt/May 1983, S. 135).

Durch die aufklärerische Arbeit und die massiven Forderungen nach Aneignungsräumen entstanden in vielen Stadtteilen Spielplätze, Sportanlagen, Kindergärten und Jugend- bzw. Freizeithäuser, Abenteuerspielplätze usw. – „Räume, in denen man sich selbst inszenieren und in der Beziehung zu anderen erfahren kann" (Fülbier/Münchmeier 2001b, S. 849). Letzten Endes handelte es sich in den meisten Fällen auch um abgrenzbare physisch-materielle Raumsegmente. Diese auf den territorialen Raum bezogene Logik ging insofern auf, als die Humanressourcen der Jugendlichen gesellschaftlich gebraucht und über die Arbeit früher oder später integriert wurden. In der entfremdeten Stadt interessierte man sich für die Probleme der Kinder und Jugendlichen – deshalb hatte ihr ‚abweichendes Verhalten' ein integratives Moment. Diese territoriale Reaktion auf entfremdete physisch-materielle Welten machte in der industriekapitalistischen Arbeitsgesellschaft Sinn, da die Individuen früher oder später alle über die Erwerbsarbeit integriert werden konnten (mögliche strukturelle Integration über Erwerbsarbeit).

Durch ihre professionelle Raumsensibilität hat die offene Kinder- und Jugendarbeit viel dazu beigetragen, auf die Gefahr der Entfremdung hinzuweisen. Der Verdienst ist es, räumliche Bedingungen (aneigenbare physisch-materielle Gegebenheiten) zu fordern, die sich Kinder und Jugendliche selbst aneignen können und dadurch in die Gesellschaft und die gesellschaftlichen Strukturen hineinkommen. An der dahinter stehenden territorialen Raumlogik hält sie jedoch auch im Rahmen einer sich radikalisierenden städtischen Entwicklung weiterhin fest, wie in der Folge aufgezeigt werden soll.

2. Gesellschaftliche Modernisierung und räumliche Umwelten: Institutionalisierung und Verhäuslichung der physisch-materiellen Welt

> „Wo Kinder in der räumlichen Welt Platz finden, zeigt konkret, was für einen Platz die Gesellschaft ihnen zuweist" (Zeiher/Zeiher 1994, S. 17).

Gesellschaftliche Modernisierungsprozesse führten seit dem Zweiten Weltkrieg zur Institutionalisierung bzw. Funktionalisierung der physisch-materiellen Welt in der Stadt – lautet die Ausgangsthese der sozialräumlichen Kindheits- und Jugendforschung ab Mitte der 1980er Jahre. Unter Themen wie beispielsweise „Straßensozialisation“ (Zinnecker 1979), „Aktionsraum“ (Fuhs 2001), „Kinderöffentlichkeit“ (Harms et al. 1985) oder „Wohnumfeldanalysen“ (Monzel 1995) entstanden theoretische Beiträge und Modelle, vor allem aus den Bereichen der Psychologie, Pädagogik und Soziologie (vgl. Lippitz/Rittelmeyer 1989; Hard 1988; Kruckmeyer 1988; Preuss-Lausitz et al. 1990). Parallel wurde in kleineren und größeren empirischen Untersuchungen über einzelne Städte und Stadtgebiete der Frage nach dem Einfluss veränderter räumlicher Welten nachgegangen. Beispielhaft sind die drei allgemeinen Studien über Kinderwelten in der Stadt aus dem Marie-Meierhofer-Institut Zürich (1993; 1994; 1996), die monographischen Studien über die Veränderungen des Lebensraumes von Kindern und die Folgen durch den Einzug des Autos in die Stadt (Berg-Laase et al. 1985; Hüttenmoser/Degen-Zimmermann 1995), die Veränderungen des Straßenraums als Spiel- und Lernort und die zeitliche Verplanung von Kindheit (vgl. Lang 1985; DJI 1992; Rauschenbach/Wehland 1989), die Probleme von Mädchen im öffentlichen Raum (Nissen 1990; Rose 2001; Schön 2004) oder die am Deutschen Jugendinstitut in München durchgeführten Arbeiten zu den „Orten für Kinder“ (1994) bzw. zur „Sozialisation und Wohn(um)welt“ (Hübner-Funk et al. 1983) zu erwähnen.

Aufgrund der Analyse der kindlichen Lebensverhältnisse um 1945 zeichnen in den 1960er und 1970er Jahren Helga und Hartmut Zeiher in ihrer Untersuchung über „Orte und Zeiten der Kinder“ die zunehmende Spezialisierung und funktionale Trennung von Räumen in der Stadt nach (1994), indem sie bei sogenannten „Nachkriegskindern“ bzw. „Trümmerkindern“ beginnen und von „Wiederaufbaukindern“ (vgl. ebd.) und „Boomkindern“ (vgl. Schütze/Geulen 1983) zu den „Konsumkindern“ (Preuss-Lausitz u.a. 1983) gelangen.

Die Funktionalisierung der öffentlichen Räume durch den (Auto)verkehr und den Warentausch führte zur Verdrängung des kindlichen Spiels von der Straße. Durch diese Entwicklungen werden Kinder in Binnenräume wie private Wohnungen und halböffentliche Räume gedrängt; von den Erwachsenen entmischt. Jürgen Zinnecker spricht in diesem Zusammenhang vom „Ende der Straßenkindheit“ (1979). Die Funktionen, die die Straße als öffentlicher Raum ehemals für die Sozialisation der Kinder hatte, werden nun in spezialisierter und separierter Form von Orten und Betreuungseinrichtungen wie Kindergarten oder Hort (geschlossene und geschützte Raumeinheiten) übernommen, die als „verhäuslicht“ beschrieben werden. „Das können die privaten Räume der Familie, die halb öffentlichen Schulgebäude und Turnhallen, aber auch die Warenhäuser und Kaufpassagen als neuartige ‚häusliche Märk-

te' sein" (Behnke/Zinnecker 2001b, S. 910). Dieses Übermaß institutionalisierter Räume wird als negativ für die kindliche Entwicklung erachtet.
In der Folge soll mit dem Modell der Verinselung (2.1) und dem handlungstheoretischen Ansatz der „Sozialgeographie der Kinder" (2.2) wiederum auf die spezifische Raum-Umwelt-Dynamik und den Handlungsbezug Heranwachsender in der modernisierten Stadt eingegangen werden.

2.1 Die Metapher der Verinselung als modernisiertes Gegenbild des Zonenmodells

Die These, dass Kinder ihre Handlungen zunehmend an für sie geschaffenen spezialisierten (und institutionalisierten) Orten entwickeln, wird mit dem Bild der Verinselung kindlicher Lebenszusammenhänge verdeutlicht (Zeiher 1983, S. 187; Zeiher/Zeiher 1994). „Kinder weiten nicht einen zusammenhängenden Lebensraum allmählich aus [...]. Vielmehr leben [...] Kinder in einem verinselten Lebensraum. Eltern transportieren sie zu den Inseln: zu Wohnungen von Freunden, Verwandten, zum Spielplatz, zum Kindergarten, zum Ort des Sporttrainings, zu Einkaufsorten in der Innenstadt, zum Wochenend- und Urlaubsort" (Zeiher/Zeiher 1994, S. 27). Damit wird eine Abgrenzung zu den aufgezeigten funktionalen Kreis- oder Zonenmodellen markiert: Demnach handeln Kinder vermehrt an für sie vorgesehenen spezialisierten Orten oder Räumen. Diese unterliegen starren Handlungsvorgaben, lassen viele Tätigkeiten nicht zu und sind äußerst anregungsarm. Freundinnen und Freunde werden nur noch in Abhängigkeit verschiedener Institutionen gefunden, da überall andere Kinder verkehren. Rauminseln können nur noch durch Transport- und Kommunikationsmedien erreicht werden. „Moderne Kindheit" wird zu einem komplexen Termin- und Verabredungsgeschäft (Rabe-Kleberg/Zeiher 1984). „Moderne Kindheiten" gehen damit von ‚veränderten raum-zeitlichen Ordnungsprinzipien kindlicher Normalbiographien" aus (Krüger/Grunert 2002, S. 113). Die einzelnen Teile der Lebenswelt werden austauschbar: „Die Aneignung der Rauminseln geschieht nicht in einer räumlichen Ordnung, etwa als allmähliches Erweitern des Nahraums, sondern unabhängig von der realen Lage der Inseln im Gesamtraum und unabhängig von ihrer Entfernung" (Zeiher 1983, S. 187).

Der verinselte Lebensraum verlangt – den Ideen der individualisierten Bastelbiographie der reflexiven Modernisierung folgend (Beck-Gernsheim 1992) – eine „größere Mitwirkung der Betroffenen bei der Konstitution" ihres Lebensraumes (Zeiher 1994, S. 363). Dieser individuelle Lebensraum muss durch „viele aufeinanderfolgende Entscheidungen" und „in einem Zustand selbst steuerbarer Verfügung (...) aktiv hergestellt werden" (ebd.).

Nicht alle Kinder haben die familiären und sozialen Rahmenbedingungen einer solchen ressourcen- und elternabhängigen modernisierten Kindheit. Damit ist in diesem Modell eine Spaltung zwischen modernisierter, verplanter und verinselter Kindheit und einer Kindheit, welche sich auf den Nahraum beschränkt, angelegt – ohne dass diese soziale Spaltung problematisiert würde. Der der Verinselungsthese hinterlegte Raumbegriff ist weder sozial noch historisch-gesellschaftlich eingebettet. Vielmehr gleicht er einem Behälter (Container) für die sozialen Beziehungen der Menschen.

> „Jedes Objekt oder Element des Raumes steht zu einem Zeitpunkt zu allen anderen Elementen in eindeutigen Lagebeziehungen, die von der Natur der speziellen Elemente völlig unabhängig sind" (Zeiher/Zeiher 1994, S. 396).

Die Aufenthaltsorte der Kinder werden mit (eingegrenzten) Handlungsräumen gleichgesetzt. Raum ist im Inselmodell nicht veränderbar, im Raum liegt kein Widerstandspotential (vgl. Nissen 1998).

2.2 Geographie-Machen als handlungstheoretisches Paradigma

Die Behälterraumvorstellungen im Inselmodell führen leicht zu Determinierungs-Aussagen, indem die Raumaneignung durch die zu stark vergesellschafteten räumlichen Bedingungen (Institutionalisierungsthese) verhindert wird. Die wechselseitigen, komplexen Prozesse der Auseinandersetzung von Kindheit und Raum können jedoch „nicht einfach durch die Gegebenheiten" wie „der strukturellen Beschaffenheit der Lebensräume erklärt werden" (Daum 1990, S. 20). Deshalb fokussieren Ansätze der so genannten „handlungszentrierten Sozialgeographie" (Meusburger 1999) unter dem Begriff der „Sozialgeographie der Kinder" (Werlen 1995a; Monzel 1995) das Zusammenspiel von Struktur- und Handlungsebene. Als Konsequenz davon werden nicht mehr der Raum, sondern „jene Handlungen der Subjekte, über welche deren ‚Geographien' hergestellt und reproduziert werden" (Werlen 1997, S. 6), zum Gegenstand sozialgeographischer Forschung gemacht. Dahinter steht die Annahme, dass „‚Geographie' nicht nur etwas ist, das allein wissenschaftlich betrieben wird. ‚Geographie' machen alle handelnden Subjekte auch auf alltäglicher Ebene" (ebd.). „[D]ie Menschen als handelnde Subjekte [machen] ihre eigenen Geographien (…) So wie wir täglich Geschichte machen und die Geschichte anderer beeinflussen, so stellen wir – das ist die konstitutive Maxime dieser Alternative – auch alltäglich Geographien her" (Werlen 2010, S. 72).

Dahinter liegt die Vorstellung eines nie endenden Prozesses von fortschreitenden, vorstrukturierten und gleichzeitig neu strukturierenden Handlungen. Das Verhältnis von Struktur und Handlung im Prozess der Strukturierung ist dualistisch, indem die Struktur die Handlung ermöglicht, gleichzeitig aber auch einschränkt (vgl. Werlen 2000). Diese Dynamik löst die Fixierung auf wenige Handlungsbereiche (Erwachsenentätigkeit, Städteplanung etc.) auf. „Monofunktionalität" oder „Institutionalisierung" sind nicht Folge der konkreten materiellen Gestaltung eines Ortes, sondern genauso Folge der Vorstellungen der planenden Personen oder Behörden wie auch Folge der entsprechenden Nutzung (Monzel 1995). Bei den sozialräumlichen Kinder- und Jugendproblemen handelt es sich aus dieser Perspektive nicht um Probleme der physisch-materiellen Welt, wie dies in der industriellen Stadt gesehen wurde (siehe 1.2), sondern mit der Verregelungsthese um Macht- oder Ordnungsprobleme: Kinder und Jugendliche können trotz der Verregelungen handeln und sich die Umwelt aneignen, sie machen ihre altersspezifischen Geographien. Können Kinder und Jugendliche nicht der Norm entsprechend handeln oder machen so genannte „abweichende Geographien", so ist die räumliche Welt von stärkeren Handlungen oder materialisierten Handlungsfolgen von (einigen) Erwachsenen wie Planern, Bodenspekulanten etc. überlagert.

Bei der sozialgeographischen Kinder- und Jugendforschung sollen Machtverhältnisse, bestehend aus Regeln und allokativen bzw. autoritativen Ressourcen (Giddens 1995), aufgedeckt werden. Aus dieser Sicht müssen Situationen geschaffen werden, in welchen die Individuen die Sinnstiftung ihrer Handlungen selber in die Hand nehmen können. Durch Deregulierungen und Ermächtigungen sollen Handlungsbedingungen verändert, Modernisierungsrückstände aufgeholt und eine durchrationalisierte Gesellschaft geschaffen werden, in welcher Kinder und Jugendliche ohne Verregelungen (resp. negative Handlungsbedingungen) ihre Geographien machen, ihre Lebensführungspolitik verfolgen und so in die spätmoderne Gesellschaft integriert werden können.

2.3 Kinderräume als Zusammenspiel unterschiedlicher Raumdimensionen – ein Zwischenfazit

Gemeinsam ist allen bisherigen Ansätzen, dass sie mit ihrem impliziten oder expliziten Bezug auf die gesellschaftlichen und räumlichen Bedingungen der industriekapitalistischen Arbeitsgesellschaft (siehe oben), oder aber deren Modernisierung (reflexive Moderne), einen bestimmten historischen Moment als Ausgangspunkt ihrer Analyse nehmen. Argumentativ wird in Abgrenzung oder Weiterentwicklung (Zustand 1 vs. Zustand 2) dieses historischen Moments von Veränderungen der physisch-materiellen Welt der Kinder „direkt auf Veränderungen der Handlungsräume geschlossen“ (Nissen 1998, S. 172). Vielfach werden phänomenologische Veränderungen einer Raumdimension wie z. B. die zunehmende (Mono)Funktionalisierung, Virtualisierung oder Institutionalisierung zum Anlass genommen, auf veränderte Mensch-Umwelt-Dynamiken insgesamt zu schließen. Meistens werden diese Veränderungen und ihre Folgen als negativ für Sozialisation und Entwicklung von Kindern und Jugendlichen gesehen. In der Regel werden Kindheit und Jugend nicht als sich wandelnde gesellschaftliche Schon- und Schutzräume thematisiert.

Dadurch entstehen Ungleichzeitigkeiten und blinde Flecken oder „Unsichtbarkeiten“ (vgl. Reutlinger 2003), welche das Verständnis des komplexen sozialräumlichen Zusammenspiels von Mensch und Umwelt im Sozialisationsprozess verhindern. Für die hinreichende Thematisierung des Einflusses sozialräumlicher Umwelten auf den Sozialisationsprozess – insbesondere unter den aktuellen gesellschaftlichen Umbrüchen und Wandlungsprozessen – sind jedoch unterschiedliche Raumebenen sowie ihr Zusammenspiel zu thematisieren. Eine zentrale Voraussetzung scheint es hierbei zu sein, wie Kindheit gesellschaftlich betrachtet wird, d.h. wie sich Kindheit als Lebensphase (mit den entsprechenden gesetzlichen und konzeptionellen Rahmenbedingungen) im Sinne eines gesellschaftlichen Raumes konstituiert. Strukturbildend sind dabei die Freisetzung von gesellschaftlichen Aufgaben (Produktion und Reproduktion), eine profilierte Erwachsenenfigur, um das mit dem Moratorium korrespondierende Generationenverhältnis ermöglichen zu können, die Zuordnung spezifischer Institutionen des Aufwachsens wie Familie, Kindergarten und Schule sowie ein Zeitbewusstsein für die Dauer des Moratoriums und für die Einordnung in den Fluss von Vergangenheit, Gegenwart und Zukunft (vgl. Zinnecker 2000, S. 38ff.). Daneben sind die jeweiligen Handlungsräume von Kindern und Jugendlichen (als so genannte Räume der Kinder/Jugendlichen) von Wichtigkeit. Je nach unterstelltem Handlungsmodell und Subjektverständnis wird die Mensch-Umwelt-Dynamik jeweils anders thematisiert und andere Aspekte fokussiert. Und als dritte Dimension ist die physisch-materielle (dinghafte und territoriale) Welt (konkrete Orte und Räume für Kinder/Jugendliche) von Bedeutung, was einerseits durch die Körperlichkeit des Menschen und seine Präsenz an konkreten Orten und Plätzen deutlich wird. Andererseits werden diese erst in spezifischen Interaktions- und Handlungssituationen, d.h. durch die Beziehungen zu Mitmenschen, bedeutsam.

Erst in der Betrachtung dieser unterschiedlichen Raumebenen gelingt es, die Veränderung räumlicher Umwelten nicht kulturpessimistisch zu sehen, d.h. vergangene urbane physisch-materielle Gegebenheiten nicht zu überhöhen sowie nicht an durch aufklärerischen Kampf Erreichtem (bspw. Jugendhäuser) festhalten zu wollen: Die veränderte Bedeutung sozialräumlicher Umwelten kann dann als Chance und neue Qualität einer politischen Neupositionierung von Kindheit und Jugend in einer sich verändernden Gesellschaft gesehen werden. Auf der Agenda der sozialräumlichen Kinder- und Jugendforschung würde nicht mehr und nicht weniger als die Neuvermessung der gesellschaftlichen Räume der Kindheit und Jugend unter den heutigen gesellschaftlichen Bedingungen stehen.

Die aktuellen gesellschaftlichen Umbrüche verweisen jedoch auch darauf, dass das bisherige Integrationsmodell grundlegend zu hinterfragen ist und sich das Festhalten am Moratoriumskonzept sozialisationstheoretisch als unbefriedigend erweist: Sozialisation verteilt sich heute über die gesamte Lebensspanne. Raumaneignung im Sinne von Entwicklung und Gestaltung sozialräumlicher Bedingungen wird damit zum lebenslangen Thema. Damit liegt heute die Aufgabe der Menschen darin, Jungsein, Erwachsensein und Altsein in der Spannung zum gesellschaftlichen Lebensalter und der jeweils enthaltenen Erwartungen selbst zu bewältigen und zu gestalten; sie sind auch angehalten, selbst für ihre psychosozialen Bindungen und Rückhalte zu sorgen, ohne dabei den Anschluss an die gesellschaftliche Entwicklung zu verlieren (vgl. Grundmann 2006).

3. Ausblick: Räumliche Umwelten unter entgrenzten Lebenszusammenhängen

Durch den derzeitigen Strukturwandel der industriekapitalistischen Arbeitsgesellschaft geraten bisherige Räume in Bewegung, neue Räume werden durch scheinbar fluider werdende Grenzziehungen konstituiert und das Raum-Gesellschaftsverhältnis scheint sich neu zu ordnen (Kessl/Reutlinger 2010b; Reutlinger 2008). Dies führt beispielsweise dazu, dass Kinder „Raum auch als Stückwerk“, als viele einzelne, heterogene und uneinheitliche Räume erfahren (Löw 2001, S. 85). Kinder und Jugendliche wachsen heute mit zwei (oder mehreren) Wahrheiten gleichzeitig auf und im Raum zu leben ist heute mit der Erfahrung verbunden, auf viele stets unterschiedliche Räume und Räumlichkeiten Bezug nehmen zu können und zu müssen. Raum wird „statt einheitlich als uneinheitlich, statt kontinuierlich als diskontinuierlich, statt starr als bewegt“ erfahren (ebd., S. 88).

Hilfreich für die Beschreibung dieser Neuordnung des Räumlichen bei Berücksichtigung aller dreier Raumdimensionen (Gesellschaft, Handlung, Materie) hat sich das Paradigma der Entgrenzung von Leben und Arbeit erwiesen (vgl. bspw. Kirchhöfer 2005), wenn der Fokus (auch) auf die gleichzeitig stattfindenden neuen Segmentierungs- und Begrenzungsprozesse (Kessl/Reutlinger 2007b) gelegt wird. Denn unter den aktuellen gesellschaftlichen Bedingungen werden „Gestaltungsspielräume der individuellen Lebensführung" massiv eingeschränkt und „breite Bevölkerungsgruppen, (...) von der Teilhabe an zentralen gesellschaftlichen Systemen, wie zum Beispiel Bildungs- oder Erwerbssystem ausgeschlossen" (Grundmann 2006, S. 226ff.). Hinter dem aus der Arbeits- und Industriesoziologie stammenden Entgrenzungsparadigma steht die gegenwärtige Erfahrung, dass sich tradierte Grenzen und voneinander getrennte Lebensbereiche auflösen, vermischen und neu mit- und zueinander ins Verhältnis setzen. Mit der Entgrenzung von Leben und Arbeit diffundieren gleichzeitig die Handlungsrationalitäten, die bisher auf den Arbeitsbereich festgeschrieben waren, in andere Lebensbereiche hinein („Verarbeitlichung" des Alltags) und umgekehrt zurück („Veralltäglichung" der Arbeit) und beginnen, die Handlungen der Menschen und die damit zusammenhängenden Räume zu strukturieren. Die Umbruchs- und Entgrenzungstendenzen führen auch dazu, dass sich die traditionellen Lebensalter als subjektiv überholt und nicht mehr verlässlich erweisen (Tendenz der sozialen Nivellierung und Relativierung der Lebensalter). Andererseits verweist die strukturelle Erkenntnis darauf, dass es weiterhin Sinn macht, wie bisher mit den überkommenen Lebensaltern zu operieren und gleichzeitig den Blick für ihre biographische Relativierung offen zu halten (vgl. Böhnisch 2001). Die gegenwärtige und zukünftige Beschäftigung mit der Mensch-Umwelt-Dynamik im Sozialisations- und Entwicklungsprozess muss sich diesen Spannungsverhältnissen und Ambivalenzen in produktiver Weise stellen. Dies gelingt, indem die biographischen Gestaltungsprozesse, also das Ausleben von Raum als Sozialisationspraxis, ins Zentrum des Interesses gerückt werden, wie dies aktuelle Raum-Diskussionen herausstreichen (vgl. stellvertretend Albrow 1998; Pries 2010).

3.1 Biographische Raumgestaltung und ermöglichende (pädagogische) Kontexte - Wege zu einer neuerlichen professionellen Raumsensibilität

Unter entgrenzten Bedingungen geraten die biographischen Gestaltungsprozesse jenseits institutionalisierter Lebensläufe zunehmend ins Zentrum der Aufmerksamkeit sozialräumlicher Sozialisationsforschung. Exemplarisch lässt sich für die Jugend zeigen, dass überkommene, an Jugend als pädagogisch gestaltetem Moratorium festhaltende Konzepte die biographischen Bewältigungsformen und die sozialemotionalen Bildungsaufgaben dieser Lebensphase in der Unsichtbarkeit versinken lassen. Jugendliche sind beim schreiben spezifischer ‚Landkarten' in der Stadt vermehrt auf sich selbst zurückgeworfen (Reutlinger 2003), indem sie sich ihre räumliche Umwelt aneignen und ihre jugendspezifischen Sozialräume konstituieren. Dabei ist davon auszugehen, dass jeder Mensch täglich seine sozialen Bewältigungskarten schreibt und damit in einer Welt, in der immer mehr Menschen überflüssig sind, handlungsfähig bleibt. Beim Schreiben von Landkarten (oder Bewältigungskarten) ist die zunehmende Bedeutung der Gruppe der Gleichaltrigen für die Bewältigung herauszustreichen, da die Jugendlichen Selbstwert, Anerkennung und Orientierung nicht über einen Job, sondern über sich selbst und über die Gruppe finden. Über die Bewältigungskarten kann somit die sozialräumliche Wirklichkeit von Jugendlichen beschrieben und zugleich immer mit diesen in den gesellschaftlichen Rahmen gesetzt werden. Erst das erneute Verständnis der Menschen in ihrem lebensweltlichen Kontext kann Aufschluss über die Gestaltungsprozesse sozialer Praxen geben. Gerade hier hat eine sozialräumlich orientierte Perspektive einen besonders geeigneten Zugang, denn sie vermag an den biographischen Lebensgestaltungsprozessen der Menschen anzusetzen und deren Potentiale aufzuschließen, an denen beispielsweise unterstützende (pädagogische) Angebotsstrukturen anknüpfen können. Für Kinder bedeutet dieser Zugang zu biographischer Raumgestaltung beispielsweise, dass sie sich ihre soziale und physisch-materielle Umwelt weiterhin erschließen und aneignen. Aneignung läuft heute jedoch nicht länger gesellschaftlich abgeschottet in der Gleichaltrigenkultur ab, sondern trifft immer auch gleichzeitig auf veränderte, gesellschaftlich vermittelte Gegenstandsbedeutungen (vgl. Leontjew 1973). Für offene Kinder- und Jugendarbeit bedeutet dies, dass vor dem Hintergrund der aufgezeigten gesellschaftlichen Veränderungen das zur Verfügung stellen von aneigenbaren Containern im abgehängten Stadtteil (wie bspw. Abenteuerspielplätze) zwar für mache Gruppen von Kindern und Jugendlichen weiterhin notwendig, jedoch nicht mehr länger hinreichend ist. Es geht heute nicht mehr darum, ‚Räume' als physisch-materielle Kästchen zu schaffen, um den heutigen Problemen des Aufwachsens im Lebensort Stadt zu begegnen (die ‚Neue Armut' und die Verelendung von immer mehr Menschen, oder die vermehrten Integrationsprobleme ganzer Bevölkerungsgruppen usw.), sondern es geht darum, die unsichtbar gewordenen Formen der Bewältigung des Überflüssigseins zu sehen und die dahinter liegenden Gründe zu erklären. Damit wird unter entgrenzten Bedingungen das bisherige Kindheits-Raum-Verhältnis hinterfragt: Die neue Vielfalt westlicher Gesellschaften (hinsichtlich sozialer, kultureller und ethnischer Herkunft, Geschlecht, Alter, Religion, Behinderung, sexueller Orientierung, aber auch sozialem Status, Bildung u.v.m.) (vgl. Essed 1996) führt zu einer Vielzahl überlappender und fließender Formen von Zugehörigkeiten und damit zu unterschiedlichsten Räumlichkeiten. Aus pädagogischer Perspektive ist der Frage nachzugehen, wie aus der kulturellen und sozialen Vielfalt heraus sozialräumliche Angebote für Kinder zu gestalten sind, im Sinne einer diversitätsorientierten Kinder- und Jugendarbeit bzw. -politik (vgl. Stuber 2004), damit allen Mädchen und Jungen die gleichen Orte zugestanden werden können und sie den gleichberechtigten Zutritt zu allen Erfahrungsräumen (öffentlich wie privat) haben.

Für tendenziell alle Menschen konkrete Räume zur Verfügung zu stellen, aber auch symbolische Räume in der Politik und Gesellschaft zu öffnen bedeutet heute, gemeinsam mit den Beteiligten adäquate ermöglichende Kontexte zu konstituieren, die an den Bewältigungs- und Gestaltungsleistungen anknüpfen und die system- und sozialintegrativen Ebenen erneut vermitteln (vgl. Reutlinger 2006). Damit wird eine ermöglichende pädagogische Perspektive vertreten, welche die Menschen nicht auf eine Klientensicht von etablierten Institutionen sozialer Unterstützung reduziert. Vielmehr steht das sinnhafte Agieren im komplexen Wechselspiel von Struktur und Handeln, Stärken und Ressourcen, Begrenzungen und Behinderungen im Vordergrund. Dieses gilt es auf der Ebene des individuellen Handelns sowie auf struktureller Ebene im Hinblick auf die Gestaltung und Bewältigung in Richtung einer sozialen Entwicklungsperspektive zu fördern. Im Zentrum steht der Mensch mit seinen Handlungskompetenzen und Handlungsoptionen. Er wird als sinnhaft handelndes Wesen im Kontext seiner soziokulturellen und sozialräumlichen Lebensumwelten und biographischen Lebenssituationen begriffen. Für eine offene Kinder- und Jugendarbeit, die unter aktuellen gesellschaftlichen Bedingungen weiterhin professionelle Raumsensibilität erlangt, bedeutet dies, dass sie zum Ziel die Herausbildung einer Bewusstheit sozialer Zusammenhänge haben muss, die eine eigene soziale Entwicklung und eigenständige Wege der Bedürfnisbefriedigung zu ermöglichen vermag.

Literatur

Becker, H./Eigenbrodt, J. und May, M. (1983): Der Kampf um Raum – Von den Schwierigkeiten Jugendlicher, sich eigene Sozialräume zu schaffen. In: Neue Praxis 13, Heft 2, 1983, S. 125-137

Becker, H./Eigenbrodt, J. und May, M. (1984): "Das ist hier unser Haus, aber...". Raumstruktur und Raumaneignung im Jugendzentrum. Veröffentlichung des Instituts für Jugendforschung und Jugendkultur e.V. Frankfurt a. M.

Behnken, I./du Bois-Reymond, M./Zinnecker, J. (1989): Stadtgeschichte als Kindheitsgeschichte. Lebensräume von Großstadtkindern in Deutschland und Holland um 1900. Opladen

Berger, O./Schmalfeld, A. (1999): Stadtentwicklung in Hamburg zwischen,Unternehmen Hamburg‘ und ‚Sozialer Großstadtstrategie‘. In: Dangschat, J. S. (Hrsg.): Modernisierte Stadt – Gespaltene Gesellschaft. Opladen

Böhnisch, L./Schroer, W. (2001): Pädagogik und Arbeitsgesellschaft. Weinheim und München

Chombart de Lauwe, M. J. (1977): Kinder-Welt und Umwelt Stadt. In: Arch+ 34, S. 24-29

Chombart de Lauwe, P. H. (1977): Aneignung, Eigentum, Enteignung. In: Arch+ 34, S. 2-6

Dangschat, J. S. (Hrsg.) (1999): Modernisierte Stadt – Gespaltene Gesellschaft. Ursachen von Armut und sozialer Ausgrenzung. Opladen

Deinet, U. (1992): Das Konzept "Aneignung" im Jugendhaus: neue Impulse für die offene Kinder- und Jugendarbeit. Opladen

Deinet, U. (1999): Sozialräumliche Jugendarbeit: eine praxisbezogene Anleitung zur Konzeptentwicklung in der Offenen Kinder- und Jugendarbeit. Opladen

Häußermann, H. (1997): Armut in den Großstädten – eine neue städtische Unterklasse? Leviathan 25, Heft 1. 1997, S. 12-27

Holzkamp, P. K./Schurig, V. (1973): Zur Einführung in A.N. Leontjews "Probleme der Entwicklung des Psychischen", in: Leontjew, A.N. (1973), Probleme der Entwicklung des Psychischen. Frankfurt a.M.

Kessl, F./Reutlinger, C. (2010a): Sozialraum – eine Einführung (2. Auflage). Wiesbaden

Kessl, F./Reutlinger C. (Hrsg.) (2010b): Ökonomischer Raum: Megacities und Globalisierung. In: Günzel, S. (Hrsg.): Raum. Ein interdisziplinäres Handbuch. Stuttgart 2010b, S.145-162

Leontjew, A. N. (1967): Probleme der Entwicklung des Psychischen. Berlin.

Löw, Martina (2001): Raumsoziologie. Frankfurt a.M.

Muchow, M./Heiner, H. (1998): Der Lebensraum des Großstadtkindes. Weimar und München

Reutlinger, C. (2003): Jugend, Stadt und Raum. Sozialgeographische Grundlagen einer Sozialpädagogik des Jugendalters. Opladen

Reutlinger, C. (2005): Gespaltene Stadt und die Gefahr der Verdinglichung des Sozialraums– eine sozialgeographische Betrachtung. In: Projekt Netzwerke im Stadtteil (Hrsg.): Grenzen des Sozialraums. Kritik eines Konzepts – Perspektiven für soziale Arbeit. Wiesbaden 2005, S. 87-106

Reutlinger, C. (2004): Sozialraumorientierte Vernetzung in ‚sozialen Brennpunkten' – der territoriale Aspekt im Programm E&C. In: Kessl, F./Otto, H.-U. (Hrsg.): Soziale Arbeit und Soziales Kapital. Zur Kritik lokaler Gemeinschaftlichkeit. Opladen 2004, S. 251-268

Reutlinger, C. (2008): Sozialisation in räumlichen Umwelten. In: Hurrelmann, K./Grundmann, M./Wapler, S. (Hrsg.): Handbuch Sozialisationsforschung (7., vollst. überarb. Aufl.). Weinheim und Basel, S. 333-350

Reutlinger, C. (2011): Die gefährliche Straße. Raumtheoretische Betrachtung des ambivalenten Verhältnisses von öffentlichem Raum und Aufmerksamkeit generierenden Gruppen in der Sozialen Arbeit. In: Lindenau, M./Meier Kressig, M. (Hrsg.): Zwischen Sicherheitserwartung und Risikoerfahrung. Vom Umgang mit einem gesellschaftlichen Paradoxon in der Sozialen Arbeit. Bielefeld

Rolff, H. G./Zimmermann, P. (1990): Kindheit im Wandel. Eine Einführung in die Sozialisation im Kindesalter. Weinheim und Basel

Walther, U.-J. (2002): Ambitionen und Ambivalenzen eines Programms. Die soziale Stadt zwischen neuen Herausforderungen und alten Lösungen. In: ders. (Hrsg.): Soziale Stadt - Zwischenbilanzen. Ein Programm auf dem Weg zur Sozialen Stadt? Opladen 2002, S. 23-43

Werlen, B. (1997): Sozialgeographie alltäglicher Regionalisierungen. Band 2: Globalisierung, Region und Regionalisierung. Erdkundliches Wissen. Stuttgart

Winnicott, D. W. (1985): Vom Spiel zur Kreativität. Stuttgart

Zeiher, H. (1994): Kindheitsräume. Zwischen Eigenständigkeit und Abhängigkeit. In: Beck, U./Beck-Gernsheim, E. (Hrsg.): Riskante Freiheiten. Frankfurt a.M., S. 353-375

Zeiher, H./Zeiher, H. (1994): Orte und Zeiten der Kinder. Soziales Leben im Alltag von Großstadtkindern. Weinheim und München

Zinnecker, J. (1979): Straßensozialisation. In: Zeitschrift für Pädagogik, 25. Jg., S. 727-746

Ulrich Deinet

Sozialraumarbeit und sozialräumliche Konzeptentwicklung

Auch im Bereich der Offenen Kinder- und Jugendarbeit wird die Sozialraumorientierung intensiv diskutiert, u.a. mit dem Ansatz einer „sozialräumlichen Jugendarbeit“ (vgl. die Veröffentlichungen von Deinet/Krisch im Literaturverzeichnis). Dieser Ansatz versteht sich durch die Anwendung vielfältiger partizipativer Methoden der qualitativen Lebensweltanalyse auch als eine Form der notwendigen Konzeptentwicklung sowie als Möglichkeit einer praxisnahen Forschung (s.u.).

Bevor dieser spezielle Ansatz im dritten Teil dieses Beitrags dargestellt wird, geht es zunächst um ganz konkrete sozialräumliche Zusammenhänge, in denen die OKJA agiert. Mit diesem Vorgehen soll auch diskutiert werden, wie mit dem Begriff Sozialraum in der Praxis der OKJA umgegangen wird und welche Konsequenzen sich daraus ergeben. Der Sozialraum erscheint zunächst als Einzugsbereich von Einrichtungen in Form eines konkreten Stadtteils, aus dem Kinder und Jugendliche kommen, um die Einrichtungen zu besuchen. In der von Schmidt (2011) ausgiebig untersuchten Literatur zur OKJA wird dieser schlichte sozialräumliche Aspekt immer wieder thematisiert (in dem einfachen Verständnis von Sozialraum als Einzugsbereich liegt jedoch auch eine sozialräumliche Verkürzung, auf die später eingegangen werden soll). Ein weiterer sozialräumlicher Aspekt in der Untersuchung von Schmidt ist das Phänomen der Verdrängung, also der Raumaneignung und dem Verhältnis zwischen Gruppierungen, die Jugendeinrichtungen für sich beanspruchen bzw. aus denen ausgeschlossen werden.

Die Eingeschränktheit dieser Sichtweise wird deutlich, wenn man sich mit jugendlichen Mobilitätsmustern beschäftigt, so wie in einer Studie von 2009 (Wüstenrot Stiftung 2009). Diese kommt zu sehr interessanten Typisierungen der Mobilität von Jugendlichen einer Großstadt und lässt den Schluss zu, dass ein sozialräumliches Verständnis – auch im Sinne der Konzeptentwicklung – weit über den konkreten Einzugsbereich hinausgehen muss. Der bei Schmidt zu wenig differenzierte Umgang mit dem Begriff des Sozialraums in der OKJA hängt allerdings auch mit seiner Vielschichtigkeit zusammen. Deshalb werden im zweiten Teil des Beitrags die von Reutlinger und Wigger vorgestellten Ebenen einer Sozialraumarbeit vorgestellt und auf die OKJA bezogen. Diese bieten einen Handlungsrahmen, in dem sozialräumliches Agieren konkretisiert werden kann, ohne es zu vereinfachen. Geht man von Schmidts Untersuchung aus und bezieht die Ergebnisse auf die

Ebenen der Sozialraumarbeit von Reutlinger und Wigger, so muss deutlich gesagt werden, dass die Ansprüche einer Sozialraumarbeit in vielen Bereichen der OKJA so noch nicht erfüllt werden.

Der dritte Teil des Kapitels enthält Bausteine einer sozialräumlichen Konzeptentwicklung dar, die anhand einer Sozial- und Lebensweltanalyse und weiteren analytischen Schritten versucht, Konzepte der OKJA zu entwickeln und auf die Ebenen der Sozialraumarbeit zu beziehen. Über den – besonders im nächsten Kapitel – dargestellten Einsatz zahlreicher Methoden der Analyse, Beteiligung sowie weiterer Maßnahmen geht es um die Entwicklung von konzeptionellen Differenzierungen, die als bedarfsgerechte Reaktionen in Bezug auf die sozialräumlichen Bedarfe betrachtet werden.

1. Sozialräumliche Fragen der OKJA

Stadtteil, Lage, Einzugsbereich

Ein in der Jugendarbeit immer wieder diskutiertes sozialräumliches Thema stellt das Verhältnis zwischen der Lage einer Einrichtung und ihrem Einzugsgebiet dar. Damit verbunden ist auch die für die Praxis ausgesprochen wichtige Frage nach Stamm- und selektiver Besucherschaft, d. h. einerseits die Wirkung der Einrichtung in ihrem unmittelbaren Umfeld und andererseits die erweiterte Wirkung über den Nahraum hinaus, etwa als große zentrale Einrichtung, die Kinder und Jugendliche der ganzen Stadt anspricht. Eine solche Wirkung ist auch für thematisch spezialisierten Einrichtungen wünschenswert, die stadtweit wirken sollen. Die Frage nach dem Einzugsgebiet ist in der Praxis auch deshalb von hoher Bedeutung, weil sie mit dem räumlichen Standort von Einrichtungen zusammenhängt, der sich auf Grund von z. B. demographischen Veränderungen heute nicht selten als unattraktiv darstellt. So verfügen die in den 60er und 70er Jahren favorisierten großstädtischen Zentraleinrichtungen heute kaum noch über einen intakten Einzugsbereich, da die Großstadtzentren heute zum großen Teil aus Dienstleistungs- und Geschäftsbereichen bestehen. Der Anteil der dortigen Wohnbevölkerung ist relativ gering, so dass eine Stammbesucherschaft aus unmittelbarer Nähe der Einrichtung kaum vorhanden ist. In vielen Großstädten konnte man deshalb die Schließung bzw. Umorientierung solcher Einrichtungen (z. B. in Richtung Kultureinrichtungen) beobachten.

In seinem Resümee der relevanten Studien zur OKJA betont Schmidt zunächst die große Bedeutung der Einrichtungen für ihr unmittelbares Wohnumfeld und die damit verbundene Frequentierung: „70% der Nutzer/innen von Einrichtungen der Offenen Kinder- und Jugendarbeit besuchen die regelmäßig (mindestens einmal wöchentlich) oder täglich (vgl. Institut für Jugendgruppenarbeit 1962, Müller 1962, Werner 1972, Mutz 1977, Hoehn/Warlich 1977, Achten/Hubweber 1982b, Wolf 1998, Rauschenbach et al. 2000, LAG Kath. OKJA NRW 2003, 2004, 2006, 2007, 2008). Befunde aus den 1970er Jahren, die von ca. 60% der Besucher/innen ausgehen, die eine Einrichtung mindestens dreimal wöchentlich besuchen, zeigen, dass 60% - 70% der Besucher/innen dort bereits länger als ein Jahr verkehren (vgl. Grauer 1973, Hoehn/Warlich 1977, Mutz 1977)" (Schmidt 2011, S. 55).

Die durchaus zahlreichen Studien zur Nutzung von Jugendeinrichtungen zeigen eindeutig, dass ein Großteil der Besucherschaft aus der unmittelbaren Umgebung kommt: „Die Erkenntnisse der vorliegenden Studien zeigen, dass Einrichtungen der Offenen Kinder- und Jugendarbeit für die jeweiligen Besucher/innen stark sozialräumlich verankert sind. Ausnahmen bilden Einrichtungen mit einer bestimmten Zielgruppe, die entsprechend angesprochen wird (beispielsweise Einrichtungen mit soziokultureller Ausrichtung), denen es gelingen kann, Adressaten/innen außerhalb des Sozialraums zu erreichen. Letzteres wirft die Frage auf, ob es solchen Einrichtungen trotzdem gelingt, ebenfalls die „typische" Besucher/innenschaft der Offenen Kinder- und Jugendarbeit ihres Sozialraums additiv zur speziellen Zielgruppe zu erreichen oder ob diese fernbleiben. „Insgesamt sind die bereits vorliegenden Erkenntnisse bedeutsam für die Planung neuer Einrichtungen, da sie ermöglichen, diese weitestgehend optimal für die beabsichtigte Zielgruppe zu platzieren oder fehlende Jugendzentren innerhalb eines Stadtgebietes zu eruieren" (Schmidt 2011, S. 57).

Dass die Besucher/innen fast ausschließlich aus dem Umfeld der Einrichtungen kommen (zu Fuß in bis zu 10 Min. erreichbar) und andere Jugendzentren selten besucht werden, zeigt die sozialräumlich eingeschränkte Anziehungskraft der Einrichtungen. Diese Einschätzung zieht sich bei Schmidt durch: „Des Weiteren scheinen die Einrichtungen der Offenen Kinder- und Jugendarbeit eine Freizeitmöglichkeit für Kinder und Jugendliche darzustellen, die genutzt wird, sofern sie im Sozialraum innerhalb kurzer Zeit erreichbar sind, weitere Entfernungen werden jedoch nicht in Kauf genommen" (Schmidt 2011, S. 62). Demnach hätten die Kinder- und Jugendeinrichtungen insgesamt eine hohe Bedeutung im Nahraum, in der Erweiterung des Handlungsraumes spielten sie dagegen kaum eine Rolle.

Verdrängung und Raumaneignung

Unter sozialräumlichen Aspekten sind auch Beziehungen von unterschiedlichen Besuchergruppen in einer Einrichtung und damit verbunden die Phänomene der Raumaneignung/Verdrängung interessant. Die wenigen Untersuchungen, die es zu dem Thema gibt, kommen zu unterschiedlichen Ergebnissen: Schmidt referiert Pörnbacher (2005), der bei der Untersuchung von drei ethnisch definierten Cliquen keine Mischung der Gruppen feststellt sowie Hellmann (2001), der dagegen feststellt, „dass in Einrichtungen der Offenen Kinder- und Jugendarbeit auch Kontakte zwischen unterschiedlichen Cliquen stattfinden“ (Schmidt 2011, S. 68). Dass es gerade zu diesem in der Praxis immer wieder diskutierten Thema kaum Studien gibt, zeigt wiederum die Diskrepanz zwischen Praxis und Forschung. Die Beschlagnahme einzelner Jugendzentren einzelne Cliquen führt immer wieder zu öffentlicher Kritik und zu einem erhöhten Legitimationsdruck für die Fachkräfte, die darlegen müssen, warum sie nur mit einzelnen Cliquen arbeiten und andere Kinder und Jugendliche die Einrichtung nicht besuchen. Gerade hier wäre es wichtig, sozialräumliche Qualitäten, Abgrenzungen und mögliche Interventionen der Fachkräfte in den Blick zu nehmen. Auch die Frage, ob dieses Phänomen mit dem überproportionalen Anteil sozial benachteiligter Kinder und Jugendlicher zu tun hat, wird nicht untersucht.

Bei diesem Thema geht Schmidt explizit auf die Studien zur Aneignung von Jugendeinrichtungen ein und beschreibt auch hier noch einmal die Ergebnisse zu den unterschiedlichen Nutzungsinteressen von Jugendlichen, die sich räumlich ausdrücken und zu einer territorialen Verdrängung Anderer führen: „Albrecht et al. (2007) haben eine Gruppe Jugendlicher untersucht, die vergeblich versucht, in einem Jugendzentrum Fuß zu fassen. Der Konflikt zwischen einigen der Mitarbeiter/innen des Jugendzentrums und der Jugendgruppe ist auf unterschiedliche Nutzungsinteressen zurückzuführen, die nicht vereinbar sind. Als eskalierendes Moment werden jedoch nicht die unterschiedlichen Deutungsmuster der Parteien bewertet, sondern die `Anwendung von Machtressourcen durch die Leiterin des Jugendtreffs´ (Albrecht et al. 2007: 159). Der Konflikt wurde von einer durchgehend negativen Sichtweise der Leiterin geprägt, die ihre eigenen `pädagogischen´ Interessen im Vordergrund sah und diese durchsetzen wollte. Dannenbeck et al. (1999) zeigen mit ihren Beobachtungen dagegen, dass Mitarbeiter/innen ihre institutionelle Macht nutzen, um einzelnen Kindern und Jugendlichen den Zugang zur Einrichtung offen zu halten und eine Unterdrückung oder einen Ausschluss durch eine Clique zu unterbinden“ (Schmidt 2011, S. 81).

Jugendliche Mobilitätsmuster

Die Ergebnisse der Studien zeigen eine sehr eingeschränkte sozialräumliche Wirkung der Offenen Kinder- und Jugendarbeit. Die in der sozialökologischen Forschung so betonte Bedeutung der Erweiterung des Handlungsraumes bei Jugendlichen findet sich in den von Schmidt vorgelegten Studien so nicht wieder, obwohl es in der Praxis sehr oft Hinweise auf die Bedeutung von Projekten gibt, die über den unmittelbaren Einzugsbereich hinausgehen.

Um eine eindimensionale Definition von sozialräumlicher Arbeit als Orientierung am Einzugsbereich von Einrichtungen zu überwinden ist es notwendig, sich stärker subjektiven Lebenswelten zuzuwenden, die zum Teil wenig mit den geographischen Sozialräumen zu tun haben. Ein solch erweitertes sozialräumliches Verständnis fußt auf einem erweiterten Raumbegriff, so wie er an vielen Stellen dargestellt wurde (Deinet, Reutlinger, Krisch etc.). Die im Folgenden kurz skizzierten Ergebnisse einer Studie zum Mobilitätsverhalten von Jugendlichen in Hannover sind deshalb für die OKJA und ihre Konzeptentwicklung interessant, weil sie über den sozialgeographischen Einzugsbereich hinausweisen und lebensweltliche Zusammenhänge stärker in den Fokus nehmen.

Die Untersuchungen von Hille von Seggern u.a. (Wüstenrot Stiftung 2009) zum Mobilitätsverhalten von Jugendlichen zeigen sehr unterschiedliche Muster der Mobilität und damit auch der potenziellen Nutzung von Jugendeinrichtungen. In einem Forschungsprojekt der Leibniz-Universität Hannover unter dem Titel „Jugendliche und das Netz urbaner öffentlicher Räume“ beobachten die Forscher viele Jugendliche und versuchen deren Mobilität über Kartenabfrage, Tagesprotokolle, Modellbauwerkstätten und andere Methoden zu rekonstruieren. Im Ergebnis bilden sie „5 Typen jugendlicher Stadtkonstruktion“: „die häuslichen Quartierfans“, „die pragmatischen Quartiersflitzer“, „die spontanen Stadtsurfer“, „die mobilen Stadtfahrer“ „die kommunikativen Stadthoppern“ (Wüstenrot Stiftung 2009, S. 54 ff.).

Diese interessant formulierten Varianten jugendlicher Mobilität in der Stadt lassen sich auch auf die potenzielle Nutzung von Jugendeinrichtungen anwenden, obwohl dies von den Autoren der Studie so nicht intendiert ist. Vergleicht man die Ergebnisse dieser Studie mit den von Schmidt vorgelegten Nutzerstudien zur Offenen Jugendarbeit, so ergeben sich interessante Vergleiche: Nur zwei der fünf in der von Hille von Seggern u.a. (Wüstenrot Stiftung 2009) verdichteten jugendlichen Mobilitätstypen wären demnach die typischen Stammbesucher von Jugendeinrichtungen aus dem unmittelbaren Umfeld. Die „häuslichen Quartierfans" sind gekennzeichnet durch starke Wohnquartierorientierung, ihre Aktivitäten konzentrieren sich im wohnungsnahen Umfeld, Verknüpfungen werden zu Fuß oder mit dem Fahrrad hergestellt, sie sind meist zu zweit unterwegs und es handelt sich eher um jüngere, männliche Jugendliche. Dieser Typ wäre ein typischer Jugendhausbesucher, wenn man die Studien zugrunde legt. Auch der Typ 2 („pragmatische Quartierflitzer“) wäre noch ein potenzieller Jugendhausbesucher: Konzentration von Aktivitäten im Quartier, ergänzt durch entferntere Handlungssituationen, Verkehrsmittelwahl nach Distanz, unterwegs mit 3 bis 4 festen Freund/innen, eher jüngere, weibliche Jugendliche. Die drei anderen Typen: „Spontane Stadtsurfer“, „mobile Stadtfahrer“ und „kommunikative Stadthopper“ sind durch eine intensive Nutzung sehr unterschiedlicher Räume in einer Großstadt gekennzeichnet, die meisten Jugendlichen dieser Varianten sind stadtweit mit dem ÖPNV unterwegs und verbinden damit ihre Handlungsinseln in einem umfassenden Netz. Alle drei Typen kommen als Stammbesucher für wohnumfeldorientierte Jugendeinrichtungen eher nicht in Betracht.

Würde man versuchen, Konsequenzen aus dieser sozialräumlichen Studie (die sich nicht als Jugendarbeitsstudie versteht!) für die Konzeptentwicklung der Offenen Kinder- und Jugendarbeit zu ziehen, so müsste man die Empfehlung formulieren, dass Einrichtungen entsprechende Angebote versuchen müsste, sich in das Netzwerk der stadtweit agierenden Jugendlichen einzubringen. Auch könnte man die Zielsetzung formulieren, dass die Erweiterung des Handlungsraumes für die bestehende Besucherschaft der Einrichtungen eine wichtige Handlungsoption darstellt. Besonders die oben skizzierten Ergebnisse in Bezug auf das Einzugsgebiet lassen leider nicht erkennen, dass die Offene Kinder- und Jugendarbeit einen Beitrag zur sozialräumlichen oder „kommunalen Bildung“ (vgl. Coelen 2000) im Sinne Erschließung neuer Handlungsräume beiträgt.

Damit stellt sich auch die Frage, welchen Stellenwert die Angebote der Offenen Kinder- und Jugendarbeit im Rahmen der Entwicklung der Mobilität von Kindern und Jugendlichen einnehmen. Wenn in der Praxis wie auch in vielen Studien immer wieder die besondere außerschulische Qualität der Offenen Jugendarbeit betont wird, müsste man mehr wissen über ihre Funktion als Bestandteil des öffentlichen Raumes und seine Nutzung durch Jugendliche. Die zahlreichen von Schmidt vorgestellten Befragungen von Besuchern greifen zu kurz und erreichen nur einen Teilausschnitt der Jugendlichen, wenn man bedenkt, dass die Einrichtungen zum großen Teil von Stammpublikum aus der unmittelbaren Nähe besucht werden.

Sozialräumliche Bedarfe

Jugendliche, die auf Grund sozialstruktureller Bedingungen sehr stark auf ihren Nahraum beschränkt sind, könnten – so der normative Anspruch (vgl. Deinet 2005) – mit Hilfe der Jugendarbeit neue „Inseln“ (im Sinne des Inselmodells von Zeiher 1983) erschließen und Verknüpfungen herstellen. Auch die von Schmidt festgestellte Konzentration der Angebote der Offenen Jugendarbeit auf die 12 bis 17 jährigen Jugendlichen würde sozialräumlich interpretiert bedeuten, dass es gerade in Hinblick auf die Entwicklungsaufgaben dieser Altersstufe wichtig wäre, diese bei der Erweiterung des Handlungsraums zu unterstützen. Die von Schmidt untersuchten Studien bestätigen die sozialräumliche Eingeschränktheit der Jugendarbeit und deren vorrangige Funktion für Jugendliche aus dem näheren Umfeld der Einrichtungen.

2. Sozialraumarbeit als Herausforderung für die Offene Kinder- und Jugendarbeit

Im Sinne einer übergreifenden „Sozialraumarbeit“ (Reutlinger/Wigger 2008) besteht der normative Anspruch an die Kinder- und Jugendarbeit, in drei Ebenen sozialräumlich aktiv gestaltend tätig zu sein. Reutlinger und Wigger unterscheiden drei Zugänge, auf denen sich sozialräumliches Arbeiten vollzieht:

> „Der Zugang (A) zur Gestaltung des Sozialraums über die Gestaltung von Orten, d.h. über die Veränderung der physisch-materiellen Welt.
>
> Der Zugang (B) zur Gestaltung des Sozialraums über die Veränderung von politischen Steuerungsprozessen, die Arbeit an Strukturen.
>
> Der Zugang (C) zur Gestaltung des Sozialraums über die Arbeit mit Menschen, Einzelnen und/oder Gruppen“ (Reutlinger/Wigger 2008, 344).

Christian Spatscheck „übersetzt“ diese drei Ebenen für die Kinder- und Jugendarbeit und spricht von „der Gestaltung von Strukturen …, der Gestaltung von Orten … und der Gestaltung durch pädagogische Arbeit“ (Spatscheck 2010, S. 11). Der Vergleich zwischen den Ergebnissen von Schmidt, der Praxis des Feldes und insbesondere den normativen Ansprüchen der Disziplin bezieht sich im Folgenden auf diese drei Ebenen als sinnvolle Gliederung sozialräumlichen Arbeitens.

Gestaltung von Strukturen (Kooperation und Vernetzung)

Auf der Ebene der Strukturgestaltung geht es insbesondere um die Schaffung von Strukturen in Stadtteilen im Sinne einer besseren Kooperation und Vernetzung der bestehenden Einrichtungen sowie deren sozialpolitische Steuerung. Die Offene Kinder- und Jugendarbeit hat in diesem Bereich auf Grund ihrer immer wieder behaupteten sozialräumlichen Kompetenz große Potenziale. Dabei stellt die Kooperation mit Schule eine besondere Herausforderung dar, die letztlich auch die Organisation der Offenen Kinder- und Jugendarbeit verändern könnte, z. B. im Sinne der Verlagerung von Angeboten an die Schule.

Mit der Schaffung von Strukturen sind aber auch gänzlich neue Organisationsformen gemeint. Jenseits der klassischen „Versäulung“ der Sozialen Arbeit könnten auf der Grundlage von sozialräumlichen Bedarfen unterschiedliche (bisher gesondert existierende) Arbeitsformen zusammengefasst werden, so etwa im Bereich der Jugendförderung, der stationären und der mobilen Arbeit: „Die Bearbeitung der Sozialen Räume wird aus dieser Perspektive durch veränderte Organisationsstrukturen, Steuerungs- und Verteilungsmechanismen ermöglicht" (Reutlinger/Wigger 2008, S. 348). Solche Veränderungsprozesse können sich auf Strukturen der Sozialen Arbeit aber auch auf die „neue" Zusammenarbeit größerer Systeme wie Jugendhilfe und Schule in den entstehenden Bildungslandschaften beziehen. In der Praxis der Offenen Kinder- und Jugendarbeit findet man gerade unter dem Aspekt der sozialräumlichen Vernetzung häufig den Hinweis auf Kooperationen mit anderen Institutionen. Zum Teil wird die sozialräumliche Arbeit allerdings auch auf eine institutionelle Kooperation reduziert, oft auch mit der Begründung auf die zeitlich aufwändigen Koordinations- und Vernetzungstreffen.

Gestaltung von Orten

Auf der Ebene der Gestaltung von Orten geht es zum einen um die Orte der Jugendarbeit selbst, d. h. die Gestaltung der Einrichtungen. Diese bilden als Teil des öffentlichen Raumes, insbesondere in ihren offenen Bereichen, so etwas wie einen Übergang zwischen der allgemeinen Stadtöffentlichkeit und den spezifischen Räumen der Jugendarbeit. Die Gestaltung von Orten würde unter dem Aspekt der Schaffung von Bildungssituationen auch heißen, Settings zu schaffen, in denen informelle und non-formale Bildungsprozesse gefördert werden können. Die Gestaltung von Orten kann sich aber auch auf Orte außerhalb von Einrichtungen beziehen, etwa von Treffs im öffentlichen Raum (vgl. Deinet u. a. 2009), verbunden mit einer hohen Beteiligung von Kindern und Jugendlichen bei der Planung und Gestaltung. Kooperationsprozesse, z. B. die intensive Kooperation mit Schulen, könnten sich auch auf die Gestaltung des Ortes der Jugendarbeit auswirken. Es geht in aktuellen Untersuchungen auch um die Frage, inwieweit Jugendeinrichtungen ihre Standorte verlassen müssen, um z. B. an anderen Orten (Schulen, öffentlicher Raum) ihre Zielgruppen adäquat erreichen zu können.

Ganz konkrete sozialräumliche Faktoren wie die architektonische Gestaltung von Einrichtungen und die Funktionalität von Räumen spielen im Vergleich zwischen den normativen Ansprüchen und der Empirie der Offenen Kinder- und Jugendarbeit eine große Rolle. Unter dem Titel „Erscheinungsbild und räumliche Ausstattung" (Schmidt 2011, S. 10 ff.) referiert Schmidt die wenigen Erkenntnisse seiner Studie zu diesem Thema. In diesem Abschnitt beschreibt er den Zusammenhang zwischen der Gestaltung des Gebäudes einer Jugendeinrichtung (insbesondere des Einzugsbereiches) sowie der gesamten Ausstattung und der Zielgruppen bzw. Besucherschaft. Er weist auf den Zusammenhang von Raumangebot und konzeptioneller Ausrichtung hin und verweist dabei auf die wenigen Studien zu dem Thema. In dem Zusammenhang wurde bereits vor allem die mangelnde Einbeziehung von Mädchen diskutiert.

Gestaltung der pädagogischen Arbeit

Die dritte Ebene ist die „Gestaltung der pädagogischen Arbeit“: Hier soll es insbesondere darum gehen, den in der Praxis weit verbreiteten Begriff der Beziehungsarbeit mit den normativen Ansprüchen an eine professionelle Rolle in der Offenen Kinder- und Jugendarbeit zu vergleichen. Zur dritten Ebene der Sozialraumarbeit, so wie sie von Reutlinger und Wigger (Reutlinger/Wigger 2008) skizziert werden, gehört die pädagogische Arbeit als wichtiges Gestaltungselement. Unter sozialräumlichen Aspekten geht es hier vor allem um die Frage, wie Aneignungsprozesse von Kindern und Jugendlichen begleitet werden können und wie sich die Fachkräfte insgesamt in einer Sozialraumarbeit verorten können. Mit einem normativen Anspruch verweist Richard Krisch auf das besondere Verhältnis zwischen den Fachkräften und dem „Sozial-Raum“, sowohl innerhalb der Einrichtungen als auch im Stadtteil: „Aus dem sozialräumlichen Blickwinkel sind aber auch die JugendarbeiterInnen ‚Bestandteil’ des Sozialraumes Jugendhaus und daher auch Teil der Aneignungsqualität. Dies wird mit der Zuschreibung der Fähigkeit zur „strukturierenden Kompetenz“ (Deinet 1992) einer sozialräumlichen Jugendarbeit deutlich, die auf das besondere Verhältnis von Mitarbeiter/innen und Raum hinweist. Ihre Fähigkeiten, den Raum zielgruppenspezifisch zu strukturieren, Umgangsformen vorzuschlagen, Konfliktlösungsmuster anzubieten und inhaltliche Angebotsstrukturen zu schaffen prägen das spezifische Klima des Raumes Jugendhaus und wirken – wie Simmel beschreibt – als Raumbestimmtheit wieder auf die Handlungen der Jugendlichen zurück“ (Krisch 2009, 171).

Anspruch an eine Sozialraumarbeit

Mit den von Schmidt referierten Studien wird der besondere professionelle Anspruch an die Fachkräfte der Offenen Kinder- und Jugendarbeit deutlich: Insbesondere unter dem Aspekt der Raumaneignung existiert ein breites Missverständnis in der Praxis in der Weise, dass es darum gehen müsse, Jugendlichen Räume zur Verfügung zu stellen, die sich diese dann aneignen können (und damit auch ggf. andere Gruppen verdrängen). Demgegenüber steht das Muster und der Anspruch einer strukturierenden Kompetenz, mit dem Fachkräfte versuchen, Einrichtungen so zu strukturieren, dass unterschiedliche Settings für Aneignungsprozesse zur Verfügung stehen und auch zwischen unterschiedlichen oder sogar rivalisierenden Cliquen und Gruppen Lernprozesse entstehen können, bei denen die Jugendlichen Akzeptanz und Fairness lernen können (vgl. dazu auch Deinet 2005).

Unter der Überschrift „Fazit zu den Erkenntnissen über die pädagogische Interaktion und Wirkung“ fasst Schmidt (2011, S. 91) die Studien zusammen, die sich mit den Beziehungen zwischen Fachkräften und Kindern und Jugendlichen beschäftigen, insbesondere die von Küster, Cloos u. a. vorgelegten ethnografisch angelegten Studien. Die von diesen Autoren analysierten Regeln der Arbeitsbeziehung zwischen Fachkräften und Besucher/innen in Einrichtungen ist sehr gut geeignet, um auch die sozialräumlichen Aspekte der Interaktion zu beschreiben. Schmidt sieht in dieser und in weiteren Studien eine Möglichkeit, die in der Praxis immer wieder betonte Beziehungsarbeit inhaltlich und qualitativ zu füllen. Die Studien zeigen sehr deutlich, wie unterschiedlich sich die sozialräumliche Gestaltung der pädagogischen Arbeit in den Einrichtungen vollziehen kann: Das Spektrum reicht von einer Überlassung der Einrichtungen an einzelne dominierende Cliquen bis zu einer bewussten Steuerung der Aneignungsprozesse und der Schaffung von Konflikten und damit auch Lernmöglichkeiten durch Strukturen. Die Berufung auf die sozialräumliche Schutzfunktion der Einrichtungen gibt Hinweise sowohl auf Bildungspotenziale in der Jugendarbeit (etwa in der Interaktion zwischen unterschiedlichen Cliquen etc.) als auch auf die in der Praxis durchaus verbreitete Überlassung der Räume an diejenigen Jugendlichen, die sich durchsetzen.

Schmidt referiert in dem Kapitel „Professionelle Kompetenz und professioneller Habitus" (Schmidt 2011, 28 ff.) die Studien zur sozialpädagogischen Kompetenz und den beruflich habituellen Profilen (Cloos 2006) der Fachkräfte in der Offenen Kinder- und Jugendarbeit. Besonders geht er auf die Studie von Schumann/Projektgruppe WANJA (2000) ein und stellt deren Ansatz der Untersuchung der Praxis mit Hilfe eines Arbeitsbogens aus der Arbeitssoziologie (Schumann 1998) vor. Dabei werden die Bereiche Arbeit an den Rahmenbedingungen, Explorationsarbeit, Arbeit am Konzept, Leitung, Team und Organisation, pädagogisches Handeln, Kooperation und Vernetzung, Evaluationsarbeit und Dokumentation untersucht. In der Zusammenfassung dieser und anderer Studien kommt Schmidt zu dem sehr deutlichen Ergebnis: „Seitens der Mitarbeiter/innen der Offenen Kinder- und Jugendarbeit findet kaum eine sozialräumliche Orientierung ihrer Arbeit statt. Sie weisen sich zwar als Experten des Sozialraums aus, beziehen diesen jedoch nicht in ihren Handlungsraum mit ein. Abgesehen von Einzelkontakten besteht ebenfalls eine kaum institutionalisierte Kooperations- oder Vernetzungspraxis mit anderen sozialen Diensten (vgl. Schumann 1998, Coelen 2002)" (Schmidt 2011, S. 19).

Sozialräumliches Arbeiten wird, so die Studien, sehr stark nur unter dem Fokus von Kooperations- und Vernetzungspraxis gesehen (s. u.) und weniger als Sozialraumarbeit (Reutlinger/Wigger 2008) in einem umfassenderen Sinne. Interessant ist der Hinweis von Schmidt auf die in der Praxis immer wieder anzutreffende Diskrepanz zwischen der Selbstbeschreibung der Fachkräfte als Experten des Sozialraums und ihrer tatsächlichen Sozialraumarbeit. Diese und andere Erkenntnisse fließen bei Schmidt in eine sehr skeptische Gesamteinschätzung zum Theorie-/Praxistransfer in der Offenen Jugendarbeit ein. Die Ansprüche an eine Sozialraumarbeit so wie sie u.a. von Reutlinger vorgelegt wurden, können in den von Schmidt zusammengefassten Studien so nicht in der Praxis der Offenen Kinder- und Jugendarbeit eingelöst werden. Es scheint also auch in diesem Bereich eine große Diskrepanz zwischen der untersuchten Praxis und den normativen Ansprüchen zu bestehen, so wie sie etwa Christian Spatscheck formuliert: „Gelingende Sozialraumarbeit bedeutet, dass diese drei Bereiche als zusammenhängende sozialräumliche Gestaltungsaufgabe verstanden werden. Kinder- und Jugendarbeit hat sicherlich ihren Schwerpunkt im dritten Bereich (Gestaltung der pädagogischen Arbeit, Anm. d. Verf.), könnte aber auch für die ersten beiden genannten Bereiche ein interessanter und wirkungsvoller Partner sein, der verschiedene Bildungsformen und Akteure im Sinne der Interessen und Belange junger Menschen zusammenführen und vernetzen kann“ (Spatscheck 2010, S.12).

3. Sozialräumliche Konzeptentwicklung

Die im Folgenden skizzierte Vorgehensweise einer sozialräumlichen Konzeptentwicklung hängt stark mit dem von Kessl und Reutlinger geprägten Begriff der Sozialraumarbeit zusammen: „Sozialraumarbeit meint die Einnahme einer reflexiven räumlichen Haltung. Diese konkretisiert sich durch eine systematische Kontextualisierung des jeweiligen Handlungsraumes, d. h. eine systematische und möglichst umfassende Inblicknahme des Erbringungszusammenhangs“ (Kessl/Reutlinger: 2007, S. 126). In dem sich Konzepte nicht aus den institutionellen Gegebenheiten, sondern den sozialräumlichen Bedarfen (d. h. den Blickwinkeln der verschiedenen Zielgruppen, Institutionen und anderer Akteure im Sozialraum) ergeben, findet so etwas wie eine „systematische Kontextualisierung des jeweiligen Handlungsraumes“ (s.o.) statt. Die Analyse der sozialräumlichen Bedingungen, der Blick in die subjektiven Lebenswelten stellt einen wichtigen Schritt in der umfassenden „Inblicknahme des Erbringungszusammenhangs“ (s.o.) dar, so wie von Kessl und Reutlinger gefordert.

Eine sozialräumliche Konzeptentwicklung geht nicht von den institutionellen Rahmenbedingungen aus wie die klassische Konzeptentwicklung, sondern fragt aus der Analyse der Lebenswelten von Kindern nach Bedarfen und nach Anforderungen für die Institutionen. Diese Vorgehensweise steht im Gegensatz zu einer institutionellen Konzeptentwicklung, die sehr stark von den Trägern, deren Ausstattung sowie den Ressourcen ausgeht. Sicher übersieht eine sozialräumliche Konzeptentwicklung nicht die institutionellen Rahmenbedingungen, sondern versucht durch eine konsequent sozialräumliche Herangehensweise die institutionell bedingten blinden Flecken einer klassischen Konzeptentwicklung zu überwinden. Die Schritte einer sozialräumlichen Konzeptentwicklung lauten:

1. Sozialraum- und Lebensweltanalyse (siehe nächstes Kapitel), unter Einbeziehung sozialstruktureller Daten für den jeweiligen Sozialraum
2. Institutionsanalyse, Erwartungen, Außenblick (auch hier werden Methoden angewandt wie die Fremdbilderkundung oder die Institutionenbefragung)
3. Auf der Grundlage der beiden ersten Analyseschritte werden Zielsetzungen formuliert, die sich als Erwartungen an die Institutionen und Projekte richten. Im Bereich der Kinder- und Jugendarbeit sprechen wir auch von konzeptionellen Differenzierungen, d. h. spezifischen sozialräumlich orientierten Spezialisierungen, die auf die jeweiligen Bedarfslagen zugeschnitten sind.
4. Evaluation: Zahlreiche der oben skizzierten Methoden sind auch als Evaluationsmethoden in dem Sinne zu verstehen und anzuwenden, dass sie Einblicke in die Lebenswelten von Kindern und Jugendlichen geben und damit auch die Frage beantworten lassen, wie Institutionsangebote in den Lebenswelten von Kindern und Jugendlichen wirken.

Sozialraum- und Lebensweltanalyse

Mit einer Auswahl verschiedener Methoden (Deinet 2009, Krisch 2009) geht es in diesem zentralen Schritt sozialräumlicher Konzeptentwicklung darum, die Lebenswelten von Kindern und Jugendlichen zu untersuchen und zum Ausgangspunkt der konzeptionellen Weiterentwicklung zu machen. Die Methoden (vgl. auch www.sozialraum.de) lehnen sich an die allgemeine qualitative Sozialforschung an und bieten zweierlei, die Analyse und die Beteiligung von Kindern und Jugendlichen als Experten ihrer Lebenswelten:

- Stadtteilbegehung
- Nadelmethode
- Cliquenraster
- Institutionenbefragung

- Strukturierte Stadtteilbegehung
- Autofotografie
- Subjektiven Landkarten
- Zeitbudgets
- Fremdbilderkundung (vgl. Deinet 2005, 2009/Krisch 2009)

Mit Hilfe dieser zum großen Teil sehr animativen Methoden, die mit der Praxis verbunden werden können, ist die Sozialraum- und Lebensweltanalyse selbst Bestandteil der Arbeit und keine externe Veranstaltung. Wie Richard Krisch (2009) ausführlich ausgeführt hat, lässt sich die Anwendung dieser Methoden auch als eigene Methodik sozialräumlicher Jugendarbeit verstehen, in dem gleichzeitigen Sinne von Animation, Beteiligung, Partizipation und Analyse.

Von der Analyse zur Entwicklung konzeptioneller Differenzierungen

Für die meisten Jugendeinrichtungen beginnt die Sozialraumarbeit nicht bei „Null", sondern stellt eine Weiterentwicklung des Konzeptes dar. Oft arbeiten Jugendeinrichtungen schon lange in Stadtteilen und müssen sich nun fragen, inwieweit sie ihre Konzepte auf Grund von Veränderungen bei bestimmten Gruppierungen etc. weiterentwickeln und verändern müssen. Dafür ist der „Blick von außen", d. h. die Analyse der Sichtweisen und Wahrnehmungen der Jugendeinrichtungen aus dem Blickwinkel unterschiedlicher Gruppierungen und Institutionen von großem Interesse, da oft eine Differenz zwischen Eigen- und Fremdwahrnehmung entsteht. Die analytischen Potenziale der skizzierten Methoden liegen in der Gewinnung von qualitativem Material zu den Lebenslagen von Kindern und Jugendlichen. Gleichzeitig werden diese als Expert/innen ihrer Lebenswelten in den Prozess aktiv einbezogen. Zahlreiche Methoden aus diesem Repertoire sind auch als direkte Beteiligungsmethoden einsetzbar. Aus den Daten und Informationen können Aussagen zur Qualität des Sozialraums und dessen Verbesserung interpretiert werden. Diese sind sowohl für die klassische Arbeit der Jugendeinrichtungen nutzbar als auch für eine zu entwickelnde Sozialraumarbeit im Stadtteil.

Auf der Grundlage dieser Ergebnisse und der Interpretation der zur Verfügung stehenden sozialstrukturellen Daten können für Jugendeinrichtungen und andere Institutionen sogenannte konzeptionelle Differenzierungen entwickelt werden. Der Begriff geht davon aus, dass ein Konzept in der Praxis bereits besteht, dieses aber nach sozialräumlichen Kriterien weiter zu entwickeln und zu differenzieren ist. Wichtige Fragen für die Entwicklung konzeptioneller Differenzierungen lauten:

- Was müsste auf Grund der Analyse der Lebenswelten von Kindern und Jugendlichen im Stadtteil geschehen?
- Welche Einrichtung kann welche neue Funktion übernehmen?
- Welche alten Funktionen und Angebote können verändert oder evtl. abgebaut werden?
- Welche Rahmenbedingungen der Einrichtungen (z. B. Lage im Stadtteil, räumliche Ressourcen) machen welche Schwerpunktsetzungen möglich?

Eine sozialräumlich orientierte Konzeptentwicklung für eine Jugendeinrichtung schafft eine breite Grundlage, die weit über die klassische Arbeit mit den Stammbesuchern hinausgeht. Die Jugendeinrichtung sieht sich selbst als eine Institution in einem Geflecht von unterschiedlichen Institutionen im jeweiligen Sozialraum. Mit ihrem Blick auf die Räume von Kindern und Jugendlichen im Stadtteil überwindet sie auch die vielfach verbreitete „Komm- Struktur" und bringt sich selbst als handelnder Akteur in die Entwicklung des Sozialraums ein. Dies bedeutet, sich an den sozialräumlichen Bedingungen zu orientieren und Aneignungsprozesse möglich zu machen, die sich etwa auf Grund der Veränderungen in den Lebenswelten nicht mehr selbstverständlich einstellen. Dies können Projekte sein, in denen sich Kinder und Jugendliche ihre Umwelt erschließen und in denen die Einrichtung zum zentralen Ausgangspunkt der Erweiterung des Handlungsraumes wird.

Sozialräumliche Konzeptentwicklung und jugendpolitisches Mandat

Der politische Anspruch sollte deutlich über die Arbeit in der Einrichtung hinaus gehen, um z. B. mit den Zielgruppen Räume im Stadtteil zu verteidigen oder zu schaffen, sich in Planungsprozesse, Freiraum-, Spielplatzgestaltung und Verkehrsgestaltung einzumischen und Kinder und Jugendliche direkt daran zu beteiligen. Dies hat den Aspekt einer lokalpolitisch aktivierenden Sozialraumarbeit, die auch versucht, die Menschen für ein Engagement in ihrem direkten Lebensumfeld zu motivieren. Dabei haben die Fachkräfte eine entscheidende Funktion und übernehmen oftmals die Rolle von Vorbildern oder zumindest Orientierungspersonen. Dazu gehört eine regelmäßige Präsenz, etwa durch Stadtteilbegehungen, Projekte im Umfeld der Jugendeinrichtung etc. Wichtig ist auch der Aufbau einer Lobby für die Interessen von Kindern und Jugendlichen in der Öffentlichkeit: Dafür haben die Fachkräfte das sozialräumliche Wissen, d. h. die Mitarbeiterinnen und Mitarbeiter können als Experten für die Interessen von Kindern und Jugendlichen im Sozialraum auftreten, Politik und Verwaltung beraten, sich in Stadtteilkonferenzen und anderen Institutionen einmischen. Die Kooperation und Vernetzung mit anderen Institutionen hat hier keinen Selbstzweck sondern das eindeutige Ziel, die Lebensbedingungen von Kindern und Jugendlichen zu verbessern.

Literatur

Cloos, Peter/Köngeter, Stefan /Müller, Burkhard/Thole, Werner (2009): Die Pädagogik der Kinder- und Jugendarbeit. Wiesbaden: VS Verlag für Sozialwissenschaften

Coelen, Thomas (2000): Kommunale Jugendbildung. Raumbezogene Identitätsbildung zwischen Schule und Jugendarbeit. Frankfurt. a.M.

Deinet, Ulrich (1992): Das Konzept „Aneignung" im Jugendhaus. Neue Impulse für die offene Kinder- und Jugendarbeit, Opladen

Deinet, Ulrich (Hg.) (2005): Sozialräumliche Jugendarbeit. Grundlagen, Methoden, Praxiskonzepte, 2. erw. u. überarb. Aufl., Wiesbaden: VS

Deinet, Ulrich/Krisch, Richard (2002): Der sozialräumliche Blick der Jugendarbeit: Methoden und Bausteine zur Konzeptentwicklung und Qualifizierung, Opladen: Leske und Budrich

Deinet, Ulrich (Hg.) (2009): Methodenbuch Sozialraum, Wiesbaden, VS

Deinet, Ulrich/Okroy, Heike/Dodt, Georg/Wüsthof, Angela (Hrsg.) (2009): Betreten erlaubt! Projekte gegen die Verdrängung Jugendlicher aus dem öffentlichen Raum. Soziale Arbeit und sozialer Raum Bd. I. Opladen/ Farmington Hills: Verlag Barbara Budrich

Deinet, Ulrich/Icking, Maria/Leifheit, Elisabeth/Dummann, Jörn (2010): „Jugendarbeit zeigt Profil in der Kooperation mit Schule", in der Reihe „Soziale Arbeit und Sozialer Raum" (Hrsg. Ulrich Deinet) Bd. 2, Barbara Budrich

Hellmann, Werner (2001): Das Offene Kinder- und Jugendzentrum in der Lebenswelt seiner NutzerInnen. Eine Evaluationsstudie aus der Perspektive der BesucherInnen. Dissertation Universität Osnabrück. Osnabrück

Kessl, Fabian/Reutlinger, Christian (2007): Sozialraum. Eine Einführung. Wiesbaden

Krisch, Richard (2009): Sozialräumliche Methodik der Jugendarbeit. Aktivierende Zugänge und praxisleitende Verfahren, Weinhein

Lindner, Werner (2008): Heute schon geforscht? Strategische Perspektiven für ein Ende der Bescheidenheit in: Deutsche Jugend, 56. Jahrgang 2008, Heft 1, S. 9-17

Ortmann, Norbert (1999): Die Stadtteilerkundung mit Schlüsselpersonen; Nadelmethode; Jugendkulturenkataster; Leitfaden-Interview mit Schlüsselpersonen. In: Deinet, Ulrich: "Sozialräumliche Jugendarbeit. Eine praxisbezogene Anleitung zur Konzeptentwicklung in der Offenen Kinder- und Jugendarbeit", Opladen, S. 74 ff.

Ortmann, Norbert (1991): Planung in der offenen Jugendarbeit – nicht zwangsläufig phantasielos. In: deutsche Jugend. 7/91. S. 396 ff.

Pörnbacher, Ulrike (2007): Die narrative Konstruktion von Differenz. In: Unsere Jugend, Heft 3, 59. Jahrgang, S. 108-116

Reutlinger, Christian/Wigger, Annegret (2008): Von der Sozialraumorientierung zur Sozialraumarbeit. Eine Entwicklungsperspektive für die Sozialpädagogik?, in: Zeitschrift für Sozialpädagogik, 6. Jahrgang, 2008, Heft 4, S. 340-370

Schmidt, Holger (2011): Empirie der Offenen Kinder- und Jugendarbeit. Wiesbaden

Schumann, Michael (1998): Kernprobleme professionellen Handelns. Exemplarische Rekonstruktion einer Jugendarbeit vor Ort. In: Kiesel, Doron, Scherr, Albert Thole, Werner (1998) (Hrsg.): Standortbestimmung 2010Jugendarbeit. Theoretische Orientierungen und empirische Befunde. Schwalbach/Ts. S. 179-196

Spatscheck, Christian (2010): Kinder- und Jugendarbeit im sozialen Raum: Über die Vernetzung und Gestaltung sozialer Nahräume. In: Soziale Arbeit (DZI), 2/2010, S. 64-70

Wüstenrot Stiftung (Hg.) (2009): Stadtsurfer, Quartierfans & Co. Stadtkonstruktionen Jugendlicher und das urbaner öffentlicher Räume. Berlin

Zeiher, Helga (1983): Die vielen Räume der Kinder. Zum Wandel räumlicher Lebensbedingungen seit 1945, in: Preuss-Lausitz, Ulf (1983) u.a.: Kriegskinder, Konsumkinder, Krisenkinder. Berlin

Ulrich Deinet, Matthias Spaan

„Methodenset Schule“ – Befragungen von Kindern und Jugendlichen im schulischen Kontext[7]

Schule wird zunehmend zu dem zentralen Lebensort für Kinder und Jugendliche. Dieses Verständnis bezieht sich weniger auf den Unterricht, sondern vielmehr auf die Qualität von Schule als Treffpunkt sowie als Aneignungs- und Bildungsort, an dem auch jugendkulturelle Ausdrucksformen ihren Platz finden. Durch den Ausbau der Ganztagsschule spielen außerdem Freizeitaktivitäten in diesem Kontext eine größere Rolle. Für Kinder und Jugendliche bildet die Schule den Ort, an dem sie Gleichaltrige treffen und von dem ausgehend sie häufig ihre weiteren Kontakte gestalten. Schule ist schließlich der Ort, an dem *alle* Kinder und Jugendlichen – über immer längere Zeiträume – erreichbar sind. Qualitative Methodensettings einer Sozialraum- und Lebensweltanalyse mit Kindern und Jugendlichen (vgl. Deinet/Krisch 2005, Deinet 2009, Krisch 2009) müssen Schule deshalb mit einbeziehen. Auch die Schulen – besonders wenn sie auf dem Weg von der Halbtags- zur Ganztagsschule sind – interessieren sich zunehmend für diese (neuen) Aspekte und versuchen selbst durch eine adäquate Gestaltung von Räumen und Außengeländen neue Aufenthaltsqualitäten herzustellen. Zu diesem Bestreben gehören auch Programme wie z. B. „bewegte Pause“ oder den vielfach vorhandenen Einsatz von Streitschlichtern und Mediatoren, die auf das soziale Klima einer Schule abzielen. Eine Schule, die sich selbst zunehmend als Lebensort versteht, interessiert sich für Lebenswelten der Schüler/innen. Dazu gehören Erkenntnisse über die Nutzung der Räume innerhalb und außerhalb des Schulgeländes, Einsichten in das Lebensgefühl der Jugendlichen und die Wahrnehmung der schulischen und außerschulischen Gegebenheiten etc.

Bei dem „Methodenset Schule“ handelt es sich um einen Mix aus den von Deinet/Krisch 2005 erstmalig vorgelegten Methoden sozialräumlicher Lebensweltanalyse (Nadelmethode, Zeitbudget) sowie schriftlichen Befragungen von Jugendlichen.

---

7 Überarbeitung und Erweiterung eines Beitrags in der 3. Ausgabe des Online-Journals *sozialraum.de*, März 2010.

Der Ablauf des Schulsettings im Überblick

Um einen reibungslosen Ablauf zu gewährleisten und damit auch die Qualität der Ergebnisse sicherzustellen, kommt einem für die Durchführung des Schulsettings gut präparieren Raum eine nicht zu unterschätzende Bedeutung zu. Erforderlich für eine erfolgreiche Durchführung sind darüber hinaus der Einsatz von geschultem Personal, eine entsprechende Materialausstattung sowie ein Kurzkonzept des Untersuchungsablaufs. Wenn das Schulsetting an einem Tag mit mehreren Klassen realisiert werden soll, erleichtert der Abbildung 1. dargestellte Aufbau die Durchführung für das Forscherteam.

Abb. 1.: Das Schulsetting (ohne Zeitbudget)

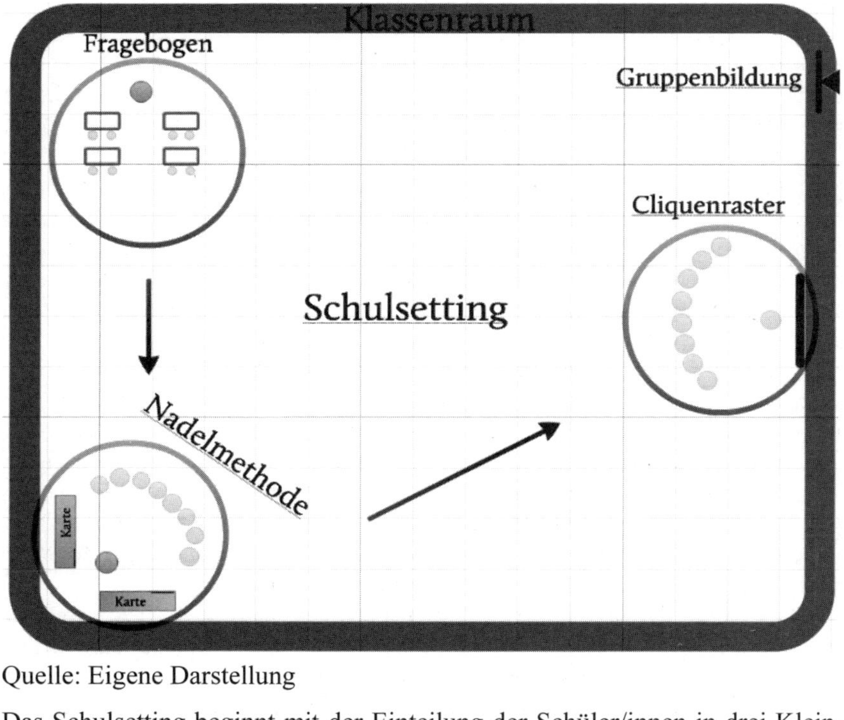

Quelle: Eigene Darstellung

Das Schulsetting beginnt mit der Einteilung der Schüler/innen in drei Kleingruppen. Anschließend verteilen sich die Gruppen auf die im Klassenraum vorbereiteten Stationen (Fragebogen, Nadelmethode, Cliquenraster/Zeitbudget) und werden dort von den Forscher/innen in die jeweilige Aufgabe eingewiesen. Die Schüler/innen nehmen unter Anleitung an den jeweiligen Methoden teil und wechseln nach ca. 15-20 Minuten zur nächsten Station. Dieser Ablauf wird in optimalen Untersuchungssituationen so oft wiederholt, bis alle Schüler/innen alle drei Stationen durchlaufen haben. Abschließend kommt es ggf. zu einer kurzen Reflexionsphase, in der die Teilnehmer/innen ihre Erfahrungen gemeinsam mit dem Forscherteam diskutieren.

Kurzbeschreibung der einzelnen Methoden

Befragung zum Thema „Freizeitverhalten"

Die Befragung zum Freizeitverhalten von Jugendlichen erfolgt mit Hilfe eines weitgehend standardisierten Fragebogens. Der von Valentin (2009) entwickelte Fragebogen wurde im Laufe unterschiedlicher Projekte weiterentwickelt und den Anforderungen der jeweiligen Einsatzorte individuell angepasst. Der Fragebogen bezieht sich in erster Linie auf das allgemeine Freizeitverhalten der Kinder und Jugendlichen, d. h. Nutzung/Bewertung von Angeboten für Kinder und Jugendliche im jeweiligen Sozialraum (Jugendarbeit, Vereine, Kulturstätten); Nutzung/Bewertung von Orten im öffentlichen Raum (informelle Treffpunkte); Bewertung des Wohnumfeldes (Sauberkeit, Atmosphäre). Je nach Schwerpunkt des Forschungsprojektes können auch weitere Themen einbezogen werden, wie etwa Fragen zur Nutzung des Internets bzw. zur Nutzung und Aneignung virtueller Räume (siehe dazu den Beitrag von Christina Muscutt in diesem Buch) oder auch zu subjektiven Zukunftsperspektiven aus Sicht der Jugendlichen. Die Antworten auf die Frage nach Freizeitangeboten ermöglicht in der Auswertung Rückschlüsse auf ihren Bekanntheitsgrad (zumindest innerhalb der Gruppe der befragten Jugendlichen) und den Grad ihrer Nutzung zu ziehen. Diese Aspekte sind für die Fachkräfte der Jugendarbeit besonders interessant. Die gesammelten Hinweise auf Vorlieben und Interessen in der Freizeitgestaltung können je nach Fragestellung und Bedarf weiter untersucht werden.

Bei dieser Art der Befragung ist zu beachten, dass in jeder Klasse eine einheitliche Erhebungssituation geschaffen wird. Das Forscherteam achtet des Weiteren darauf, dass die Fragebögen möglichst in Einzelarbeit ausgefüllt werden, um Verfälschungen durch den Einfluss der anderen Teilnehmenden zu vermeiden. Die Jugendlichen gehen dann zumeist an die Fragestellungen sehr unvoreingenommen und mit einer offenen Haltung heran. Um mögliche Ängste abzubauen, ist es allerdings wichtig, explizit auf die Anonymität der Befragung hinzuweisen. Zudem muss das Forscherteam vorab allen Teilnehmern verdeutlichen, dass die Teilnahme an der Befragung vollkommen freiwillig ist.

Der folgende aus dem Fragebogen exemplarisch herausgegriffene Baustein bezieht sich auf die Nutzung der im Sozialraum vorhandenen Freizeitangebote und informellen Treffpunkte für Jugendliche (siehe Abbildung 2. und 3).

Abb. 2.: Fragebogenbaustein Freizeitangebote

3a In der folgenden Liste sind Freizeitangebote für Jugendliche in XY aufgelistet.
Kreuze bitte an, welche Du davon kennst oder besuchst.
(„Kennen“ heißt auch, dass Du schon mal davon gehört hast, aber noch nicht da warst); (mehre Antworten möglich)

1.	Mobiler Jugendtreff	gehe ich regelmäßig hin	gehe ich ab und zu hin	kenne ich zwar, gehe ich aber nicht hin	kenne ich nicht	9.	Gitarrenunterricht/Zupfer	gehe ich regelmäßig hin	gehe ich ab und zu hin	kenne ich zwar, gehe ich aber nicht hin	kenne ich nicht
2.	Jugendzentrum „C“	gehe ich regelmäßig hin	gehe ich ab und zu hin	kenne ich zwar, gehe ich aber nicht hin	kenne ich nicht	11.	Go-Kart-Bahn	gehe ich regelmäßig hin	gehe ich ab und zu hin	kenne ich zwar, gehe ich aber nicht hin	kenne ich nicht
3.	Jugendzentrum „E“	gehe ich regelmäßig hin	gehe ich ab und zu hin	kenne ich zwar, gehe ich aber nicht hin	kenne ich nicht	12.	Kath. Landjugend	gehe ich regelmäßig hin	gehe ich ab und zu hin	kenne ich zwar, gehe ich aber nicht hin	kenne ich nicht
4.	Schützenverein / Bruderschaften	gehe ich regelmäßig hin	gehe ich ab und zu hin	kenne ich zwar, gehe ich aber nicht hin	kenne ich nicht	13.	Luftsportverein e.V.	gehe ich regelmäßig hin	gehe ich ab und zu hin	kenne ich zwar, gehe ich aber nicht hin	kenne ich nicht
5.	Sportverein	gehe ich regelmäßig hin	gehe ich ab und zu hin	kenne ich zwar, gehe ich aber nicht hin	kenne ich nicht	14.	Diskothek	gehe ich regelmäßig hin	gehe ich ab und zu hin	kenne ich zwar, gehe ich aber nicht hin	kenne ich nicht
6.	Pfadfinder	gehe ich regelmäßig hin	gehe ich ab und zu hin	kenne ich zwar, gehe ich aber nicht hin	kenne ich nicht	15.	Musikverein/ Theater	gehe ich regelmäßig hin	gehe ich ab und zu hin	kenne ich zwar, gehe ich aber nicht hin	kenne ich nicht
7.	Solarbad	gehe ich regelmäßig hin	gehe ich ab und zu hin	kenne ich zwar, gehe ich aber nicht hin	kenne ich nicht	16.	Bibliothek	gehe ich regelmäßig hin	gehe ich ab und zu hin	kenne ich zwar, gehe ich aber nicht hin	kenne ich nicht
8.	B- Sport + Freizeit/ Fitness	gehe ich regelmäßig hin	gehe ich ab und zu hin	kenne ich zwar, gehe ich aber nicht hin	kenne ich nicht	17.	W-Tanztreff	gehe ich regelmäßig hin	gehe ich ab und zu hin	kenne ich zwar, gehe ich aber nicht hin	kenne ich nicht

Quelle: Eigene Darstellung

Da solch eine geschlossene Frage den Befragten keinen Antwortspielraum lässt, schließt sich eine offene Frage an, in der das vom Forscherteam aufgelistete Angebot aus der Perspektive der Befragten ergänzt werden kann.

Abb. 3.: Fragebogenbaustein Offene Frage

3b Welches Angebot für Jugendliche fehlt hier, das Du gerne besuchst?
1. ______________________
2. ______________________

Quelle: Eigene Darstellung

Eine zu stark eindimensionale Perspektive der Erwachsenen auf die im Sozialraum vorhandenen und somit im Fragebogen aufgelisteten Freizeitangebote kann u. U. die Qualität der Ergebnisse stark beeinträchtigen. Aufgrund dessen ist es notwendig, dass die aufgeführte Angebotspalette aus der Perspektive der Jugendlichen kritisch überprüft wird, was im Vorfeld der Untersuchung im Rahmen eines Pretests stattfinden sollte. Somit können „blinde Flecken" bzw. Fehler frühzeitig beseitigt werden (etwa, dass bestimmte Orte/Angebote bei den Jugendlichen unter den offiziellen Namen nicht bekannt sind).

Ähnlich verhält es sich bei Fragen zu informellen Orten und Treffpunkten. Auch hier geht es darum, einen Einblick in die vorzugsweise von Jugendlichen „genutzten" Orte und Räume im Sozialraum zu bekommen. Die zu dieser Fragestellung aufgelisteten informellen Orte entstammen i. d. R. dem Repertoire der Fachkräfte vor Ort und werden wiederum durch den kritischen Blick der Kinder und Jugendlichen im Rahmen von Pretests überprüft. Trotz dieser Pretests spielt die im Anschluss gestellte offene Frage (vgl. Abbildung 3.) auch während der Hauptuntersuchung eine wesentliche Rolle, weil erfahrungsgemäß auf neue Treffunkte hingewiesen wird.

Abb. 4.: Fragebogenbaustein Plätze und Orte

3c **In der folgenden Liste sind Plätze und Orte für Jugendliche in XY aufgelistet.**

Kreuze bitte an, welche Du davon als Treffpunkte kennst oder besuchst.

(„Kennen“ heißt auch, dass Du schon mal davon gehört hast, aber noch nicht da warst); (mehrere Antworten möglich)

1.	Königspark	gehe ich regelmä ßig hin	gehe ich ab und zu hin	kenne ich zwar, gehe ich aber nicht hin	kenne ich nicht	9.	Spielplatz „Werkstraße“	gehe ich regelmä ßig hin	gehe ich ab und zu hin	kenne ich zwar, gehe ich aber nicht hin	kenne ich nicht
2.	Bei Rewe „Parkbank“	gehe ich regelmä ßig hin	gehe ich ab und zu hin	kenne ich zwar, gehe ich aber nicht hin	kenne ich nicht	10.	Spielplatz am Stadtpark	gehe ich regelmä ßig hin	gehe ich ab und zu hin	kenne ich zwar, gehe ich aber nicht hin	kenne ich nicht
3.	Bolzplatz „Am Kleeblatt“	gehe ich regelmä ßig hin	gehe ich ab und zu hin	kenne ich zwar, gehe ich aber nicht hin	kenne ich nicht	11.	Schutzhütte Leicapark	gehe ich regelmä ßig hin	gehe ich ab und zu hin	kenne ich zwar, gehe ich aber nicht hin	kenne ich nicht
4.	Stromkasten „Am Schloss“	gehe ich regelmä ßig hin	gehe ich ab und zu hin	kenne ich zwar, gehe ich aber nicht hin	kenne ich nicht	12.	Schulhof Reinshagen	gehe ich regelmä ßig hin	gehe ich ab und zu hin	kenne ich zwar, gehe ich aber nicht hin	kenne ich nicht
5.	Marktplatz „Eisdiele“	gehe ich regelmä ßig hin	gehe ich ab und zu hin	kenne ich zwar, gehe ich aber nicht hin	kenne ich nicht	13.	Unterführung (Kläranlage)	gehe ich regelmä ßig hin	gehe ich ab und zu hin	kenne ich zwar, gehe ich aber nicht hin	kenne ich nicht
6.	Sportplatz (Käfig) am Schulzentrum	gehe ich regelmä ßig hin	gehe ich ab und zu hin	kenne ich zwar, gehe ich aber nicht hin	kenne ich nicht	14.	Wäldchen Am Kamp	gehe ich regelmä ßig hin	gehe ich ab und zu hin	kenne ich zwar, gehe ich aber nicht hin	kenne ich nicht
7.	Kleine Skateanlage	gehe ich regelmä ßig hin	gehe ich ab und zu hin	kenne ich zwar, gehe ich aber nicht hin	kenne ich nicht	15.	Spielplatz „Dopebusch“	gehe ich regelmä ßig hin	gehe ich ab und zu hin	kenne ich zwar, gehe ich aber nicht hin	kenne ich nicht
8.	Busschleife am Kiosk „Bei Pepe“	gehe ich regelmä ßig hin	gehe ich ab und zu hin	kenne ich zwar, gehe ich aber	kenne ich nicht	16.	Sparkasse Vorplatz	gehe ich regelmä ßig hin	gehe ich ab und zu hin	kenne ich zwar, gehe ich aber	kenne ich nicht

Quelle: Eigene Darstellung

Die Informationen darüber, ob bestimmte Orte, Räume und Angebote im Sozialraum (regelmäßig/unregelmäßig) genutzt werden, ob sie „überhaupt bekannt“ sind, ist für den weiteren Untersuchungsverlauf förderlich, da das Forscherteam nunmehr gezielt Orte aufsuchen kann, um mit Kindern und Jugendlichen in Kontakt zu treten. Dies kann insbesondere hinsichtlich konzeptioneller Entwicklungsprozesse für die Offene Kinder- und Jugendarbeit aufgegriffen werden.

Nadelmethode

Bei dieser aktivierenden Methode werden verschiedenfarbige Nadeln auf Stadtkarten gesteckt, um bestimmte Orte (informelle Treffs, beliebte Freizeitorte, Konflikträume etc.) in den jeweiligen Sozialräumen zu markieren (vgl. Deinet 2009, S. 72-75). Als optimale Grundlage bieten sich Auszüge aus der deutschen Grundkarte in unterschiedlichen Formaten an. Es empfiehlt sich, verschiedene Kartengrößen für unterschiedliche Altersgruppen zu verwenden (beispielsweise sollten bei einer Anwendung im Primarbereich Karten benutzt werden, die ausschließlich den Einzugsbereich der Schule abbilden). Zusätzlich zu den Stadtkarten wird eine Legende für die farbigen Nadeln benötigt. Auf ihr werden die thematisch entwickelten Fragestellungen mit einem räumlichen Bezug (z. B. *„Wo in der Stadt befindet sich dein Lieblingstreffpunkt?“)* einer bestimmten Nadelfarbe zugeordnet. Somit können Fragen durch das Markieren eines Ortes mit einer farbigen Nadel auf der Stadtkarte beantwortet werden. Durch den Einsatz verschieden farbiger Nadeln lässt sich auch eine getrennte Abfrage, etwa nach Geschlecht, vornehmen.

Die Nadelmethode ist eine partizipative Methode, bei der sich Kinder und Jugendliche als Experten ihrer „Lebenswelt“ äußern können. Entscheidend hierbei ist, dass sie den Grad ihrer Beteiligung selbst bestimmen können und die Forscher/innen eine quasi-ethnographische Haltung einnehmen. Nur so kann ein fruchtbarer Dialog zwischen Kindern/Jugendlichen und Forscher/innen entstehen. Für den Untersuchungsverlauf ist der „sozialräumliche Blick“ erforderlich: Dieser stark auf kindliches/jugendliches Aneignungsverhalten orientierte „Blick“ kann auch als Einnehmen einer sozialräumlichen Haltung verstanden werden. Gespräche zwischen den Untersuchungsteilnehmer/innen und dem Forscherteam bilden einen Schwerpunkt der Methode. Die Aufgabe des/der Forschers/Forscherin ist es, eine möglichst natürliche Gesprächssituation einzurichten. In den Gruppengesprächen entwickeln die Kinder und Jugendlichen ihre Wahrnehmung von Orten/Räumen im sozialräumlichen Kontext.

Abb. 5.: Nadelmethode

Quelle: Eigenes Material

Die Anzahl der Nadeln auf bestimmten Orten, sei er positiv oder negativ konnotiert, erlaubt einen gewissen Interpretationsspielraum in Hinblick auf ihre Beliebtheit bzw. Unbeliebtheit. Zusammen mit den qualitativen Aussagen, die während der Methode fallen, entsteht ein Stadtbild, das durch unterschiedlichste Blickwinkel hinsichtlich seiner Qualität als Lebenswelt geprägt ist. Die von den Jugendlichen markierten und kommentierten Orte haben einen stark subjektiven Charakter, weil diese Räume, Institutionen, Einrichtungen etc. von ihnen selbst besucht oder eben gemieden werden. Aufgrund der Hinweise kann das Forscherteam im weiteren Untersuchungsverlauf bestimmte oft genannte Orte gezielt aufsuchen, um mit Kindern und Jugendlichen in Kontakt zu treten, was eine weitere Qualität dieser Methode ausmacht.

Cliquenraster

Bei der Methode „Cliquenraster" geht es darum, Interessensgruppen herauszufinden, denen sich Jugendliche zuordnen und die ihr Freizeitverhalten mitbestimmen. Ziel dieser Methode ist es, Porträts von Jugendcliquen zu erstellen, um die Lebenswelten von Jugendlichen im Sozialraum besser verstehen zu können und daraus Anknüpfungspunkte für die Jugendarbeit zu entwickeln. Das Forscherteam untersucht, in welchen Netzwerken und Sozialräumen sich die Jugendlichen in ihrer Freizeit bewegen, wie wichtig diese für sie sind, welche Verhaltensweisen und Gewohnheiten diese aufweisen und an welchen Orten/Räumen sie ihnen nachgehen. Dabei kann es sich z. B. um den Freundeskreis (Clique), den Sportverein, ein ehrenamtliches Engagement oder aber subkulturelle Formen wie Skater o. ä. handeln.

Abb. 6.: Exemplarische Darstellung des Cliquenrasters aus der Befragung an einer Hauptschule

Wie nennt ihr euren Freundeskreis?	**Was macht ihr in der Gruppe? (Interessen)**	**Was bringt der Aufenthalt in der Gruppe?**	**Wie viele Personen gehören dazu?**	**Können neue Leute zur Gruppe kommen?**	**Wo trefft ihr euch?**
Reinshagener *(Jungen)*	Unterhalten, Feiern, Computer, Fußball, Musik, Autos	Spaß, Unterhaltung, Abwechslung	5-10 Alles Jungs	Ja, wenn die cool sind	Stadt, Skatebahn, Sportplatz, Zuhause
Freundeskreis *(Mädchen)*	Geld ausgeben, PC, Tanzen, TV, Musik, Jungs, Chillen, Sport	Spaß, Vertrauen, Vergnügung, Austausch	10-13 Mehr Mädchen als Jungs	Nein („nur für gut aussehende Jungs“)	Schule, Stadt, Sportplatz, Kanal

Quelle: Eigene Untersuchung

Im direkten Dialog wird über Gruppierungen, Szenen und Zugehörigkeiten in der Lebenswelt von Jugendlichen diskutiert, aber auch über Raumqualitäten, öffentliche Räume und damit möglicherweise verbundene Spannungen/Konflikte. Ein vorgegebenes „Raster“ (Cliquen, äußere Merkmale, Verhalten) dient als Moderationsgrundlage und gibt zugleich den Rahmen für eine abschließende Präsentation der Ergebnisse. Das Forscherteam kann auch Erkenntnisse aus der Nadelmethode mit einbeziehen, indem es z. B. auf bereits genannte Orte zurückgreift und nach entsprechenden Cliquen/Gruppen fragt. Die Antworten der Befragten werden stichpunktartig auf Moderationskarten festgehalten und einer entsprechenden Überschrift zugeordnet, wobei der originale Wortlaut der Jugendlichen beibehalten wird, um die jugendkulturelle Artikulation nicht zu verfälschen. Diese Methode ist erst für Schüler/innen ab der achten Klasse geeignet, da sich Kinder in der Regel nicht einer Szene zuordnen.

Zeitbudget

Wie verbringen Kinder und Jugendliche ihre (freie) Zeit? Wie stark ist ihr Alltag fremdbestimmt bzw. durch „Andere" vorgegeben (z. B. institutionalisierte Zeit, Schulzeit)? Mit der Methode „Zeitbudget" kann der gesamte Tagesablauf erfasst und aufgeschlüsselt werden. Ziel dieser Methode ist, empirisch basierte Aussagen über die Tagesabläufe, mit besonderem Fokus auf die Freizeit, der jeweiligen Zielgruppen zu treffen.

Beim „Zeitbudget" tragen die Teilnehmenden ihre Alltagstätigkeiten in eine Art Stundenplan ein. Aus einer Liste von Tätigkeiten wählen sie die für eine bestimmte Uhrzeit passende „Haupttätigkeit" aus und ergänzen diese ggf. durch eigene Kommentare, mit denen sie ihre Auswahl präzisieren können (z. B. kann bei „Sport" die jeweilige Sportart genannt werden). Zusätzlich besteht die Möglichkeit, eigene Kategorien einzutragen. Diese offene Antwortmöglichkeit hat dazu einen exploratorischen Charakter, da die Liste der „Tätigkeitskategorien" vom Forscherteam ständig überarbeitet wird, sowohl hinsichtlich der sprachlichen Form als auch neuer Trends etc.

Bei der Auswertung wird zwischen Werktagen und Wochenenden unterschieden. Auch der vorgegebene Stundenrhythmus, in dem die Tätigkeiten eingetragen werden, ist variabel und dem Zweck der Untersuchung angepasst. Die Frage nach dem Zeitbudget von Kindern und Jugendlichen ist aus Sicht der Kinder- und Jugendarbeit aktuell von großer Bedeutung, weil sich viele Fachkräfte fragen, wie sich ihre Angebote noch in den Tagesablauf von Kindern und Jugendlichen einbetten lassen (nicht zuletzt bedingt durch deutlich längere Schulzeiten). In erster Linie geht es hier mit Hilfe einer computergestützten Auswertung um die Beschreibung allgemeiner Tendenzen der Freizeitgestaltung (z. B. Mediennutzung, Verein, OKJA) innerhalb eines bestimmten Zeitrasters. Damit lässt sich z. B. ein typischer Tagesrhythmus von Jungen oder Mädchen bestimmter Alltagsgruppen darstellen, der nicht nur für die konzeptionelle Entwicklung der Jugendarbeit, sondern auch für die Arbeit mit Schüler/innen interessant sein kann. Ferner bietet diese Methode die Möglichkeit zur Selbstreflexion: Die Teilnehmer/innen machen sich bewusst, wie sie ihre Zeit verbringen, welche Schwerpunkte sie setzen, welche Zeit überhaupt noch „frei" gestaltbar ist, können aber auch die Nutzung von Zeiten qualitativ vergleichen, Aktivitäten miteinander abwägen und Entscheidungen überdenken (vgl. Grimm, Deinet 2009).

Abb. 7.: Zeitbudget

Zeitbudget

Geschlecht: Junge☐ / Mädchen☐ Alter: ________

1.	Schule (Schulweg, Unterricht, AG´s)	**5.**	Stylen/Körperpflege	**9.**	Musik hören	**14.**	Hausarbeit (z.B. Zimmer aufräumen, Hund oder andere Haustiere, für die Familie Einkaufen)	**18.**	Arbeiten/jobben
2.	Hausaufgaben, Nachhilfe, Lernen/Lesen	**6.**	Mahlzeiten/Essen/ Kochen	**11.**	Abhängen, Nichts tun (zu Hause)	**15.**	Kinder- und Jugendeinrichtungen besuchen	**19.**	Partys, Feten
3.	Schlafen	**7.**	TV/Fernsehen	**12.**	Sport (im Verein oder privat)	**16.**	In die Kneipe, Cafe, McDonalds gehen	**20.**	Kirche/Moschee
4.	Freunde treffen (bitte trage ein, was Ihr macht)	**8.**	PC /Spielekonsole	**13.**	Hobbies (z.B. Skaten, Tiere?)	**17.**	Verwandtenbesuche/ was mit der Familie unternehmen	**21.**	Sonstiges (trage eine „Tätigkeit" ein)

Uhrzeit	**Montag**		**Dienstag**		**Mittwoch**		**Donnerstag**		**Freitag**		**Samstag**		**Sonntag**	
	Nr.	**Was machst Du?**	**Nr.**	**Was machst Du?**	**Nr.**	**Was machst Du?**	**Nr.**	**Was machst Du?**	**Nr.**	**Was machst Du?**	**Nr.**	**Was machst Du?**	**Nr.**	**Was machst Du?**
6 - 8 Uhr														
8 - 12 Uhr														
12 - 14 Uhr														
14 - 16 Uhr														
16 - 18 Uhr														
18 - 20 Uhr														
20 - 22 Uhr														
22 - 24 Uhr														

Quelle: Eigene Darstellung

Abb. 9.: Exemplarische Darstellung der Ergebnisse des Zeitbudgets

Jungen, 15 bis 17 Jahre - Top 3 der Tätigkeiten an Werktagen N (Befragte) =61 [5 Antworten möglich = 305 Nennungen (100%)]								
1	Anzahl der Nennungen	Nennungen in %	2	Anzahl der Nennungen	Nennungen in %	3	Anzahl der Nennungen	Nennungen in %
Styling/ Körperpflege	115	37,7%	Schlafen	103	33,8%	Schule (Schulweg/ Unterricht/AG´s)	81	26,6%
Schule (Schulweg/ Unterricht/AG´s)	293	96,1%	Mahlzeiten/ Essen/Kochen	9	3,0%	Styling/ Körperpflege	2	0,7%
Schule (Schulweg/ Unterricht/AG´s)	240	78,7%	Hausaufgaben/ Nachhilfe/ Lernen/Lesen	20	6,6%	Mahlzeiten/ Essen/Kochen	18	5,9%
Mahlzeiten/ Essen/Kochen	86	28,2%	Computerspiele/ Spielekonsole	44	14,4%	Hausaufgaben/ Nachhilfe/ Lernen/Lesen	35	11,5%
Freunde treffen	78	25,6%	Computerspiele/ Spielekonsole	70	23,0%	TV/Fernsehen	27	8,9%
Computerspiele/ Spielekonsole	67	22,0%	Freunde treffen	64	21,0%	Sport (im Verein oder privat)	37	12,1%
TV/Fernsehen	113	37,0%	Computerspiele/ Spielekonsole	62	20,3%	Schlafen	22	7,2%
Schlafen	196	64,3%	TV/Fernsehen	36	11,8%	Computerspiele/ Spielekonsole	19	6,2%

Quelle: Eigene Untersuchung

Bei der Auswertung entsteht eine Liste der am häufigsten genannten Tätigkeiten, differenziert nach den für die jeweilige Untersuchung relevanten Merkmalen (z. B. Geschlecht, Alter etc.). Werktage und das Wochenende werden getrennt voneinander ausgewertet. Abbildung 9. zeigt exemplarische Ergebnisse des Zeitbudgets von 15 bis 17 jährigen Jungen. Dargestellt sind die von den befragten Schülern genannten Top 3 Tätigkeiten (die drei am häufigsten genannten Tätigkeiten) aus allen Wochentagen und jedem Zeitfenster (z. B. Mo-Fr um 18-20 Uhr).

Die Ergebnisse zeigen, dass erwartungsgemäß durchschnittlich 79% bis 96% der befragten Jungen zwischen 8.00 – 14.00 Uhr in der Schule sind. Zwischen 14.00 und 16.00 Uhr verbringen ca. 28% der Jungen ihre Zeit mit „Mahlzeiten/Essen/Kochen“, 14,4% spielen am Computer oder Konsole und 11,5% der befragten Schüler geben an, sich zu dieser Zeit mit „Hausaufgaben/Nachhilfe/Lernen/Lesen“ zu beschäftigen. Betrachtet man diese Tabelle fällt die Wertigkeitsfolge der präferierten Tätigkeiten zwischen 16.00 bis 20.00 Uhr auf: An erster Stelle steht die Pflege der sozialen Kontakte (25,6% und 22%), wobei auch das Sporttreiben tendenziell zu diesem sozialen Aspekt gehört (21%). In dem nachfolgenden Zeitfenster verschiebt sich die Präferenz der Tätigkeit hin zu der Beschäftigung mit den Medien, das können Computer, Fernsehen oder ähnliches sein. Hinsichtlich der neuen Medien ist bemerkenswert, dass sich die Beschäftigung damit über den gesamten nichtschulischen Teil des Tages verteilt, also von 14.00 bis 24.00 Uhr, allerdings mit sich ändernden Anteilen. In dem Zeitfenster zwischen 22.00 und 24.00 Uhr dominiert, wie zu erwarten, das Schlafen, während sich nur noch wenige Jungen dem Medienkonsum widmen. Eine differenzierte Interpretation solcher Erhebungen ist natürlich nur im Kontext umfangreicher Sozialdaten respektive einer Analyse der sozialräumlichen Lebenswelt möglich.

Kriterien für eine gelungene Untersuchung

Kontaktaufnahme mit der Schule bzw. Schulleitung

Im Vorfeld der Untersuchung bedarf es einer frühzeitigen Kontaktaufnahme mit der Schule (Schulleitung). Einerseits dient dies zur allgemeinen Information über das Methodenset und der sich daraus ergebenden möglichen Erkenntnisgewinne. Andererseits geht es um die Planung des organisatorischen Ablaufs (Auswahl der Klassen, Räume). Oft haben Schulleitungen auch Interesse an einem vorbereitenden persönlichen Gespräch mit der Forschungsgruppe, insbesondere um den organisatorischen Ablauf und die auszuwählenden Klassen zu besprechen. An einem Vormittag im Rahmen des regulären Unterrichts (45 oder 60 Min.) können vier bis sechs Klassen einbezogen werden.

Erhebungssituation

Ein gut vorbereiteter Raum verbessert die Rahmenbedingungen des Untersuchungsverlaufs und soll eine optimale Umgebung für Schüler/innen und das Forscherteam schaffen. Zum einen soll die Motivation zur Beteiligung durch eine angenehme Atmosphäre gesteigert werden, zum anderen ist es wichtig eine einheitliche Erhebungssituation während des gesamten Untersuchungsverlaufs zu konstruieren, um Störfaktoren soweit wie möglich auszuschließen.

Dialog in Kleingruppen

Bei der Nadelmethode und beim Cliquenraster ist der Dialog zwischen den Forscher/innen und den Schüler/innen entscheidend. Informationen zu Jugendcliquen und Treffpunkten etc. können nur durch die Zielgruppe eingeholt werden. Gespräche über Treffpunkte von Jugendcliquen im öffentlichen Raum stehen deshalb im Mittelpunkt dieser Methoden. Aber auch typische äußere Merkmale von subkulturellen Gruppierungen sind beispielsweise für die Jugendlichen interessant und werden gerne diskutiert. Aus diesen dialogischen Methoden entsteht ein Gesamtbild über Cliquen (Verhalten, Erscheinungsbild, Treffpunkte) sowie über sozialräumliche Qualitäten (beliebte/unbeliebte Orte etc.). Abschließend wird eine Feedbackrunde gestaltet. Diese bietet zum einen den gemeinsamen Abschluss, zum anderen hat das Forscherteam die Möglichkeit, Eindrücke der Schüler/innen aufzugreifen und diese in weitere Planungen mit einfließen zu lassen.

Methodenmix

Auch wenn die schriftlichen Befragungen offene Fragen enthalten, sind sie jedoch weitgehend standardisiert, so dass das Methodenset eine Mischung aus qualitativen und quantitativen Methoden darstellt. Diese Mischung aus einer schriftlichen Befragung und einer eher gruppenorientierten Methodenform (Nadelmethode, Cliquenraster) ist auch für Jugendliche interessant und abwechslungsreich. Innerhalb des Forschungsvorhabens kann relativ schnell eine quantitative Basis geschaffen werden, da in kurzer Zeit mehrere hundert Jugendliche befragt werden (z. B. 240 Jugendliche an drei Einsatztagen) und ihre Aussagen relativ leicht ausgewertet werden können. Durch die Verteilung der Befragung z. B. auf vergleichbare Jahrgangsstufen aller weiterführenden Schulen einer Kommunen, kann so eine einigermaßen valide Stichprobe erreicht werden – die aber nicht mit einer repräsentativen Stichprobe verwechselt werden darf!

Die Arbeit mit einem Sample von mehreren hundert Jugendlichen entspricht auch dem Wunsch vieler Auftraggeber, neben qualitativen Einblicken in die Lebenswelten auch quantitative Daten zu erhalten. Ein Beispiel dafür ist die Frage nach der Aufenthaltsdauer pro Tag im Internet, deren Ergebnisse auf der Grundlage der Befragung von 200 Jugendlichen zu deutlich intensiveren Diskussionsanlässen führen kann, als wenn man diese Thematik "nur“ im Rahmen von qualitativen Porträts oder narrativen Interviews bei einigen Jugendlichen erfragen würde.

Rolle der Schule/Lehrerinnen und Lehrer

Die Rolle der Lehrerinnen und Lehrer ist passiv, d. h. sie werden nicht aktiv in das Methodenset mit einbezogen, sondern übergeben die Klasse entweder ganz dem Forscherteam oder nehmen als passive Teilnehmer/innen teil. Eine „Störung“ seitens der Lehrerschaft, etwa die Intervention bei der Durchführung der Methoden ist nicht erwünscht bzw. kann sich sogar störend und verfälschend auswirken. Sinnvoll ist es, die Ergebnisse der Methoden nach der Befragung in der Schule vorzustellen und so zu Diskussionsprozessen anzuregen.

Beteiligung und Partizipation der Kinder und Jugendlichen

Die Motivation der Schüler/innen ist nicht zuletzt deshalb groß, weil das Methodenset anstelle des regulären Unterrichts eingesetzt wird und insofern eine Abwechslung bietet. Bei den bisher ca. 25 Einsätzen des Methodensets im Rahmen des Unterrichts wurden deshalb auch nur äußerst wenige Verweigerungen von Jugendlichen festgestellt, die meisten reagierten überaus positiv. Wie auch im Einsatz der Methoden im öffentlichen Raum werden die Jugendlichen in der Rolle als Experten ihrer Lebenswelten angesprochen und aktiv einbezogen. So ergeben sich auch Diskussionen zwischen den Jugendlichen, etwa bei der Nadelmethode. Häufig kommt es zu lebhaften Diskussionen mit unterschiedlichen Blickwinkeln zu bestimmten Orten oder Jugendszenen.

Abb. 10.: Kinder einer 5. Klasse bei der Befragung durch die Nadelmethode

Quelle: Eigenes Material

Nicht unproblematisch ist die Verwendung der zum Teil persönlichen Daten der Jugendlichen. Es sollte dringend vermieden werden, die Informationen einzelner Jugendlicher identifizierbar zu machen, etwa ihre persönlichen (illegalen) Treffpunkte, ihre persönliche Orientierung zu einer bestimmten jugendkulturellen Szene o.ä.

Literatur

Deinet, Ulrich/Krisch, Richard (2006): „Der sozialräumliche Blick der Jugendarbeit. Methoden und Bausteine zur Konzeptentwicklung und Qualifizierung“, Leske und Budrich Verlag, Opladen 2002, Nachdruck, VS-Verlag Wiesbaden

Deinet, Ulrich (Hrsg.) (2005): „Sozialräumliche Jugendarbeit. Grundlagen, Methoden, Praxiskonzepte“, 2., völlig überarbeitete Auflage, Wiesbaden

Deinet, Ulrich (Hrsg.) (2009): „Methodenbuch Sozialraum“, VS-Verlag, Wiesbaden

Krisch, Richard (2009): „Sozialräumliche Methodik der Jugendarbeit. Aktivierende Zugänge und praxisleitende Verfahren“, Weinheim, München

Valentin, Katrin (2009): „Interviews mit Jugendlichen“ in: Deinet, Ulrich (2009) (Hrsg.): „Methodenbuch Sozialraum“, VS-Verlag, Wiesbaden, S. 87-94

Christina Muscutt

Virtuelle Räume – Befragungen und „Begehungen“ mit Jugendlichen

Virtuelle Räume können heute als Sozialräume betrachtet werden, auch weil das Medium Internet und mit ihm die Nutzung sozialer Netzwerke einen wichtigen Bestandteil der Freizeitgestaltung von Kindern und Jugendlichen darstellen (vgl. Löw 2001). Eine Sozialraum- und Lebensweltanalyse, die nach dem Erleben von Kindern und Jugendlichen in ihrem Stadtteil und nach Qualitäten einzelner Orte und Räume fragt (vgl. Deinet/Krisch 2002, S.50), muss diese Fragestellungen also auch auf virtuelle Räume übertragen. Das Social Web bietet durch Online-Communitys, Messenger, Webforen oder Videopodcasts sehr vielfältige Möglichkeiten der Nutzung, insbesondere für Kinder und Jugendliche zeigen sich jedoch wichtige Möglichkeiten für die Entwicklung und Identitätsbildung. Für die Kinder- und Jugendarbeit bringt das Social Web einige Herausforderungen auf unterschiedlichen Ebenen mit sich: Zum einen geht es darum, angemessene medienpädagogische Angebote zu entwickeln, zum anderen ist aber auch von Bedeutung, die Qualitäten und Ressourcen des Social Web zu nutzen bzw. diese erst einmal sichtbar zu machen. Der folgende Beitrag soll sich zunächst mit der Beschaffenheit von virtuellen Räumen als Sozialräumen beschäftigen, die im Sinne eines selbsttätigen Aneignungskonzepts zu Bildungsräumen für Kinder und Jugendliche werden. In einem weiteren Teil soll die besondere Funktion des Social Web u.a. durch einige aktuelle Studien zum Internetnutzungsverhalten von Jugendlichen dargestellt werden. Der methodisch orientierte Abschnitt des Beitrags stellt ein Untersuchungsverfahren vor, das das Nutzungsverhalten von Kindern und Jugendlichen in virtuellen Räumen erheben und analysieren kann.

Virtuelle als Aneignungsräume

Die unterschiedlichen Anwendungen des Web 2.0 zeigen, dass die virtuelle Realität eigene virtuelle Räume bildet. Tillmann betont, „[...], dass der Körper nicht involviert, sondern im Cyberspace allenfalls repräsentiert ist und es sich um immaterielle, haptisch nicht zugängliche und territorial nicht gebundene Räume handelt, die sich erst über kommunikative Handlungsakte konstituieren“ (Tillmann 2012). Trotz der fehlenden „Dinglichkeit“ (oder auch gerade deshalb) zeigt sich, dass es sich bei virtuellen Räumen ebenfalls um soziale Räume handelt. So stellen virtuelle Realitäten Kommunikationsräume dar, in denen Menschen miteinander kommunizieren und sich vernetzen, selbst wenn die anderen Personen im Nahraum nicht physisch zu erreichen sind (vgl. Kreß 2012). So betont auch Tillmann (2012): „Menschen leben nicht nur in stofflich-materiellen Räumen, sondern parallel dazu auch in virtuellen, kommunikativ hergestellten Räumen, über die physische Distanzen überbrückt und neue Sozialitäten herausgebildet werden". Kreß beschreibt, dass virtuelle Räume nicht nur eigene Räume bilden und darstellen, sondern dass diese wechselseitig auf *nicht-virtuelle* Sozialräume wirken. Dies wird u.a. deutlich, wenn z. B. Kommunikationsprozesse global ablaufen oder Lernerfahrungen im virtuellen Raum das reale Leben bereichern. Beispielhaft sei etwa Kultur oder die kulturelle Bildung genannt, die nun nicht mehr zwangsläufig im näheren Umfeld stattfinden muss, sondern in virtuelle Räume verlagert wird (vgl. Kreß 2012). Der Virtuelle Raum kann somit also auch als Aneignungsraum bezeichnet werden. Eine Trennung von virtuellem Raum und realem Raum ist also nicht mehr vorzunehmen (vgl. ebd.). Der Begriff des *Virtuellen Raumes* scheint ergänzungsbedürftig, weshalb man somit von „Virealen Räumen" sprechen kann (ebd.).

Das Social Web als Sozialraum

Das Social Web bietet in seinen Anwendungen zahlreiche Hinweise darauf, dass der *Virtuelle Raum* als Sozialraum funktioniert und Raumerfahrungen zulässt. Die Strukturen eines Raumes der virtuellen Welt zeigen sich insbesondere in Computerspielen oder in Social Networking Websites (Online-Communitys). Bei einigen Computerspielen, sogenannten MMORPG[8] tritt dies durch sogenannte *persistente Spielwelten* in Erscheinung, die auch wenn der Spieler das Spiel verlässt weiterexistieren (vgl. Wodtke 2009, S. 280). „Auch wenn der Spieler das Spiel speichert, bleibt der (Spiel-)Raum weiterhin bestehen und verändert sich mit den anderen aktiven Nutzern kontinuierlich weiter. Der Spieler muss also nicht erst den Raum betreten, damit sich dieser gestalten lässt oder verändert" (vgl. ebd.). Andere Computerspiele bieten dem Spieler die Möglichkeit, seinen Raum aktiv und vor allem symbolisch zu gestalten: Beim Spielen des Computerspiels „Counter-Strike" ist es

8 Massive Multiplayer Online Role-Playing Game/Massen-Mehrspieler-Online-Rollenspiel: Ein ausschließlich online spielbares Computer-Rollenspiel, bei dem gleichzeitig mehrere tausend Spieler in einer virtuellen Spielwelt vernetzt sind (vgl. Kohring 2011, S. 165).

dem Nutzer möglich, die Spielwelt (z.B. Wände oder Gebäude) durch Malereien oder Symbole (mit) zu gestalten. Laut Sleeger (2007, zit. in Wodtke 2009, S. 281) verwenden Jugendliche hierbei besonders häufig jugendkulturelle Symbole oder persönliche Zeichen. Darüber hinaus ist es dem versierteren Nutzer auch möglich, eigene Spielräume (*Levels*) selbst zu gestalten. Hierbei zeigt sich, dass in virtuellen Räumen symbolische Aneignung stattfinden kann, im Sinne des von Martina Löw beschriebenen Prozesses des *Spacing* (Anordnung und „Schaffen von Räumen") (vgl. Löw 2001 zit. in Braun 2004, S. 24). Hinzu verdeutlichen die zahlreichen Anwendungen von Online-Communitys die Funktion des Virtuellen Raumes als Aneignungsraum: Das Social Web ermöglicht es seinen Nutzern sich nicht nur mit anderen auszutauschen oder in Echtzeit zu kommunizieren, sondern befähigt sie zusätzlich dazu, Informationen zu erhalten, diese mit anderen zu teilen und Interessensgruppen zu bilden. Die stattfindenden Aneignungsprozesse im Virtuellen Raum unterstreichen seine Funktion als Sozialraum.

Jugendliche in virtuellen Räumen: Die Bedeutung des Internets für jugendliche Lebenswelten

Die Bedeutung Virtueller Räume für die jugendliche Lebenswelt und Freizeitgestaltung zeigt sich in aktuellen Studien zur Internetnutzung. Der Medienpädagogische Forschungsverband Südwest (mpfs) befragte im Zuge der JIM Studie 2011 (einer Telefonumfrage mit 1205 Befragten im Alter zwischen 12 und 19 Jahren) Jugendliche zu ihrem Medienfreizeitverhalten. Dabei gaben 99% der Befragten an, nicht nur über einen eigenen Internetzugang zu verfügen, sondern diesen auch über mehrere internetfähige Medien, wie Computer, Laptops, Spielekonsolen oder Smartphones zu nutzen (vgl. mpfs 2011, S. 5). 65% der Befragten geben an, das Internet täglich zu nutzen, 25% dies mehrmals pro Woche zu tun. Geschlechtsspezifische Unterschiede sind hierbei kaum zu verzeichnen (a.a.O., S. 31). Die Angaben des mpfs zeigen deutlich die subjektive Wichtigkeit des Mediums für die Jugendlichen. So geben 86% der befragten Mädchen sowie 89% der Befragten Jungen an, „das Internet nutzen" sei „wichtig" oder „sehr wichtig". Trotz des hohen Stellenwerts des Internets in der Freizeitgestaltung nennen 85% der Jungen und 82% der Mädchen als beliebteste „non-mediale" Freizeitbeschäftigung (täglich/mehrmals pro Woche) „Mit Freunden/Leuten treffen" (vgl. mpfs 2011, S.8). Der Medienpädagogische Forschungsverband fragt ebenfalls nach den Orten der Internetnutzung: Der beliebteste Ort bleibt mit 99% der Nennungen der PC bzw. das Laptop zu Hause. Das Smartphone, als internetfähiges Handy, ist in seinem Stellenwert deutlich gestiegen: Während 2008 lediglich 4% der Befragten das Smartphone als häufig genutztes Internetmedium angaben, nennen 2011 29% der Jugendlichen, dies als Medium der Wahl, um „von unterwegs“ ins Internet zu gehen (vgl. a.a.O., S. 31.). „Eindeutig die meiste Zeit wird online für Kommunikation, also die Nutzung von Communitys, Messengern, Chat und Email verwendet, diese zentralen Funktionen beanspruchen annähernd die Hälfte der Nutzungszeit (44%). Ein Viertel der Zeit kommt der Unterhaltung zu, also der Nutzung von Musik, Videos oder Bildern“ (a.a.O., S. 32). Weniger genutzt wird das Internet für die Informationssuche (16% der Befragten). Bei Betrachtung geschlechtsspezifischer Unterschiede zeigen sich die Mädchen als deutlich kommunikativere Nutzer, während bei den Jungen die Anzahl der Computerspielnutzer deutlich höher ist (a.a.O., S. 33). Der hohe Stellenwert des Mediums bedeutet jedoch nicht zwangsläufig, dass Jugendliche auf Medien *ausweichen*, oder diese als Ersatz für non-mediale Freizeitgestaltung gebrauchen. Tillmann (2012) betont, dass Jugendliche aufgrund der eigenen Medienkompetenz und der allgegenwärtigen Verfügbarkeit des Internets alltäglich mit Cyberspace-Technologien aufwachsen und, dass in virtuellen Räumen das systematisch wiederholt wird, was in der realen Welt erlebt und vorgegeben wird.

Virtuelle Räume als Herausforderung für die Kinder- und Jugendarbeit

Soziale Räume und die Grenzen dieser sind nicht klar voneinander zu trennen. Die Verinselung von Lebenswelten wird durch die Existenz virtueller Räume sogar noch verstärkt, da Räume und Grenzen, durch virtuelle Räume „überlagert“ werden (vgl. Kreß 2012). Eine (sozialräumliche) Kinder- und Jugendarbeit sollte den Aspekt des Virtuellen Raumes nicht außeracht lassen und muss das jugendliche Nutzungsverhalten mit in seine Analysemethoden und Konzeptionen miteinbeziehen. Paus-Hasebrink und Hasebrink beschreiben die Wichtigkeit für Jugendliche, in einer pluralisierten Gesellschaft, mit Identitäten spielen zu können, um zu einem stabilen Wertesystem zu gelangen: „Aufwachsen heute bedeutet, Identität(en) zu konzipieren, sie wieder fallen lassen zu können, sie neu zu projektieren und zu behaupten, also mit Identitäten ‚spielen‘ zu können“ (2011, S. 33). Dies kann z.B. durch den Umgang mit Identitäten und Avataren im Social Web sehr gut praktiziert werden, da der anonyme Nutzer ggf. die Möglichkeit hat, seine Identität beliebig auszutauschen oder zu verändern. Das Social Web bietet auf drei Ebenen Handlungskomponenten für Kinder und Jugendliche: „Identitätsmanagement, Beziehungsmanagement und Informationsmanagement“ (ebd.). Identitätsmanagement bezeichnet die Möglichkeit der Darstellung seiner eigenen Identität im Internet. Beziehungsmanagement bezieht sich auf den kommunikativen Aspekt, Kontakte zu knüpfen und diese zu pflegen. Informationsmanagement ermöglicht dem Nutzer das Finden, Bewerten und Verwalten von Informationen (vgl. Paus-Hasebrink/Trültzsch 2012, S. 32).

Abb. 1.: Korrespondenz von Entwicklungsaufgaben und Handlungskompetenzen im Social Web

Entwicklungsaufgabe	**Kernfrage**	**Handlungskomponente**	**Beispiele**
Selbstauseinandersetzung	Wer bin ich?	**Identitätsmanagement**	Ausfüllen der eigenen Profilseite; Veröffentlichen eines Videos
Sozialauseinandersetzung	Welche Position habe ich in meinem sozialen Netzwerk?	**Beziehungsmanagement**	Senden oder annehmen von Kontaktanfragen
Sachauseinandersetzung	Wie orientiere ich mich in der Welt?	**Informationsmanagement**	Recherchieren in *Wikipedia*; Bewerten eines *YouTube*-Videos

Quelle: Paus-Hasebrink/Trültzsch 2012, S. 33

Sozialraum- und Lebensweltanalysen müssen die Qualitäten Sozialer Netzwerke genauer beleuchten, um zum einen aufzuzeigen, wie jugendliche Aneignung in virtuellen Räumen funktioniert und zum anderen ein differenziertes Bild über diese Lebenswelten zu erlangen. Da die Qualitäten virtueller Räume erst sichtbar gemacht werden können, wenn die spezifischen Aneignungsprozesse der Jugendlichen betrachtet werden, kann und darf eine „sozialpädagogisierte Haltung“ nicht Grundlage für Schlussfolgerungen der Pädagogen sein. Kinder und Jugendliche sind hier als Experten ihrer Lebenswelt zu betrachten, die das Internet nutzen, um sich ganz individuell und immer weiter entwickelnd neue Sozialräume zu (er)schaffen.

Methoden der qualitativen Sozialraum- und Lebensweltanalyse in virtuellen Räumen

Bei einer Untersuchung von Freizeitverhalten in virtuellen Räumen wurde in einer Einrichtung ein Mix aus qualitativen und quantitativen Methoden angewandt, um einen Blick in die Lebenswelt von Kindern und Jugendlichen zu erhalten. Für die Befragung mit 50 Jugendlichen wurde ein Methodenset entwickelt, das das Medienfreizeitverhalten der Teilnehmer untersucht und dabei den Schwerpunkt auf das Verhalten in Online-Communitys legt. Dabei ging es nicht um die Erhebung einer breiten Datenbasis, sondern um die Weiterentwicklung des Repertoires von qualitativen Erhebungsmethoden, die Jugendliche als Experten ihrer Lebenswelt wahrnehmen.

Erhebung durch Fragebogen

Der quantitative Teil der Untersuchung wurde mit einem Fragebogen erhoben, der sich zum einen mit dem Zugang zum Medium und mit allgemeinen Nutzungstendenzen beschäftigt. Neben der Verfügbarkeit des Internets wurden speziell auch die Nutzungsorte, die Nutzungsfrequenz und die Interessensvorlieben abgefragt. Dazu gehörte neben den allgemeinen Funktionen des Internets, auch die Frage nach der Nutzung einzelner Websites.

Abb. 2.: Auswertung: Nutzungspräferenzen

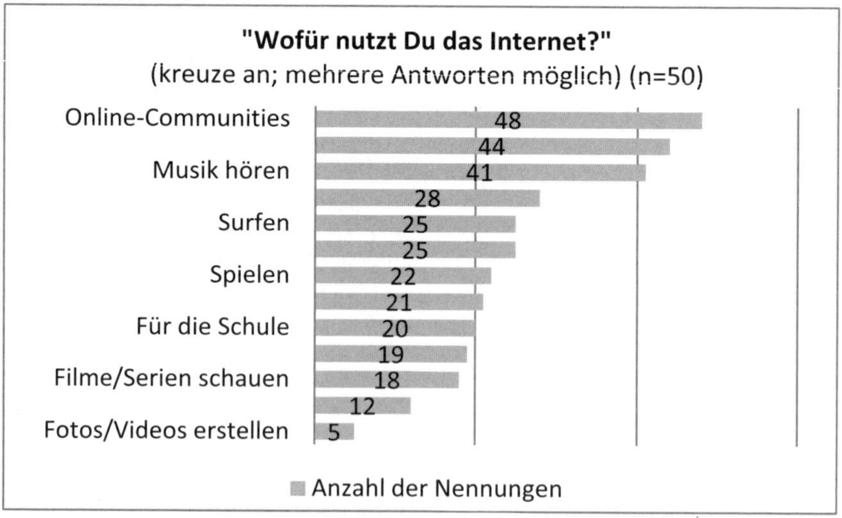

Quelle: Eigene Untersuchung

Abb. 3.: Auswertung: Nutzungspräferenzen-Internetseiten

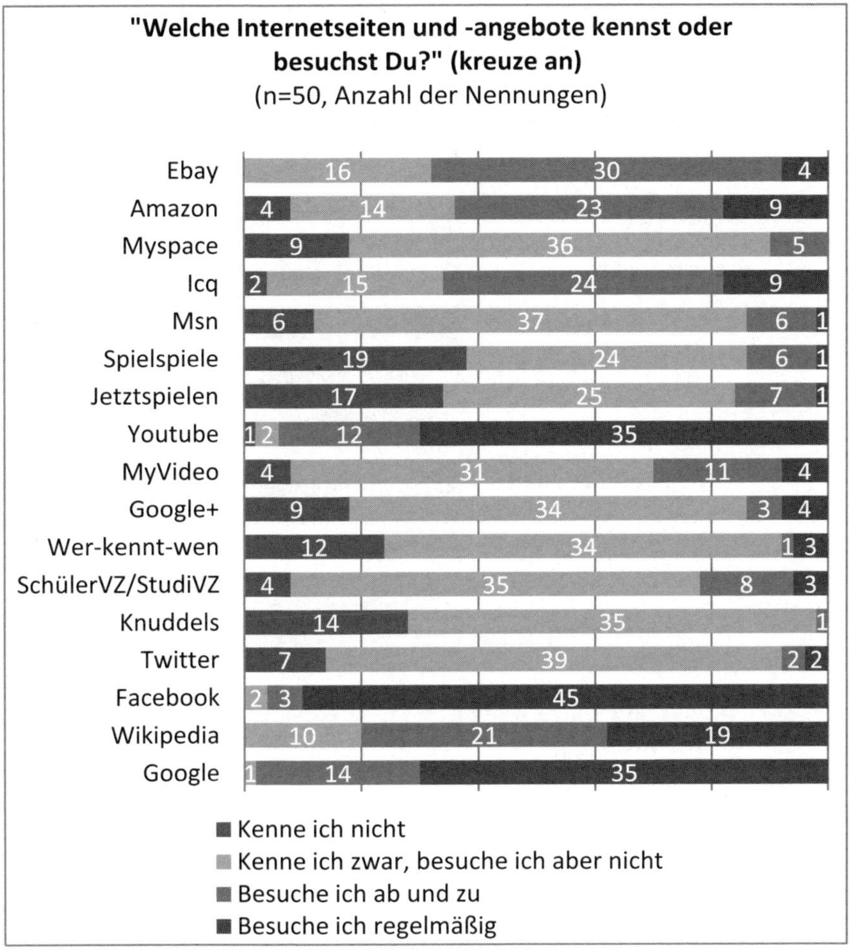

Quelle: Eigene Untersuchung

Darüber hinaus sollten insbesondere der Zugang und die Teilnahme zu/an Online-Communitys erfragt werden, die als Basis für eine tiefergreifende Fragestellung nach den tatsächlichen Qualitäten von Communitys bei den Jugendlichen diente. Hierfür wurden einzelne Angebote von Communitys nach ihren tatsächlichen Prioritäten abgefragt.

Abb. 4.: Auswertung: Qualitäten von Online-Communitys

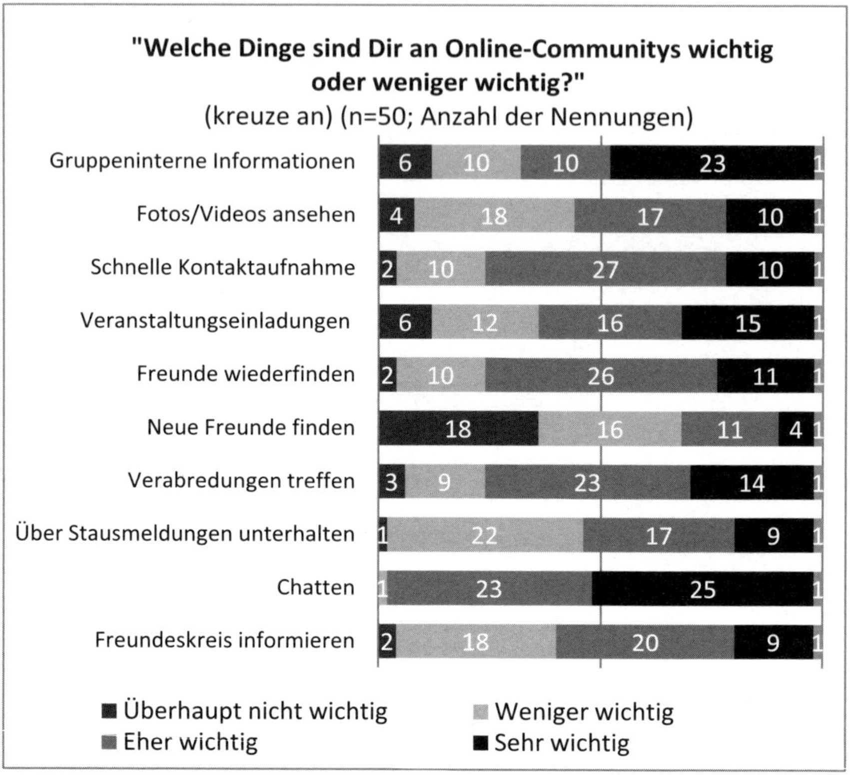

Quelle: Eigene Untersuchung

„Begehung" des virtuellen Raums

Ein weiter Methodenbaustein sollte als neue Methode entwickelt werden, die eine aktivierende Befragung mit den Jugendlichen ermöglicht und dabei einen Einblick in ihre Perspektive im Umgang mit Online-Communitys zulässt. Der Begriff „Begehung" des virtuellen Raums steht in Analogie zu der von Deinet beschriebenen Methode „Stadtteilbegehung mit Kindern und Jugendlichen", welche im Ursprung auf eine Idee von Norbert Ortmann zurückgeht (vgl. Deinet 2002, S. 91). Hierbei führen Jugendliche auf einer eigenständig gewählten Route ein Forscherteam durch ihren Stadtteil und zeigen aus subjektiver Perspektive Orte, Plätze und Nutzungsmöglichkeiten auf. Aufgrund der sehr unterschiedlichen Aneignungsformen der Jugendlichen, werden die Begehungen in unterschiedlichen Gruppen durchgeführt (z.B. differenziert nach Alter, Geschlecht usw.) (vgl. ebd.). Diese Methode bietet vor allem einen Blick auf bestimmte Sozialräume, die nicht durch einen eingeschränkten Blick der Erwachsenen oder Pädagogen geprägt ist. Es stellt sich hier ebenfalls die Frage nach den besonderen Qualitäten der Räume und wie diese genutzt bzw. angeeignet werden (vgl. ebd.). Das Konzept der Stadteilbegehung sollte in abgewandelter Form eine Grundlage bieten, bei der die Kinder und Jugendlichen einem Forscherteam eine Führung durch einen virtuellen Raum geben. Zum einen legt die Methode Qualitäten von virtuellen Räumen aus der Sicht der Kinder und Jugendlichen offen, ohne dass diese (zu) stark durch Erwachsene vorstrukturiert werden. Zum anderen sollte sie als eine aktivierende Beteiligungsmethode eingesetzt werden, die auch für die Kinder- und Jugendarbeit anwendbar ist. Die Begehung fand am Beispiel der Online-Community „Facebook" statt, da diese mitunter den höchsten Stellenwert in der Nutzung von Internetangeboten der Jugendlichen einnimmt. Bei der „Begehung" des virtuellen Raums handelt es sich nicht um eine bereits existierende Erhebungsmethode der empirischen Sozialforschung. Vielmehr soll sie verschiedene Elemente dieser miteinander verknüpfen. Die Methode beinhaltet Elemente der *Teilnehmenden Beobachtung* sowie die eines *wenig-strukturierten Interviews* (vgl. Lamnek 2010).

„Begehung" des virtuellen Raums - Durchführung und Auswertungsverfahren

Der Feldforscher erhält von einer Gruppe mit 2-3 Jugendlichen eine Führung durch den virtuellen Raum. Dabei führen die Jugendlichen den Forscher durch ihren persönlichen Facebook-Account, in den sie sich einloggen, diesen „begehen" und erläutern. Der Beobachter/Interviewer hat so die Möglichkeit an konkreten Nutzungsbeispielen Beobachtungen zu machen, die nicht verallgemeinert werden dürfen, sondern als ganz eigenständige, individuelle Nutzungstendenzen interpretiert werden müssen. Die Jugendlichen haben die Möglichkeit als Experten ihrer Lebenswelt dem Außenstehenden ihren subjektiven Blick auf die Dinge darzustellen. Die genaue Fragestellung für die Jugendlichen lautet:

Gebt mir bitte eine Führung durch Euren eigenen Facebook-Account und zeigt mir dabei:

- *was man dort alles tun kann,*
- *was Euch interessiert,*
- *was Ihr dort tut*
- *was Euch gefällt/nicht gefällt.*

Diese Aufgabenstellung soll nicht zum Ziel haben, diese Fragen strukturiert zu beantworten, sondern den Jugendlichen einen groben Ablauf zu liefern, aus dem sich ein Dialog entwickeln kann.

Nach dem Einloggen in den Account wird dem Forscher zunächst erklärt, welche Funktionen die Website bietet und über welche Menus und Funktionen man wohin gelangen kann. Dies ist vor allem von Vorteil, wenn der Forscher über wenige Vorkenntnisse über die Website verfügt. Während der Führung durch einzelne Funktionen kann der Forscher zunächst Rückfragen zur Verständlichkeit stellen, sollte aber interpretative Fragestellungen, wie „Was findest Du besonders gut daran?" zunächst unterlassen, da es vorerst lediglich um die einzelnen Funktionen und deren Nutzung geht. Vor allem ist zu beachten, dass der Feldforscher in ein sehr privates Gebiet der Jugendlichen Zugang erhält. Es sollten also nicht direkt zu Anfang private Fragen gestellt werden.

Während des Rundgangs hat der Forscher ein teilstandardisiertes Raster zur Hand, an dem er wichtige Funktionen der Website abfragen kann. Das entwickelte Raster bezieht sich auf folgende Themenfelder:

- *Vernetzung & Freunde,*
- *Information & Organisation,*
- *Kommunikation,*
- *Datenschutz & Privatsphäre,*
- *Unterhaltung & Spiele.*

Das Raster sollte nicht statisch abgearbeitet werden, sondern lediglich der Orientierung dienen. Die „virtuelle Führung" sollte generell von den Jugendlichen und deren Dialog strukturiert sein, das Raster wird nur für eventuelle Nachfragen bzw. als Impuls für ein Gespräch eingesetzt. Als strukturelle Hilfe kann sich der Feldforscher einzelne Funktionen der Website zu den oben genannten Themenfeldern notieren und später Rückfragen stellen. Die Themenfelder sind absichtlich möglichst grob gehalten, da die Nutzung der beschriebenen Kategorien sehr unterschiedlich sein kann. Nach dem allgemeinen Rundgang durch den Account kann eine genauere Betrachtung der einzelnen Funktionen erfolgen. Hierbei können neben den Erzählungen der Jugendlichen, Fragen nach den Qualitäten und Nutzungsunterschieden gestellt werden. Der Hauptteil des Dialogs geht dabei jedoch von den Jugendlichen aus, die Fragestellungen des Forschers sollen sich hierbei auf bereits angesprochene Themen beziehen und nur als Erzählimpulse dienen, wie z. B. „Was findest Du gut daran, dass „Borussia Dortmund" dein Facebook-Freund ist? Was kannst Du jetzt damit machen?"

Bei der Durchführung ist darauf zu achten, dass die Jugendgruppe nicht zu groß ist, da bei mehr als drei Teilnehmenden schnell Langeweile aufkommen kann, wenn die Aktivität auf einen Facebook-Account beschränkt ist. Eine gleichzeitige Öffnung von zwei Accounts ist jedoch aufgrund der fehlenden Übersichtlichkeit nicht sinnvoll. Bei Auswahl der Jugendlichen sollte darauf geachtet werden, dass die Teilnehmer/innen sich bereits kennen, da man den privaten Facebook-Account evtl. nicht unbedingt einem „fremden" Gleichaltrigen offen legen möchte. Ebenso könnte die Mischung der Geschlechter innerhalb einer Gruppe zu verhaltenen Reaktionen führen. Wiederholte Durchführungen mit homogenen Gruppen können außerdem wichtige Ergebnisse über z. B. geschlechtsspezifische Unterschiede offen legen.

Die Befragung wird durch ein Aufnahmegerät aufgezeichnet, und zusätzlich mit sogenannten „Screenshots" (Bildschirmfotografie) dokumentiert, um evtl. eine bildliche Darstellung zu ermöglichen. Während der Diskussion kann sich der Forscher Notizen zu den einzelnen Äußerungen der Jugendlichen machen.

Die Auswertung der Methode erfolgt zunächst über die Transkription der aufgezeichneten Tonaufnahmen und sollte möglichst zeitnah erfolgen, um Datenverlust zu vermeiden, da sich einzelne Aussagen sehr plastisch an der betrachteten Website orientieren. Nach der Transkription werden die Aussagen der Jugendlichen genauer betrachtet und themenorientiert in ein Raster eingeordnet, welches sich auf die von Paus-Hasebrink/Trültzsch (2012, S. 33) beschriebenen Handlungsebenen im Social Web beruft (s.o.). Dieses Auswertungsraster wird durch die Kategorie *Organisationsmanagement* erweitert, das sich auf konkrete organisatorische Aktivitäten im jugendlichen Alltag bezieht, für die die Community genutzt wird (die vorgegebenen Kategorien schienen anhand der ausgewerteten Aussagen der Jugendlichen nicht ausreichend). Die Aussagen der Jugendlichen werden also inhaltlich interpretiert und dementsprechend den Themenfeldern zugeordnet. Ergänzend dazu werden die einzelnen Funktionen aufgelistet, die für die entsprechenden Handlungen verwendet werden, um einen Überblick über die Nutzungsmöglichkeiten zu verschaffen. Die Aussagen werden bei der Zuordnung explizit als Originalzitate belassen. Eine plastischere Darstellung kann erfolgen, in dem die entsprechende Website aufbereitet wird (durch z.B. das Fotobearbeitungsprogramm Photoshop) und als eine Art Auswertungsraster fungiert, in das später einzelne Aussagen der Jugendlichen eingetragen werden können. So können die Aussagen unmittelbar mit den entsprechenden Funktionen verknüpft werden.

Abb. 4: Auswertung (Begehung des virtuellen Raum): Identitätsmanagement

Handlungsebene	Funktion/Anwendung
Identitätsmanagement	
„Das ist kein Tagebuch. Ich habe mich jetzt 2009 angemeldet. Und habe jetzt alle Sachen gelöscht, die eigentlich keinen etwas angehen.“	Statusmeldungen/Postings
„Der Arbeitgeber kann ja auch auf die Seite gucken, deshalb muss man schon schauen, was man postet, aber das kann man ja alles einstellen, wer was sieht.“	Profilseite/Chronik; Statusmeldungen/Postings
„Wenn dann jemand wissen will, was ich mache, kann der einfach da gucken. Hier steht dann: ‚Ich arbeite hier und gehe da zur Schule‘ und so.“	Profilseite/Chronik

Quelle: Eigene Untersuchung

Abb. 5: Auswertung (Begehung des virtuellen Raums): Beziehungsmanagement

Handlungsebene	Funktion/Anwendung
Beziehungsmanagement	
„Wir haben vor einem Jahr einen Freund verloren durch einen Autounfall und jetzt existiert […] das Profil noch weiter und die Leute posten dann auch Fotos von ihm oder Sprüche, so als Andenken.“	Profilseite/Chronik (anderer Personen)
„[…]Früher war das eben so, über Telefon und Handy und E-Mail. Und bei Facebook kann man mal eben schnell online gehen und E-Mails guckt ja auch nicht jeder so immer nach.“	Chatfunktion; Private Message; Statusmeldungen/Postings
„Ich war vor zwei Jahren in Amerika und hab da zu den Leuten immer noch Kontakt und das finde ich halt super. Weil man da jetzt nicht mehr E-Mails schreiben muss. Bei Facebook ist eben jeder online.“	Chatfunktion; Private Message; Statusmeldungen/Postings

Quelle: Eigene Untersuchung

Abb. 6: Auswertung: Begehung des virtuellen Raum: Informationsmanagement

Handlungsebene	Funktion/Anwendung
Informationsmanagement	
„Gut ist […] auch, ich erfahre alles über „Borussia Dortmund“, da sind viel Fotos auch drin über Facebook, bevor ich mir eine Bildzeitung kaufe, um was über Dortmund zu lesen, dann gehe ich einfach bei Facebook rein.“	Abonnements; Profilseite/Chronik (anderer Personen); Statusmeldungen/Postings
„Ich hab bei Musik relativ viel angegeben auf der Seite, weil ich dann Infos bekomme von den Bands, wenn es irgendwas Neues gibt.“	Abonnements; Profilseite/Chronik (anderer Personen); Statusmeldungen/Postings

Quelle: Eigene Untersuchung

Abb. 7.: Auswertung (Begehung des virtuellen Raum): Organisationsmanagement

Handlungsebene	Funktion/Anwendung
Organisationsmanagement	
„Ich hab noch zwei Gruppen für die LK's, damit man sich da besser austauschen kann. Ich hab jetzt auch zum Beispiel Infos bekommen, was ich fürs Abi brauche. Also das ist ganz praktisch. Man muss da nicht über E-Mail-Accounts nachhetzen oder die Lehrer fragen.“	Gruppen; Postings
„Z.B. Klassentreffen von der Grundschule haben wir letztens gemacht. Da haben die zwei, die die Gruppe gegründet haben, waren da die Admins und die haben dann an alle die Facebook hatten geschrieben.	Gruppen; Postings; Private Message
„Viele feiern auch die Geburtstage und laden dann über Facebook ein.“	Statusmeldungen/ Postings; Gruppen

Quelle: Eigene Untersuchung

Fazit

Wenn das Social Web und insbesondere Online-Communitys einen festen Bestandteil der jugendlichen Lebenswelt darstellen, sind diese auch zwangsläufig mit in die Arbeit mit Kindern und Jugendlichen einzubeziehen. Nicht nur, um Jugendliche mit einem pädagogischem Angebot in ihrer Lebenswelt abzuholen, sondern auch, um angemessen mit den Herausforderungen des Internets und des Social Web umgehen zu können und in diesem Sinne medienpädagogisch zu arbeiten. Des Weiteren ist es wichtig zu wissen, welche Ressourcen und Qualitäten das Social Web in Öffentlichkeitsarbeit und Werbung für die Kinder- und Jugendarbeit mit sich bringt, da insbesondere das Informations- und Organisationsmanagement als Möglichkeit von Online-Communitys interessant für junge Menschen ist. Eine empirische Untersuchung kann sich demnach nicht nur auf quantitative Daten stützen, sondern muss ebenfalls qualitative Methoden einbeziehen, besonders wichtig sind jedoch aktivierende und partizipative Methoden. Das vorgestellte Setting eignet sich aufgrund der unterschiedlichen Erhebungsmethoden vor allem, um eine facettenreiche Analysegrundlage zu schaffen. Insbesondere die Methode der „Begehung" des virtuellen Raums eignet sich jedoch nicht nur für eine breitere Befragung über Mediennutzungsverhalten von Jugendlichen, sondern auch für die (sozialräumliche) Konzeptentwicklung in Einrichtungen der Kinder- und Jugendarbeit. Kinder und Jugendliche eigenen sich das Medium Internet größtenteils selbst an und besitzen mitunter eine höhere Kompetenz im Umgang mit Online-Communitys, als Erwachsene. Diese Methode bietet sich daher an, um Einblicke in die Funktionen und Qualitäten der einzelnen Internetangebote zu erlangen und diese explizit aus der Sicht der Kinder und Jugendlichen zu betrachten – und in die pädagogische Arbeit mit einzubeziehen.

Literatur

Braun, K.-H. (2004): „Raumentwicklung als Aneignungsprozess". In U. Deinet/C. Reutlinger (Hrsg.) (2002): „ ‚Aneignung' als Bildungskonzept der Sozialpädagogik" (S.19-48). Wiesbaden: VS-Verlag

Deinet, U. (2002): „Der sozialräumliche Blick der Jugendarbeit". Opladen: Leske & Budrich

Lamnek, S. (2010): „Qualitative Sozialforschung" (4., vollst. überarb. Aufl.). Weinheim und Basel: Beltz

Löw, M. (2001): „Raumsoziologie“. Frankfurt a.M.: Suhrkamp

Kohring, T. (2011): „Onlinespiele – viel Spiel(en) für jedermann!?“. In D. Hoffmann et al. (Hrsg.) (2011): „Stream your life!? Kommunikation und Medienbildung im Web 2.0“ (S.163-172). München: kopaed

Krisch, R. (2005): „Methoden qualitativer Sozialraumanalysen als zentraler Baustein sozialräumlicher Konzeptentwicklung“. In U. Deinet (Hrsg.) (2005) „Sozialräumliche Jugendarbeit“ (2., völlig überarb. Aufl., S.161-174). Wiesbaden: VS-Verlag

Paus-Hasebrink, I./Hasebrink, H. (2011): „Der Umgang von Heranwachsenden mit dem Social Web”. In D. Hoffmann et al. (Hrsg.) (2011): „Stream your life!? Kommunikation und Medienbildung im Web 2.0“ (S. 33-44). München: kopaed

Paus-Hasebrink, I./Trültzsch, S. (2012): „Heranwachsen in Zeiten des Social Web“. In U. Dittler/ M. Hoyer (Hrsg.) (2012): „Aufwachsen in sozialen Netzwerken“ (S.29-46). München: kopaed

Wodtke, C. (2009): „Virtuelle Räume und Aneignungspraktiken-Ergebnisse einer Studie zum Freizeitverhalten junger Menschen in multimedialen Räumen und Netzwerken“. In U. Deinet (Hrsg.) (2009): „Sozialräumliche Jugendarbeit“ (3., völlig überarb. Aufl., S.277-283). Wiesbaden: VS-Verlag

Internetquellen:

Kreß, J. (2010): „Zum Funktionswandel des Sozialraums durch das Internet“. Verfügbar unter: http://www.sozialraum.de/zum-funktionswandel-des-sozialraums-durch-das-internet.php [Zugriff am: 01.11.2012]

Medienpädagogischer Forschungsverband Südwest (2011): „JIM-Studie 2011- Jugend, Information, (Multi-) Media“. Verfügbar unter: http://www.mpfs.de/fileadmin/JIM-pdf11/JIM2011.pdf [Zugriff am: 28.10.2012]

Tillmann, A. (2012): „Virtuelle Erfahrungsräume: Über das Verhältnis von Medien und Raum“; www.sozialraum.de/virtuelle-erfahrungsraeume.php [Zugriff am: 28.10.2012]

Ulrich Deinet

Der Offene Bereich als Aneignungs- und Bildungsraum[9]

Vor dem Hintergrund des Bildungsdiskurses und des Bedeutungszuwachses informeller und nicht formeller Bildungsprozesse sowie des möglichen Beitrags der Offenen Kinder- und Jugendarbeit zur Entwicklung lokaler Bildungslandschaften erhält der „Offene Bereich“ eine interessante (neue) Bedeutung. Gerade dieser Bereich erscheint als Raum, der wenig vordefiniert ist und kann – im Vergleich zu den pädagogisch durchorganisierten und intentional arrangierten Angebote in Gruppenprojekten oder in der Schule – deshalb von Kindern und Jugendlichen angeeignet, verändert und als Raum eigensinnig interpretiert werden. Durch seine Zugänglichkeit erscheint der Offene Bereich auch als Teil des öffentlichen Raumes, zumindest als halböffentlicher Raum und unterscheidet sich dadurch deutlich von den pädagogischen Szenarien in geschlossenen Räumen. Aus Sicht der Adressaten könnte dies – auch auf Grund veränderter gesellschaftlicher Bedingungen – eine interessante Bedeutung gewinnen, die bisher aber von der Offenen Kinder- und Jugendarbeit so kaum gesehen wird.

Der Offene Bereich in Jugendfreizeiteinrichtungen, aber auch in anderen Einrichtungen, wie Büchereien, Schwimmbädern etc. stellt den frei zugänglichen Eingangsbereich dar, der bestimmte Funktionen übernimmt, etwa die Orientierung für Besucher/innen, eine mögliche Kontaktaufnahme mit dem Personal (so ging man in den Jugendfreizeiteinrichtungen der 50er und 60er Jahre am Heimleiterbüro vorbei, dessen Tür oft mit einem Sichtfenster versehen war). In den Jugendfreizeiteinrichtungen hat der Offene Bereich klassisch auch die Funktion, zwangslose Aufenthalts- und Spielmöglichkeiten zu bieten durch eine entsprechende Möblierung, große Tischspiele, wie Billard und Kicker etc. Auch in ganz anderen Institutionen (z. B. Banken, Bibliotheken, Schwimmbäder etc.) sind Eingangsbereiche mehr als der Übergang zwischen öffentlichem Raum und den speziellen Funktionsräumen. Ganz wichtig war und ist der gastronomische Bereich als Ausdruck der klassischen Geselligkeit in Form von Theken, Sitzgruppen etc., mit der Möglichkeit zu Essen und zu Trinken. Im Offenen Bereich wird auch für das gesamte Angebot des Hauses geworben. Hier können sich Besucher/innen über die speziel-

---

9 Kurzfassung des gleichnamigen Beitrags im Online-Journal *sozialraum.de*: Ulrich Deinet: Der offene Bereich als Aneignungs- und Bildungsraum; www.sozialraum.de/der-offene-bereich-als-aneignungs-und-bildungsraum.php, Datum des Zugriffs: 20.09.2012.

len Projekte informieren, die in den dafür vorgesehenen Funktionsräumen stattfinden (Fotolabor, Siebdruckwerkstatt etc.). Konzeptionell ist der Offene Bereich elementarer Bestandteil der Offenen Kinder- und Jugendarbeit, die im Vergleich zur mitgliederorientierten Jugendverbandsarbeit durch ihre Freiwilligkeit gekennzeichnet ist. Dies drückt sich auch architektonisch im Eingangsbereich der Einrichtungen aus: Eine Mitgliedschaft ist nicht notwendig, Freiwilligkeit, Unverbindlichkeit sind wichtige pädagogische Prinzipien. Man kann den Offenen Bereich ungezwungen betreten und wieder verlassen (häufig aber auch zum Ärger der Fachkräfte!).

In der Literatur wird der Offene Bereich wenig thematisiert, seine Möglichkeiten werden somit kaum ausgelotet. Hier wird zunächst die theoretische Grundlage für ein dynamisches Raumverständnisses skizziert. Im zweiten Teil sollen dann einige Theoriebezüge benannt werden, die eine Grundlage für ein breites Verständnis des Offenen Bereiches bilden können. Auf diesen Grundlagen werden im dritten Teil Konzeptbezüge und im vierten Teil Methoden vorgestellt, mit denen der Offene Bereich als Aneignungs- und Bildungsraum interpretiert, aber auch vorstrukturiert werden kann. Die entwickelten Gedanken können auch für andere Institutionen interessant sein, die über öffentlich zugängliche Bereiche verfügen, dabei nicht zuletzt Schulen.

Architektonische Aspekte

Christian Kühn beschreibt in seinem Beitrag „Der Raum der Jugendarbeit aus architektonischer Sicht“ (Kühn 2005) eine interessante Sichtweise, die jenseits eines funktionalistischen „Anforderungskatalogs“ einen Umweg über Metaphern mit starker räumlicher Assoziationskraft versucht: Mit diesen Assoziationen versucht Kühn eine Zwischensprache zu finden, „die zwischen der Beschreibung von Aktivitäten und der räumlichen Gestaltung vermittelt und so die Konzeptentwicklung im kreativen Diskurs zwischen Planern und Bauherren erleichtert“ (Kühn 2005, S. 136).

- „Das Haus als Stadt
- Die Stadt als Haus
- Baum und Höhle
- Werkstatt und Fabrik
- Grenzen und Brücken
- Nischen und Bühnen“
  (Kühn 2005, S. 136 ff.).

Interessant an dieser Sichtweise von Christian Kühn ist besonders das mehrdimensionale und offene Raumverständnis im Gegensatz zur Funktionalität der meisten architektonischen Konzepte in diesem Bereich. Auch wenn diese architektonischen Konzepte in der Praxis oft nur schwer umsetzbar sind, öffnen sie doch auch beim Verständnis des Offenen Bereiches den Blick für ganz unterschiedliche Nutzungsformen und die architektonischen Möglichkeiten, um diese herauszufordern oder möglich zu machen. Kühns Assoziationen beschreiben sozialräumliche Verbindungen zwischen Einrichtungen und dem Stadtteil, die gerade in der Gestaltung des Offenen Bereiches bewusst hergestellt werden.

An einem Ort können mehrere Räume entstehen: Der Zugang der Raumsoziologie

Einen interessanten Beitrag zur Interpretation des Offenen Bereiches leistet die moderne Raumsoziologie, insbesondere die Beiträge von Martina Löw, die einen dynamischen Raumbegriff entwickelt, der die vielfach tradierte Trennung von Subjekt und Raum überwindet: „Meine These ist, dass nur, wenn nicht länger zwei verschiedene Realitäten – auf der einen Seite der Raum, auf der anderen die sozialen Güter, Menschen und ihr Handeln – unterstellt werden, sondern stattdessen Raum aus der Struktur der Menschen und sozialen Güter heraus abgeleitet wird, nur dann können die Veränderungen der Raumphänomene erfasst werden" (Löw 2001, S. 264). Für eine erweitertes Verständnis des offenen Bereichs ist als Grundlage ein Raumverständnis erforderlich, das nicht mehr von einer Trennung von Subjekt und Raum ausgeht und den Raum als etwas Äußeres betrachtet, den das Individuum betritt, um ihn zu nutzen, zu gestalten etc. Solche Vorstellungen gehen davon aus, dass Subjekte ohne Raum existieren und dass dieser mehr oder weniger eine physikalische Gegebenheit darstellt. Löw nennt solche Raumbegriffe absolutistisch: Dies meint, „dass Raum als eigene Realität, nicht als Folge menschlichen Handelns gefasst wird. Raum wird als Synonym für Erdboden, Territorium oder Ort verwendet" (Löw 2001, S. 264). Auch in der neueren Sozialraumdiskussion findet man den absolutistischen Raumbegriff an vielen Stellen, insbesondere in einer rein formalen Sozialraumorientierung, in der Räume als Stadtteile (als sozialgeografisch begrenzte Territorien) definiert werden und erst im zweiten Schritt der Zusammenhang zwischen den Sozialräumen und deren Bewohnern gesehen wird. Räume entstehen durch die Interaktion von Menschen und können für diese sehr unterschiedlich gestaltet sein. Insofern geht Löw davon aus, „ […] dass an einem bestimmten Ort (als eindeutig bestimmbare sozialgeografische Lokalisierung, eine bestimmte Stelle unserer Erdoberfläche) unterschiedliche Räume entstehen können, je nach dem, welche Bedeutungen, Veränderungen Menschen den Orten verleihen. Raum ist eine relationale (An-)Ordnung von Lebewesen und sozialen Gütern an Orten" (Löw 2001, S. 271).

Damit ist die Grundlage für ein sehr breites Verständnis des öffentlichen Raums gelegt, das sich auch auf den Offenen Bereich beziehen lässt. Die Frage ist, wie Kinder und Jugendliche den Offenen Bereich nutzen, wie dabei sehr verschiedene Raumqualitäten entstehen können und mit welchen Interventionen, Elementen usw. Aneignungsprozesse unterstützt werden können.

Der Offene Bereich als Aneignungsraum

Der dynamische Raumbegriff von Martina Löw ist sehr gut geeignet, um sehr unterschiedliche Qualitäten von Räumen für verschiedene Zielgruppen zu beschreiben und die funktionalistische Definition von Räumen zu überwinden. Vor dem Hintergrund des dynamischen Raumbegriffes kann das Verhalten von Jugendlichen als Aneignungsverhalten verstanden werden, in Anlehnung an das tätigkeitstheoretische Konzept der kritischen Psychologie (Leontjew 1973, vgl. Deinet 2009).

„Aneignung" kann für Kinder und Jugendliche verstanden werden als:

- eigentätige Auseinandersetzung mit der Umwelt
- (kreative) Gestaltung von Räumen mit Symbolen etc.
- Inszenierung, Verortung im öffentlichen Raum (Nischen, Ecken, Bühnen) und in Institutionen
- Erweiterung des Handlungsraumes (neue Möglichkeiten in neuen Räumen)
- Veränderung vorgegebener Situationen und Arrangements
- Erweiterung motorischer, gegenständlicher, kreativer und medialer Kompetenz
- Erprobung des erweiterten Verhaltensrepertoires und neuer Fähigkeiten in neuen Situationen

Richard Krisch (2009) entwickelt den Zusammenhang zwischen Aneignung und Gesellschaft in Anlehnung an die Arbeiten von Baacke und Böhnisch sowie die klassischen Ansätze des Soziologen Georg Simmel, insbesondere dessen Begriffe der Vergesellschaftung und der Wechselwirkung: „Betrachtet man den Raum als Projektionsfläche sozialer Formen, so überlagern sich im

Prozess der Aneignung die Vergesellschaftungsformen von Jugendlichen, welche bestimmte Definitionen und Sinnzuschreibungen hervorbringen, mit Raumbestimmtheiten (Simmel 1992, S. 775), die Ausdruck der gesellschaftlichen Vergegenständlichungen von Herrschaft (vgl. Nissen 1998, S. 153 ff.) sind" (Krisch 2009, S. 10).

Aus den bisherigen Betrachtungen heraus erscheint gerade der Offene Bereich im Schnittpunkt gesellschaftlicher Vergegenständlichungen und jugendlicher Aneignungen zu liegen. Im Gegensatz zu stark funktionalisierten Bereichen, etwa der Schule, sind die „Raumbestimmtheiten" in den Offenen Bereichen oft weniger stark ausgeprägt. Der Offene Bereich kann damit ein Raum sein, der sowohl von Seiten der Jugendlichen als auch von Seiten der Fachkräfte sehr unterschiedlich definiert wird: „Dementsprechend ist der Prozess der Aneignung als Wechselwirkung zu verstehen, in der sich verschiedene Raumbestimmtheiten – die der Jugendlichen- und die der Erwachsenengesellschaft – konstituieren und sozial rückwirken: Als Botschaften im Raum, in Form von formellen Regeln oder informellen Verhaltenserwartungen oder auch in Form von räumlich vermittelten Strukturen" (Krisch 2009, S. 11). Der von Krisch aktualisierte Simmelsche Begriff der Wechselwirkungen – verbunden mit dem relationalen Raumverständnis der modernen Raumsoziologie (s. o.) – lässt den Offenen Bereich in einem ganz anderen Licht erscheinen: Nicht mehr nur Eingangsbereich oder der unüberschaubare Bereich des „Unverbindlichen", vielmehr kann der Offene Bereich durch seine Strukturen aus Sicht der Jugendlichen aber auch aus Sicht der Fachkräfte eine überaus interessante Aneignungsfunktion entwickeln.

Wie weiter unten ausgeführt wird, ergeben die hier skizzierten Blicke auf den Offenen Bereich nicht nur eine ganz neue Einschätzung seiner Wertigkeit, sondern auch der dort entstehenden Bildungsmöglichkeiten. Für die Fachkräfte bedeutet dies auf keinen Fall einen Rückzug hinter die Theke, sondern ein Mitgestalten bis hin zur Konfrontation (s. u.), um die Jugendlichen mit „Raumbestimmtheiten" in ihrem Handeln herauszufordern. Gerade in der Wechselwirkung zwischen jugendlicher Inszenierung und den sich verändernden sozial-räumlichen Settings liegen erhebliche Bildungschancen, die auch in der Funktion des Offenen Bereiches als „Arena" gesehen werden können. Mit diesen Operationalisierungen lässt sich der Offene Bereich untersuchen und gestalten. Die Rahmenbedingungen können möglicherweise so gestaltet werden, dass Aneignungsprozesse möglich gemacht und latent vorhandene Funktionen für die Jugendlichen viel stärker in den Blick der sozialpädagogischen Konzepte gerückt werden. Damit können auch aktivere Interventionsformen (s. u.) entwickelt werden, die jugendliche Aneignung herausfordern und den Offenen Bereich selbst zu einem Aneignungs- und Bildungsraum machen.

Der Offene Bereich als künstlerischer Raum

Neben der interdisziplinären Zusammenarbeit von Architektur und sozialer Arbeit sind es auch Kunstprojekte, die den Offenen Bereich zu einem interessanten Raum machen können. In dem Ansatz von Playing Arts (Sturzenhecker 2005) findet sich ein geeigneter kunstpädagogischer Ansatz, wie der Offene Bereich durch Installation etc. eine hohe Aneignungsqualität erhalten kann: „Playing Arts ist eine Weise ästhetischer Bildung die zunächst anregt, dass Menschen selbsttätig eigene Themen/Spuren entdecken und sie ästhetisch-gestalterisch umsetzen, sie sich erspielen. So können sie sich selbst und die Welt intensiver erleben, sich Neues aneignen, ihre Potenziale erweitern, experimentierend spielerisch Lernen und sich als Subjekte reflektieren, entwickeln, sich aufs Spiel setzen und neu erfinden“ (Sturzenhecker 2005, S. 11).

Der Ansatz der Playing Arts eignet sich sehr gut, um die Rahmenbedingungen des Offenen Bereiches so zu nutzen, dass sowohl jugendliche Aneignungsformen gefördert werden, als auch die Fachkräfte selbst aktiv werden, um diesen Bereich zu gestalten. Insbesondere die Offenheit und Freiwilligkeit der Situation stellt sich als eine hohe Herausforderung dar, da sich die Jugendlichen auch jederzeit einer von den Pädagogen geschaffenen Situation entziehen und selbst Situationen schaffen können: „In Bezug auf solche Ziele von Jugendarbeit und Playing Arts sind auch die Strukturen des Freiraums, den beide erzeugen wollen, ähnlich. Jugendarbeit und Playing Arts beruhen auf Freiwilligkeit, man kann über die Teilnahme entscheiden und die eigene Handlung hängt völlig von der eigenen Motivation ab. Playing Arts und Jugendarbeit sind von Offenheit gekennzeichnet, die darin besteht, allen Interessierten Beteiligung zu eröffnen (und diese nicht auf bestimmte Gruppierungen oder Themen einzugrenzen)“ (Sturzenhecker 2005, S. 24).

Praxisbeispiel: Raumveränderung im Offenen Bereich

Die Offene Tür macht auf, die Jugendlichen stürzen die beiden kurzen Treppen ins Untergeschoss herunter und stehen vor einer Wand! Da wo sonst der Flur weitergeht und am letzten Öffnungstag, am Freitag der vorigen Woche auch weiterging, ist jetzt eine Wand. Sie ist mit Raufaser beklebt und sieht wirklich ziemlich echt aus. Die Jugendlichen sind verdattert und werden von den Mitarbeitern unbemerkt beobachtet und gefilmt. Sie können es nicht fassen, „hier stimmt doch etwas nicht!“ Die ersten klopfen vorsichtig an die Wand und bemerken dann sehr schnell, dass diese nicht massiv ist. Am Wochenende haben die Mitarbeiter diese Wand aus vielen Pappkartons gebaut! Die Jugendlichen werden langsam mutiger. Ihr klopfen wird stärker, die Wand bewegt sich und so entsteht eine riesige Aktion, in der die Wand eingerissen wird. Endlich haben die Jugendlichen verstanden: Das ist hier nicht echt, sie rufen auch: „Wir werden hier verarscht!“. Sie reißen jetzt schon einzelne Pappkartons aus der Wand, die immer mehr in sich zusammenfällt. Allerdings ist sie nicht ganz dünn, mindestens zwei Pappkartons stehen nebeneinander, um die nötige Festigkeit zu geben. Deshalb dauert der Abriss schon einige Minuten und die Kartons fliegen zerfetzt durch die Gegend. Mit großem Gejohle haben es die ersten Jugendlichen geschafft und kommen endlich in ihren offenen üblichen Bereich, wo sie von den Mitarbeitern mit Glückwünschen zu ihrem Erfolg begrüßt werden.

Diese Aktion hatte keine bedeutende Zielsetzung, sondern sollte der Tristesse und aufkommenden Langeweile des Offenen Bereiches entgegenwirken. Dies ist auch gelungen, die Jugendlichen sprechen noch wochenlang von der Aktion, sie sehen den kleinen Film, in dem sie selbst vor der Wand verdutzt stehen, sie sprechen mit den Mitarbeitern und diskutieren die Frage, wie diese auf den Einfall gekommen sind, was man noch hätte tun können etc. Auch kommen nach einigen Wochen Fragen nach dem nächsten Happening: So entstehen weitere Aktionen im Offenen Bereich, die von den Jugendlichen immer mehr mitgestaltet werden.

Dieses Beispiel zeigt sehr schön, dass es darum geht, „die Prinzipien ästhetischer Gestaltung nicht nur in Sonderaktionen kultureller Jugendarbeit zu nutzen, sondern sie beständig im Alltag der Jugendarbeit zu verwenden. Jugendliche drücken sich häufig nicht in sprachlich präzisen Begriffen aus, sondern zeigen das, was sie bewegt in Gesten, Handlungen, subkulturellen Praktiken, ästhetischer Gestaltung der eigenen Person usw. Ihr Handeln kann man mit dem Begriff aus der Kunst als Performance bezeichnen (vgl. Mark Schulz, 2004). Performances sind kein theatralisches „so tun als ob“, sondern konkrete, aber häufig verdichtete und formal ausgestaltete Handlungen, die nicht auf Bedeutungen verweisen, sondern Bedeutungen konkret in einem Moment inszenieren“ (Sturzenhecker 2005, S. 112). Der Begriff der Performance passt sehr gut zu dem Beispiel der veränderten Raumsituation im Jugendkeller. Eine Performance kann auch von den Hauptamtlichen ausgehen und hat dann auch etwas zu tun mit dem, was Mark Schulz und Britta Lohmann (vgl. Sturzenhecker 2005, S. 97) als Irritation bezeichnen.

In dem interdisziplinären Dreieck von Architektur, sozialer Arbeit und Kunst können interessante Ansätze entwickelt werden, die das Aneignungsverhalten der Jugendlichen herausfordern, diese provozieren und damit eine ungeahnte Dynamik im Offenen Bereich herstellen.

Praxisbeispiel: „Zitatensammlung“

In einer kleinen Jugendeinrichtung im Keller einer Schule hat eine hauptamtliche Mitarbeiterin das Projekt „Zitatensammlung“ entwickelt. Betritt man durch den vergitterten Kellereingang den Flur der Einrichtung, so hängen auf beiden Seiten gerahmte Zitate aus zeitgenössischer Literatur, die die Mitarbeiterin dort präsentiert. Es handelt sich um einzelne Zitate aus unterschiedlichen Werken, die die Mitarbeiterin aus Büchern entnommen hat, die sie gerade liest und für Jugendliche interessant hält. Die Zitate sind im Rahmen mit Passepartout aufgehängt und erscheinen schon von daher bemerkenswert in dem sonst eher tristen Eingangsbereich. Nach dem Aufhängen der Zitate wartet Frau S. auf die Reaktion der Jugendlichen ohne weitere didaktische Planung. Das Zitat aus Salingers „Der Fänger im Roggen“: „Ihr seid alles Idioten die nie diskutieren, daran erkennt man Idioten immer“ führte zu intensiven Diskussionen mit den marokkanischen Jugendlichen, die Frau S. so beschreibt:

„Wir hatten zu dieser Zeit etwas massivere Konflikte mit marokkanischen Besuchern, die allerdings sehr diskussionsfreudig sind und sich durch das Zitat persönlich betroffen und provoziert fühlten. Nachdem zunächst wirklich Aufruhr da war, ergab sich daraus eine heftige Diskussion. Von einigen kam auch „der Rahmen muss weg, so etwas wollen wir hier nicht haben!” Es ergab sich eine Diskussion um die Frage: Was ist eigentlich Diskussionskultur? Wie redet man so miteinander, dass am Ende wirklich ein Sinn herauskommt (vorher hatten wir als MitarbeiterInnen oft Diskussionen mit den marokkanischen Jugendlichen abgebrochen!)? Es ergeben sich also aus den Zitaten Gespräche im offenen Bereich, bis hin zu Jugendlichen, die wirklich auch anfangen zu lesen, das sind aber die Ausnahmen! Es gibt Jugendliche, die sich Bücher ausleihen wollen. Einer, der sich jetzt Dietrich Schwanitz „Alles was man wissen muss” gekauft hat und sich da irgendwie durchgeackert hat oder auch andere Jugendliche, die jetzt sagen, empfiehl mir doch mal einen Roman, den ich lesen kann. Das Interesse am Lesen und an Auseinandersetzungen wird durch die Zitatensammlung schon geweckt“.

An diesem Beispiel wird der Aspekt der bildungsherausfordernden Raumveränderung deutlich, der hier durch die Pädagogin betrieben wird: Der offene Bereich wird durch die Zitatensammlung umgestaltet, der Flurbereich erhält eine andere Definition, er ist weniger Durchgangsbereich, sondern wird zum Ort der Kommunikation. Gerade die offenen Bereiche mit ihren räumlichen Möglichkeiten (die oft nicht genutzt werden!) lassen solche Installationen zu. Dieses räumliche Setting bietet den Jugendlichen die Möglichkeit, Botschaften wahrzunehmen und sich darüber zu auszutauschen oder diese auch zu ignorieren. Offenheit und Verbindlichkeit – die beiden bekannten Prinzipien – finden hier zusammen.

Die Pädagogin schafft durch ihre Zitatensammlung neue Situationen, aber ohne didaktischen Zwang, ohne daraus gleich ein Projekt machen zu wollen, das als schulische Zitatensammlung sicher von den Jugendlichen abgelehnt würde. Sie schafft Bildungsherausforderungen, auf die die Subjekte selbsttätig antworten und somit ihre Selbstbildung entwickeln können. Die Mitarbeiterin versucht sich nicht den Jugendlichen anzupassen, sondern konfrontiert sie mit ihrem eigenen persönlichen Profil, mit ihren Interessen und wird dadurch für die Jugendlichen interessant. Es geht hier nicht um literarische Bildung von Jugendlichen, sondern um die Konfrontation mit anderen Lebenszuschnitten, Interessen und Zugängen, die die eigenen in Frage stellen lässt, die zu Ansätzen von Reflexion führt und möglicherweise das Handlungsrepertoire der Jugendlichen langfristig erweitert. Das Projekt der Zitatensammlung ist durch folgende Merkmale gekennzeichnet: Der Verlauf ist offen, Mitarbeiter/innen und Jugendliche handeln gleichberechtigt, der Ausgang der Situation ist ungewiss, die Jugendlichen könnten sich auch jederzeit der Situation entziehen! Auf dieser Grundlage können die Jugendlichen die Situation weitgehend selbst gestalten, verändern und sich dadurch beteiligen. Ob diese Situation es ermöglicht, dass die Jugendlichen sich Kompetenzen aneignen können (z. B. zu dem Thema, wie man sich adäquat auseinandersetzen kann) hängt wesentlich davon ab, ob es der Mitarbeiterin gelingt, ein Setting herzustellen, das im Gegensatz zur didaktisch-methodischen Durchplanung aller pädagogischen Prozesse ausgesprochen offen gehalten ist und in dem sie sich selbst auch in Unsicherheit bringt.

Aus der Sicht des Konzeptes von Playing Arts könnte man dieses Projekt auch als Performance im Alltag einer Jugendeinrichtung bezeichnen. Die Irritation der Jugendlichen spielt dabei eine wichtige Rolle.

Ermöglichungsdidaktik als sozialpädagogischer Zugang zur Gestaltung des offenen Bereichs

Aus dem sozialräumlichen Verständnis von Räumen als gestaltbare Aneignungsräume ergeben sich vielfältige Möglichkeiten der Bildung, die so in der Jugendarbeit bisher kaum genutzt werden. Indem der Raum der Jugendarbeit anregend wirkt, Gestaltung und Veränderung, Konfrontation und alternative Erfahrungen ermöglicht, wird er selbst zu einem Aneignungs- und Bildungsraum. Solche Aneignungs- und Lernmöglichkeiten können durch bestimmte

Rahmenbedingungen und Setzungen gefördert, aber nicht im Detail geplant werden, denn dann würden sie ihre Bildungspotenziale verlieren. Die Mitarbeiter/innen haben die Chance, durch ihre strukturierende Kompetenz den Raum der Kinder- und Jugendarbeit, besonders den Offenen Bereich so zu gestalten, dass entweder – positiv – Aneignung und Bildung möglich werden oder – negativ – der Raum der Jugendarbeit in Langeweile, Konsumorientierung und Herumhängen erstarrt. Sie können durch Gestaltungselemente, Irritationen usw. Bildungsprozesse ermöglichen, aber nicht erzwingen: „Mit dem Begriff der Ermöglichungsdidaktik wird ein Verständnis des Lehr-/Lernprozesses charakterisiert, das, um die Konstruktivität und Eigendynamik sowie die begrenzte „Machbarkeit" von Lernergebnissen weiß. Anders als erzeugungsdidaktische Konzepte geht die Ermöglichungsdidaktik nicht davon aus, dass durch eine möglichst exakte Lernzielbestimmung und eine möglichst detaillierte Lernplanung Lernerfolge sozusagen technokratisch gewährleistet werden können. Im Anschluss an neuere kognitionstheoretische sowie konstruktivistische Konzepte werden die erwachsenen Lernenden viel mehr als relativ geschlossene, selbst organisierte Systeme verstanden, deren Entwicklung zwar durch externe Impulse angeregt, aber nicht determiniert werden kann" (Arnold/Schüßler 2003, S. 2). Der Ansatz der Ermöglichungsdidaktik kann den Fachkräften helfen, in dem Arrangement des Offenen Bereichs aktiv zu handeln, obwohl sie die Handlungsbedingungen im Wesentlichen aber nicht bestimmen können: „Professionelle Lehr-/ Lernarrangements können demnach individuelle Aneignung von Neuem, sowie eine Weiterentwicklung von Kognition und Kompetenz ermöglichen, aber nicht, wie bei einer Trivialmaschine, bestimmte Lernergebnisse erzeugen" (ebd., S. 26). Nur wenn sich die Fachkräfte – so wie hier vorgeschlagen – in einen interdisziplinären Verfahren mit den verschiedenen Aspekten des Offenen Bereichs auseinandersetzen und so ein sehr breites Spektrum ganz unterschiedlicher Gestaltungs- und Handlungsformen für sich finden, haben sie die Chance, Aneignungssituationen für die Jugendlichen zu ermöglichen: „Aus diesem Grund ist es für die Entwicklung einer Ermöglichungsdidaktik grundlegend, mögliche Arrangements oder Interventionsformen vom Lernenden her zu konzipieren und damit auch systemtheoretisch präziser zu bestimmen was Aneignung oder Wandel (der Persönlichkeit) konkret bedeuten" (ebd, S. 28).

Der Offene Bereich erscheint als Teil des öffentlichen Raums und als Übergang zum Stadtteil, als intermediärer Bereich zwischen der pädagogischen Einrichtung und dem öffentlichen Raum. Die von Christian Kühn skizzierten architektonischen Interpretationen machen schon eine direkte Verbindung zwischen der Gestaltung von Einrichtungen und dem Sozialraum/Stadtteil deutlich. Aus einem sozialräumlichen Verständnis heraus sollte der Offene Bereich Verbindungen zum Stadtteil herstellen, aber auch Bedarfe aufgreifen, etwa durch das Angebot von Nischen und Bühnen (die möglicherweise im Stadtteil weitgehend fehlen).

Literatur

Arnold, Rolf/Schüßler, Ingeborg (Hrsg.) (2003): Ermöglichungsdidaktik. Erwachsenenpädagogische Grundlagen und Erfahrungen, Grundlagen der Berufs- und Erwachsenenbildung; Band 35, Baldmannsweiler

Braun, Karl-Heinz (1994): Schule und Sozialarbeit in der Modernisierungskrise, in: "Neue Praxis", 2/1994, S. 107ff.

Cloos, Peter/Köngeter,Stefan/Müller, Burkhard /Thole, Werner (2009): Die Pädagogik der Kinder- und Jugendarbeit, Wiesbaden

Deinet, Ulrich (Hrsg.) (2009): Methodenbuch Sozialraum, VS-Verlag, Wiesbaden

Deinet, Ulrich (Hrsg.) (2005): „Sozialräumliche Jugendarbeit. Grundlagen, Methoden, Praxiskonzepte“, 2., völlig überarbeitete Auflage, Wiesbaden

Deinet, Ulrich/Krisch, Richard (2002): „Der sozialräumliche Blick der Jugendarbeit. Methoden und Bausteine zur Konzeptentwicklung und Qualifizierung”, Opladen

Deinet, Ulrich/Reutlinger, Christian (Hrsg.) (2004): Aneignung als Bildungskonzept der Sozialpädagogik. Beiträge zur Pädagogik des Kindes- und Jugendalters in Zeiten entgrenzter Lernorte“, Wiesbaden

Frey, Oliver (2004): Urbane öffentliche Räume als Aneignungsräume. Lernorte eines konkreten Urbanismus?, in: Deinet, Ulrich/Reutlinger, Christian (2004) (Hrsg.): „`Aneignung´ als Bildungskonzept der Sozialpädagogik. Beiträge zur Pädagogik des Kindes- und Jugendalters in Zeiten entgrenzter Lernorte“, Wiesbaden, S. 219-234

Holzkamp, Klaus (1973): Sinnliche Erkenntnis, Frankfurt a.M.

Krisch, Richard (2001): „Zur Anwendung von Methoden sozialräumlich orientierter Lebensweltanalysen in der Jugendarbeit“, in: Lindner, Werner (Hrsg.) „Ethnographische Methoden in der Jugendarbeit“, Opladen

Krisch, Richard (2002): Über die pädagogische Aufschließung des Stadtraumes: Sozialräumliche Perspektiven von Jugendarbeit, in: Liegle Ludwig/Thiersch Hans/Treptow Rainer (Hrsg.) Zur Neubestimmung des Bildungsbegriffs in der Pädagogik der frühen Kindheit und in der Sozialpädagogik. Lambertus Verlag; Freiburg im Breisgau

Krisch, Richard (2009): Sozialräumliche Methodik der Jugendarbeit. Aktivierende Zugänge und praxisleitende Verfagren, Weinheim, München

Kühn, Christian (2005): Der „Raum" der Jugendarbeit aus architektonischer Sicht, in: Deinet, Ulrich (2005) (Hrsg.): "Sozialräumliche Jugendarbeit. Grundlagen, Methoden, Praxiskonzepte", 2., völlig überarbeitete Auflage, Wiesbaden, S. 133-142

Leontjew, A.N. (1973): Problem der Entwicklung des Psychischen, Frankfurt a.M.

Löw, Martina (2001): „Raumsoziologie", Frankfurt a.M.

Reutlinger, Christian (2003): „Jugend, Stadt und Raum. Sozialgeographische Grundlagen einer Sozialpädagogik des Jugendalters", Opladen

Reutlinger, Christian (2002): Unsichtbare Bewältigungskarten von Jugendlichen in gespaltenen Städten. Sozialpädagogik des Jugendraums aus sozialgeografischer Perspektive, Opladen

Schubert, Herbert (2000): Städtischer Raum und Verhalten. Zu einer integrierten Theorie des öffentlichen Raumes. Opladen

Sturzenhecker, Benedikt/Riemer, Christoph (Hrsg.) (2005): Playing Arts. Impulse ästhetischer Bildung für die Jugendarbeit, Weinheim und München

Ulrich Deinet

Gemeinwesenarbeit und Offene Kinder- und Jugendarbeit[10]

Sozialräumliche Diskurse in beiden Feldern

Die in der Gemeinwesenarbeit (GWA) geführte Diskussion um die Perspektiven dieses Arbeitsbereiches in der Spannung zwischen der klassischen Gemeinwesenarbeit und einer Sozialraumarbeit als intermediärer Instanz ist für die Weiterentwicklung der Offenen Kinder- und Jugendarbeit von großem Interesse: Gerade zwischen diesen Bereichen bestehen große Schnittmengen. Im Folgenden wird deshalb der Versuch unternommen, Parallelen aber auch Unterscheidungen zwischen einer modernen Gemeinwesenarbeit und einer sozialräumlich orientierten Offenen Kinder- und Jugendarbeit zu beschreiben. Damit soll auch ein Beitrag zu einer Diskussion zwischen den Feldern der Jugendhilfe geleistet werden. Die in der Jugendhilfe vorhandene Versäulung, die auch in den Debatten um die Perspektiven einzelner Arbeitsbereiche stattfindet, führt eher zu einer Schwächung der Kinder- und Jugendhilfe im fachlichen Diskurs, etwa in der Kooperation mit Schule. Ein weiteres Motiv für einen stärkeren Austausch der Felder besteht in dem Interesse an der Entwicklung konzeptioneller Differenzierungen der Offenen Kinder- und Jugendarbeit. Dabei wird nicht nur die Kooperation zwischen Jugendarbeit und Schule diskutiert (Deinet u. a. 2010), sondern auch andere konzeptionelle Entwicklungen, die in der Kooperation mit weiteren Feldern der Jugendhilfe denkbar sind, etwa zwischen Jugendarbeit und den Hilfen zur Erziehung oder eben einer sozialräumlich orientierten Jugendarbeit, die starke Gemeinwesen orientierte Bezüge aufweist.

Vor dem Hintergrund der neueren Diskussion um GWA-Ansätze soll im Folgenden diskutiert werden, inwieweit eine sozialräumlich orientierte Jugendarbeit vergleichbare konzeptionelle Ansätze entwickelt hat und wo es Schnittmengen, aber auch Profilunterschiede zwischen beiden Handlungsfel-

10 Überarbeitete Fassung des Beitrags: Deinet, Ulrich: Sozialräumliche Jugendarbeit und Gemeinwesensarbeit in: Blandow, Rolf/Knabe, Judith/Ottersbach, Markus (Hrsg.) Die Zukunft der Gemeinwesenarbeit von der Revolte zur Steuerung und zurück, Springer VS, Wiesbaden 2012, S. 121-138

dern gibt. Hinsichtlich der Methodendiskussion in der sozialen Arbeit und der Tatsache, dass die Gemeinwesenarbeit zu den drei klassischen Methoden gezählt wird, gehe ich von der Einschätzung aus, dass Jugendarbeit und Gemeinwesenarbeit unterschiedliche Handlungsfelder der sozialen Arbeit sind, die über möglicherweise gemeinsame, aber auch spezifische Methoden verfügen (vgl. Galuske 2007). Ich verstehe also GWA nicht mehr als Methode der sozialen Arbeit, sondern als Handlungsfeld, das insbesondere auch im Zusammenhang mit dem Bundesprogramm „soziale Stadt“ und den damit verbundenen Ansätzen einer Sozialraumorientierung zu verstehen ist.

Im Folgenden werden Ansätze einer sozialräumlichen Jugendarbeit (wie sie an vielen Orten zu beobachten sind) und ein moderner Ansatz einer sozialräumlich orientierten Gemeinwesenarbeit verglichen. Diese hat sich in einem Spektrum zwischen der direkten Arbeit mit Wohnbevölkerung, spezifischen Zielgruppen und deren methodischer Aktivierung sowie auf der anderen Seite auch durch ein Sozialraummanagement, so wie es Wolfgang Hinte u. a. beschrieben haben (vgl. Hinte u.a. 2001) entwickelt. Meine These ist, dass GWA und sozialräumlich orientierte Jugendarbeit wie Schwestern in einem Sozialraum wirken können, die sich sehr gut ergänzen, aber mit unterschiedlichen Blickwinkeln und eigenen Profilen ausgestattet sind, die sie weiter entwickeln müssen und nicht unzulässig vermischen dürfen.

Beispiel: Babysittingkurs als Gemeinwesenprojekt

Eine Jugendeinrichtung entwickelt einen Babysittingkurs für Jugendliche, der aus einem Curriculum mit unterschiedlichen Elementen besteht. In der Kooperation mit einem Kinderkrankenhaus und weiteren Institutionen lernen die Jugendlichen elementare Kenntnisse in der Betreuung von Kleinkindern (welche Kooperationspartner sind wichtig, welche Parks und Spielplätze im Stadtteil sind nutzbar). Der Kurs schließt mit einem Zertifikat, in dem die Inhalte bescheinigt werden. Auch zahlreiche Jungen nutzen den Kurs, um ihre Marktchancen als Babysitter zu verbessern. Bildungstheoretisch würde man dieses Projekt als non- formale Bildung bezeichnen, weil es im Bereich der Freiwilligkeit liegt, aber eine curricular entwickelte Lernsituation darstellt (Zertifikat). Lebensweltlich könnte man dieses Projekt als typisches Projekt einer sozialräumlich orientierten Jugendarbeit interpretieren, das positive Wirkungen für das Gemeinwesen haben kann. Es werden spezielle Kompetenzen vermittelt und die Jugendliche wichtige Frage des Übergangs von der Schule in eine Ausbildung wird angesprochen.

Das Beispiel zeigt die Funktion der Jugendarbeit, an den Themen und Interessen von Jugendlichen anzusetzen und daraus Angebote zu entwickeln, die sich nicht nur auf die Einrichtungen beziehen sondern im Sozialraum wirken. Dieses Handlungsfeld ist typisch für die Gemeinwesenorientierung der OKJA.

Gemeinwesenorientierte Ansätze der OKJA

Die in der OKJA weit verbreitete Kooperation mit Schulen (vgl. Deinet u. a. 2010) ist aus Sicht der GWA ein wichtiger Beitrag zur Öffnung von Schulen ins Gemeinwesen. Die Entwicklung von der Halbtags- zur Ganztagsschule ist dabei sozialräumlich gesehen mit großen Chancen, aber auch Problemen verhaftet: Die Notwendigkeit außerschulische Kooperationspartner mit einzubeziehen (wie etwa im Konzept der Ganztagsschule im Primarbereich) führt zu einer großen Konzentration vorhandener Ressourcen in einem Sozialraum an Schulstandorten. Die aus schulischer Sicht verständliche Suche nach Kooperationspartnern, die auch am Standort der Schule aktiv werden, kann sozialräumlich betrachtet dazu führen, dass diese Ressourcen woanders fehlen. Ressourcen des Stadtteils werden dabei für schulische Zwecke in Anspruch genommen, ohne dass sich in umgekehrter Richtung eine Öffnung der Schulen in den Stadtteil tatsächlich vollzieht. Diese notwendige Öffnung der Schule als Bestandteil sozialer Infrastruktur nicht nur für ihre Schülerinnen und Schüler, sondern auch als bedeutende Institution im Stadtteil wird durch die Kooperation mit der OKJA gefördert. Wenn Schulen ihre „sozialräumliche Verantwortung" verstanden und sich z. B. in Gremien engagieren, ist dies ein wichtiger Beitrag zur Stärkung des Stadtteils. Die Kooperation zwischen OKJA und Schule ist oft ein erster Schritt zu dieser Öffnung.

Wenn sich Kinder- und Jugendeinrichtungen als Stadtteilzentren verstehen, werden sie oft selbst zu Motoren sozialräumlicher Kooperation zwischen verschiedenen Institutionen und bilden oft den Mittelpunkt eines Netzwerkes. Das geht so weit, dass die Fachkräfte selbst Aufgaben eines Quartiersmanagements übernehmen, besonders in solchen Stadtteilen, die nicht im Rahmen des Programms „Soziale Stadt" über ein eigenständiges Quartiersmanagement verfügen. Diese besonders im großstädtischen Bereich anzutreffende konzeptionelle Variante von Einrichtungen der OKJA ist aus GWA-Sicht ein Gewinn, weil die Einrichtungen (es sind meist große Einrichtungen) oft über räumliche, sachliche, fachliche aber auch personale Ressourcen verfügen, die der GWA selbst normalerweise nicht zur Verfügung stehen. Die Ressourcen der Einrichtungen werden nicht nur für Kinder und Jugendliche genutzt, sondern stehen auch anderen Bevölkerungsgruppen zur Verfügung (so finden etwa Stadtteilkonferenzen in den Räumen dieser Einrichtungen statt).

Eine weitere Variante sind Einrichtungen, die stärker zu Kinder-, Jugend- und Familieneinrichtungen werden, intergenerativ arbeiten und Angebote für Familien machen. Vor dem Hintergrund des in manchen Stadtteilen drastisch bemerkbaren demographischen Wandels sind Einrichtungen der OKJA darauf angewiesen auch andere Zielgruppen zu erreichen. Obwohl die Familienorientierung innerhalb des Feldes durchaus kontrovers diskutiert wird (insbesondere vor dem Hintergrund der klassischen Freiraumfunktion der OKJA in der Ablösung von Jugendlichen von ihrem Elternhaus), so ist diese Variante aus Sicht der GWA besonders interessant, weil hier ein neuer Einrichtungstyp entsteht, der noch stärker über die OKJA hinausgeht als die oben skizzierte Stadtteileinrichtung. Die Einbeziehung von Familien- und Elternarbeit ist ein eher vernachlässigter Aspekt, der in Zukunft vermutlich eine größere Rolle spielen wird. Interessant ist in diesem Zusammenhang auch die Entwicklung von neuen Formen von Kombieinrichtungen, z. B. zwischen Tageseinrichtung und OKJA, mit einem breiten Spektrum konzeptioneller Entwicklungen: Zwischen zwei getrennten Einrichtungen, die unter einem Dach funktionieren bis hin zu gemeinsamen Leitungen solcher Einrichtungen und intensiven konzeptionellen Verbindungen.

Gemeinsame Herausforderung für GWA und OKJA: Revitalisierung des öffentlichen Raums

Konflikte zwischen Jugendlichen und Erwachsenen oder zwischen rivalisierenden Gruppen deuten auf Tendenzen hin, die weit über die alleinige Verdrängung Jugendlicher aus dem öffentlichen Raum hinausgehen: Etwa grundsätzliche Veränderungen in der Stadtentwicklung. In vielen deutschen Großstädten lassen sich einander ähnliche Prozesse beobachten, die u. a. auf die zunehmende Privatisierung öffentlicher Räume, die nach ökonomischen Gesichtspunkten geführte Stadtplanung und die damit verbundene Verdrängung bestimmter Gruppen zurück geführt werden können. So kritisiert z. B. Nils Boeing in der TAZ unter dem Titel „Recht auf Stadt“ die neoliberale Stadtentwicklung in Hamburg, auch mit Bezügen auf die Entwicklung in anderen Großstädten. Neoliberale Stadtentwicklung wird u.a. mit Prozessen der Gentrifizierung beschrieben, die grundsätzliche Veränderungen in der Stadtentwicklung herbeiführen. Die damit verbundene Verdrängung von Bewohnern ganzer Stadtviertel, die Kommerzialisierung im Städtewettbewerb gerät zunehmend ins Visier von Gruppierungen, die von diesen Entwicklungen negativ betroffen werden und sich nun zunehmend wehren. Der Autor des Beitrags spricht vom Recht auf Stadt, das sich Bewohner nehmen: „Aber nicht mehr mit dem Top-down-Modell von Stadtentwicklung, sondern in dem sich alle Bewohnerinnen und Bewohner das Recht auf Stadt nehmen, das sich bislang eine Elite aus Politik, Urbanisten und Wirtschaft vorbehält [...]. Anwesenheit und Zugang, Aneignung des Raumes, Differenz, die ‚schöpferischen Überschüsse des Städtischen' – das sind keine Privilegien, sondern grundlegende Rechte, die alle haben. In Hamburg haben viele Menschen begonnen, dieses Recht auf Stadt einzufordern in dem sie sich den urbanen Raum wieder aneignen und für alle produktiv zugänglich machen" (TAZ 18.12.09, S. 12). Unter dem kühnen Titel „Wir machen den Scheiß nicht mehr mit!" wurde im Februar 2010 auf der Internetseite der LAG Soziokultur NRW ein Aufruf veröffentlicht, in dem diese Entwicklung – neben der drastischen Sparpolitik in vielen Kommunen – ebenfalls deutlich angegriffen wird. Dort heißt es: „Die Städte und Metropolen konkurrieren heute darum, zum Ansiedlungsgebiet für Unternehmen – vor allem für die sogenannte „Kreative Klasse" zu werden. Immer mehr geht es darum, ein bestimmtes Bild von Stadt in die Welt zu setzen: das Bild von der „pulsierenden Metropole [...]." Die Verfasser weisen dagegen auf steigende Schwierigkeiten in den Städten hin: „Zunehmende Arbeitslosigkeit und soziale Probleme, schlechte Bildungschancen, steigende Mieten und sinkende Einkommen, verrottete Straßen und abbruchreife Schulgebäude" (www.soziokultur-nrw.de).

Diese Beispiele zeigen die Brisanz einer möglichen Entwicklung: Zum einen gehört der öffentliche Raum besonders als Bereich der informellen Bildung auch in die zu entwickelnde Kooperation OKJA und GWA, seine am Beispiel Hamburg skizzierte Veränderung in Richtung Kommerzialisierung, Privatisierung bis hin zur Verdrängung von Bevölkerungsgruppen schränkt diese Funktion aber zunehmend ein. Kooperation OKJA und GWA – so der Deutsche Verein – sollen auch „[...] zur gesellschaftlichen Teilhabe der Bürger/innen eines Gemeinwesens und zu mehr Chancengerechtigkeit beitragen" (Deutscher Verein 2009, S. 1). Damit ist der öffentliche Raum auch ein öffentlicher Bildungsraum, der nicht kommerzialisiert und funktionalisiert werden darf, sondern der Orte und Räume insbesondere der informellen Bildung zur Verfügung stellt und als Bildungsraum für alle nutzbar sein muss. Insofern ist die Teilhabe am Gemeinwesen u. a. auch durch die Nutzung des öffentlichen Raums zu erreichen.

Der Blick der OKJA auf Jugendliche im öffentlichen Raum

Bevor am Beispiel eines Projekts die Chancen zur Revitalisierung des öffentlichen Raums beleuchtet werden sollen, geht es zunächst darum, den Begriff „öffentlicher Raum“ besonders unter dem Aspekt der jugendlichen Nutzung zu diversifizieren. Unter dem Titel: „Jugendliche in öffentlichen Räumen der Stadt“ (Wüstenrot Stiftung 2003) befassen sich Herlyn, von Seggern, Heinzelmann, Karow in einem von der Wüstenrot Stiftung geförderten Forschungsprojekt mit der Situation Jugendlicher im öffentlichen Raum und den Konsequenzen für die Stadtentwicklung. Die vom Deutschen Verein intendierte Kooperation mit weiteren Partnern sowie der Bezug zu einer integrierten Raumentwicklungsplanung lässt eine Verbindung herstellen zu einer Typisierung öffentlicher Stadträume, so wie sie in dieser Studie formuliert werden.
Die von den Autoren vorgeschlagene Typisierung des öffentlichen Raums würde bezogen auf die Konzipierung von Kooperation OKJA und GWA dazu führen, dass auch Aspekte der Stadtentwicklung und Stadtplanung sowie vorhandene Planungsbereiche wie etwa die Spielplatzplanung in die Entwicklung der Kooperation OKJA und GWA einbezogen werden sollten. Vor dem Hintergrund eines Verständnisses öffentlicher Räume als möglicher Bereiche informeller Bildung würde es darum gehen, diese entsprechend auszustatten und Rahmenbedingungen für vielfältige Bildungsprozesse zu schaffen.

> **„Raumtyp 1: Räume im Wohnumfeld.** Hier werden alle jene Örtlichkeiten subsumiert, die sich im unmittelbaren Wohnumfeld befinden; (z. B. hausnahe Spielplätze, kleinere Grünräume, Straßenräume u. a.). Zum einen sind die potenziellen Nutzer/innen mit diesen Räumen vertraut – zum anderen sind sie untereinander nicht ganz fremd, was relativ starke soziale Kontrolle mit einschließt“ (Wüstenrot Stiftung 2003, S. 22).

Die Einbeziehung dieses Raumtyps in eine Kooperation von OKJA und GWA würde eine intensive Spielraumplanung erfordern, die insbesondere versucht, die hausnahen Spielplätze anregungsorientiert auszustatten, aber auch Jugendlichen hausnahe Treffmöglichkeiten zu bieten und die Umgebungen von Wohnanlagen entsprechend zu gestalten.

> **„Raumtyp 2: Grünbestimmte Freiräume.** Größere Parkanalagen, weiträumige verbindende Grünräume (oft an Flüssen oder Gewässern gelegen) bieten Gelegenheit für raumgreifende Aktivitäten Jugendlicher. Diese Freiräume – insbesondere die innerstädtischen Parkanlagen – sind traditionell stark an den ästhetischen Vorstellungen Erwachsener ausgerichtet“ (ebd.).

Bei diesem Raumtyp könnte es darum gehen, eine möglichst breite Nutzung unterschiedlicher Zielgruppen zu erreichen, so dass vielfältige Kommunikations- und damit auch Bildungsmöglichkeiten entstehen. Anstöße dazu geben Ansätze der Parkbetreuung sowie Versuche, Freiräume so zu gestalten, dass sie z. B. Mädchen kommunikative Möglichkeiten bieten anstatt immer nur männlich dominierte Sportaktivitäten zu fördern. In diesem Bereich gibt es zahlreiche Anregungen und Ansätze, die in die Kooperation von OKJA und GWA einbezogen werden könnten.

> „**Raumtyp 3: Infrastruktureinrichtungen für Jugendliche.** In den Infrastruktureinrichtungen (z. B. Jugendzentren mit zugehörigen Freizeiträumen), die speziell für die Zielgruppen von Jugendlichen vorgesehen sind, bestehen zumeist Angebote und Betreuungen im Rahmen sozialpädagogischer Konzepte" (ebd.).

Der Raumtyp 3 als infrastrukturelle Einrichtungen für Jugendliche hebt die Bedeutung von Jugendeinrichtungen hervor, die eine Verbindung zwischen institutionellen Bildungseinrichtungen und dem öffentlichen Raum darstellen können (s.u.).

> „**Raumtyp 4: (Fußgänger)Straßen:** In der Regel ist eine starke Frequentierung vorhanden, weil sie eine lineare Verbindungsfunktion haben. Die Straßenräume sind ähnlich wie die zentralen Plätze hochgradig verregelt.
>
> **Raumtyp 5: Zentrale Stadtplätze:** Als Mittelpunkte mit Kreuzungsfunktion kann es hier zu besonders starken Durchdringungen der Lebenssphären von Erwachsenen und Jugendlichen kommen. An den Rändern befinden sich in der Regel konsumorientierte Angebote wie Geschäfte, Discotheken, Restaurants oder Cafés" (ebd.).

Die Gestaltung von Fußgängerstraßen sowie die Gestaltung zentraler Stadtplätze ist sicher ein Stadtentwicklungsthema, das über die Anliegen der Konzipierung einer Kooperation OKJA und GWA hinausgeht und auch infrastrukturelle Aspekte sowie Fragen der Mobilität berührt. Dennoch sollten auch die bildungsorientierten Aspekte dieser Orte in die Konzipierung der Kooperation von OKJA und GWA einbezogen werden, stellen doch zentrale Stadtplätze auch zentrale Treffpunkte dar, die oft von unterschiedlichen Gruppen genutzt werden können. Auch der für Jugendliche interessante Übergang zwischen öffentlichen Räumen und Konsumräumen, etwa im Bereich der Shoppingmals, muss hier thematisiert werden.

> „**Raumtyp 6: Brachen:** Orte, die auf Zeit einer offiziellen gesellschaftlichen Nutzung entzogen sind und deshalb prinzipiell die kontrollärmsten öffentlichen Stadträume darstellen. Sie befinden sich zumeist in Privateigentum (Gewerbe, Militär, Bahn, Baulücken) und weisen in der Regel deutliche Spuren ihrer früheren Funktion auf" (Wüstenrot-Stiftung 2003, S. 23).

Dieser Raumtyp birgt den Hinweis auf Flächen, die ungenutzt sind und die möglicherweise auch im Rahmen der Entwicklung von Kooperation von OKJA und GWA neu genutzt werden könnten. Ein besonders positives Beispiel hierzu bietet das Konzept der Mehrfachnutzung der Stadt Wien, bei dem gemeindliche Brachflächen oder zur Bebauung anstehende Flächen zwischenzeitlich genutzt und einer spezifischen Funktion zugeführt werden.

Die hier zitierten Autoren legen mit ihren Studien und Begriffen eine Grundlage für ein breites Verständnis unterschiedlicher Bereiche des öffentlichen Raumes vor, das auch eine interessante Grundlage für deren Interpretation sein kann. Zusammen mit dem Aneignungskonzept können so sehr unterschiedliche Qualitäten öffentlicher Orte und Räume aus Sicht verschiedener Zielgruppen beschrieben werden. Dies schafft eine große Bandbreite für die Interpretation sehr unterschiedlicher Nutzungsweisen und Erfahrungsmöglichkeiten des öffentlichen Raumes.

Beispiel: Kooperationsprojekt zur Revitalisierung des öffentlichen Raums

In einer Stadtteilkonferenz in einer Großstadt in Nordrhein-Westfalen wird immer wieder die problematische Situation Jugendlicher im öffentlichen Raum diskutiert, die sich auf Kinderspielplätzen aufhalten und Konflikte mit erwachsenen Bewohnern des Stadtteils haben. Auch der Schulhof der Ganztagshauptschule wird von den Jugendlichen als informeller Treffpunkt aufgesucht. Die Schließung einer Jugendeinrichtung verschlimmert die Situation, so dass ein Aktionsplan in der Stadtteilkonferenz beschlossen wird. Die zur OKJA gehörende Mobile Jugendarbeit führt Interviews mit Jugendlichen auf Schulhöfen durch, die zusammengetragenen Ideen der Jugendlichen werden an einem runden Tisch präsentiert und dort mit Verwaltung und Politik diskutiert.

Aus der Erkenntnis, dass es zwar Spielplätze für Kinder, aber keine öffentlichen Orte für Jugendliche gibt, entsteht die Idee, einen Treffpunkt mit Jugendlichen planen und zu gestalten. Den besten Kontakt zur Jugendszene hat die Mobile Jugendarbeit. Die Ganztagshauptschule zeigt ebenfalls großes Interesse, weil ein Großteil der betroffenen Jugendlichen dort Schüler sind. Die Schule beschäftigt sich zunehmend mit dem Projekt und baut es schließlich in schulische Bezüge ein. Ein Lehrer der Schule wird direkte Kontaktperson für die Mobile Jugendarbeit. Bei den Planungsprozessen werden die Jugendlichen als Experten ihrer Lebenswelt angesprochen und zusammen mit den zuständigen Ämtern in einen Planungsprozess einbezogen. Methoden wie Begehungen, Modellbau oder eine Zukunftswerkstatt können in der Planungsphase zum Teil direkt in die schulische Arbeit einbezogen werden. Beim Bau und der Gestaltung sind die Jugendlichen ebenfalls sehr aktiv und arbeiten zum Beispiel im Rahmen einer schulischen AG beim Aufbau des Treffs mit. Einige Jugendliche absolvieren über den Bau zusätzlich ihr Praktikum bei der ausführenden Firma. Rückhalt im Stadtteil bekommt das Projekt sehr stark durch die Hauptschule (z. B. auch im Rahmen der Elternarbeit und der direkten Mitwirkung einiger Eltern). Mit der Einführung von Patenschaften soll der Treffpunkt nach der Eröffnung nachhaltig unterstützt werden, auch durch dort stattfindende Veranstaltungen der Schule (z. B. Sommerfeste), die der weiteren Kontaktaufnahme etwa mit den unmittelbaren Anliegern dienen sollen. Aus Sicht der Mobilen Jugendarbeit war die Kooperation mit Schulen ein wichtiger Faktor für den Erfolg des Projekts: „Wichtig war die Zusammenarbeit mit den Schulen, die sich kooperativ zeigten und die Verknüpfung von Praktikumsplätzen gern weiter ausbauen möchten! (Mitarbeiter der Mobilen Jugendarbeit)".

Anhand des Beispiels werden im Folgenden einige Aspekte diskutiert, die sich zunächst auf die Kooperation zwischen der Ganztagsschule und der Mobilen Jugendarbeit beziehen:

- Öffnung von Schule/Sozialraumorientierung: Durch die Mitarbeit der Ganztagsschule in der Stadtteilkonferenz ist ein wesentlicher Schritt zur Öffnung der Schule in den Sozialraum beschritten worden. Die Schule versteht sich auch als Akteur im Sozialraum, die Teilnahme an der Stadtteilkonferenz als dem Gremium, in dem die Themen und Probleme eines Stadtteils bearbeitet werden, ist deshalb entscheidend. Die Schule öffnet sich damit den Themenstellungen, die über den engeren Schulhorizont hinausgehen, dennoch aber oft nachhaltige Wirkung auf das schulische Leben haben. Ein Großteil der Zielgruppe sind auch Schülerinnen und Schüler, deren Freizeitsituation sich indirekt manchmal sogar direkt auf die Schule auswirkt. Aus Sicht der Schule wirkt sich die Verbesserung der Situation der Jugendlichen im öffentlichen Raum auch positiv auf das Schulklima aus.
- Mit der Unterstützung der Gestaltung eines informellen Treffs im öffentlichen Raum fördert die Schule auch informelle Bildungsprozesse und die Bedeutung informeller Räume für ihre Schülerinnen und Schüler (über den Schulhof hinaus!). Bei der Planung und Gestaltung werden die Jugendlichen aktiv einbezogen. Beim Bau werden besonders motorische Kompetenzen gefördert, es geht um die ausführenden Arbeiten am Ort und die Auseinandersetzung mit praktischen und gestalterischen Aspek-

ten. Hierbei stehen motorische, gegenständliche und gestalterische Aneignungsformen im Vordergrund.

- Strukturen einer Kooperation: Ein gemeinsames Projekt kann nur entstehen, wenn Kooperationsstrukturen geschaffen werden, also etwa ein fester Ansprechpartner an der Schule für die Mobile Jugendarbeit sowie die Einbeziehung der Projektarbeit in schulische und sogar unterrichtliche Kontexte. Für die Entwicklung einer Kooperation ist es sehr günstig, wenn beide Partner nicht nur Ressourcen einbringen, sondern auch Vorteile aus der Kooperation ziehen können. Konkrete Faktoren wie die Bereitstellung von Praktikumsplätzen gehören ebenfalls dazu (s. o).

- Mit der Anerkennung und Förderung außerschulischer Bildungsorte öffnet sich die Schule nicht nur in den Sozialraum, sondern verbreitert durch ihr Engagement auch ihre zivilgesellschaftliche Basis, in dem sie selbst zu einem Akteur im Sozialraum wird und von den Kooperationspartnern auch so wahrgenommen wird. Notwendig dazu sind aber auch Institutionen und Personen, die eine Scharnierfunktion übernehmen, etwa wie die Mobile Jugendarbeit im Beispiel oder die Schulsozialarbeit, die oft solche Funktionen übernimmt. Die Stadtteilkonferenz bietet dafür den kommunalpolitischen Rahmen.

Das Beispiel zeigt, wie eine sozialräumlich orientierte Jugendarbeit – in diesem Fall die Mobile Jugendarbeit – nicht nur ein gelungenes Kooperationsprojekt mit einer Schule realisiert, sondern eine gemeinwesenorientierte Funktion übernimmt, indem sie einen Beitrag zur Revitalisierung des öffentlichen Raums leistet. Dies hätte auch eine GWA übernehmen können, die in dem Stadtteil im Beispiel aber nicht existiert, dafür übernimmt die Stadtteilkonferenz die sozialräumliche Grundlage für das gemeinsame Handeln der Institutionen.

Sozialraumarbeit – eine gemeinsame Aufgabe für Jugend- und Gemeinwesenarbeit

Die Schnittmengen zwischen GWA und einer sozialräumlich orientierten Jugendarbeit werden größer: Vor dem Hintergrund des demographischen Wandels und der Notwendigkeit zur sozialräumlichen und konzeptionellen Differenzierung der Offenen Jugendarbeit wird diese gerade in Großstadtbezirken neben ihrer klassischen Zielgruppenorientierung einen Gemeinwesen orientierten Ansatz entwickeln müssen. Dieser resultiert zum einen aus dem sogenannten sozialräumlichen Blick, d. h. aus dem Selbstverständnis der Jugendarbeit, die ihre Konzepte aus den sich verändernden Lebenslagen und den sozialräumlichen Bezügen entwickelt und deshalb an allen Entwicklungen im Gemeinwesen interessiert sein muss. Es reicht heute nicht mehr aus, den öffentlichen Raum nur aus dem Blickwinkel von Kindern und Jugendlichen zu betrachten, vielmehr spielen auch etwa Senioren eine große Rolle. Idealerweise arbeiten sozialräumlich orientierte Jugendarbeit und GWA zusammen, besonders wenn die GWA als Sozialraumkoordinierung eine bedeutende Funktion für die Entwicklung des Gemeinwesens übernimmt, mit der die Jugendarbeit alleine völlig überfordert wäre.

Die Beispiele zeigen, welche Parallelen, aber auch Unterschiede es zwischen einer sozialräumlich orientierten Jugendarbeit und einer Gemeinwesenarbeit geben kann. Beide Bereiche haben wichtige Funktionen in der Entwicklung eines Gemeinwesens und sind von daher auch aufeinander angewiesen. Eine Vermischung ist in der Praxis überall zu finden. Dort, wo es in Stadtteilen mit besonderen Problembedarfen keine Gemeinwesenarbeit gibt, übernimmt die Offene Kinder- und Jugendarbeit oft auch eine Gemeinwesenfunktion. Andererseits initiiert die GWA ihrerseits oft Projekte der Kinder- und Jugendarbeit in benachteiligten Stadtteilen, in denen es keine spezifischen Jugendeinrichtungen gibt.

Reutlinger und Wigger (Reutlinger/Wigger 2008) formulieren Dimensionen einer Sozialraumarbeit, die im Folgenden auf die Offene Jugendarbeit und GWA bezogen werden sollen. Im Sinne einer übergreifenden „Sozialraumarbeit" bestünde der normative Anspruch an die Kinder- und Jugendarbeit, in drei Ebenen sozialräumlich aktiv gestaltend tätig zu sein. Reutlinger und Wigger unterscheiden drei Zugänge, die auch als Ebenen bezeichnet werden können, auf denen sich sozialräumliches Arbeiten vollzieht (Reutlinger/Wigger 2008, S. 344). Diese drei Ebenen sollen im Folgenden dazu dienen, die Handlungsebene der Fachkräfte in den Blick zu nehmen und zu fragen, ob die Studien zur Offenen Jugendarbeit Ergebnisse zeigen, die sich den Ebenen zuordnen lassen und welche normativen Ansprüche dazu bestehen. Mit dem Focus auf die Offene Kinder- und Jugendarbeit wir die von Reutlinger/Wigger vorgenommene Reihenfolge verändert und im Folgenden vorgestellt, beginnend mit Zugang B, der sich hier auf „Sozialraumarbeit als Arbeit an Strukturen" konzentriert. Es folgt Zugang A, hier „Sozialraumarbeit als Gestaltung von Orten" genannt, gefolgt von der dritten Ebene, in Anlehnung an Spatscheck (2010) „Sozialraumarbeit als pädagogische Arbeit" bezeichnet.

Sozialraumarbeit als Arbeit an Strukturen (Kooperation und Vernetzung)

Auf der Ebene einer Sozialraumarbeit als Arbeit an Strukturen wären eine sozialräumlich orientierte Jugendarbeit und eine GWA ideale Partner. Dies zeigt sich insbesondere in solchen Stadtteilen, wo der eine oder der andere Partner fehlt: Wenn GWA auch sozialräumliche Projekte der Jugendarbeit initiiert und umgekehrt eine sozialräumlich orientierte Jugendarbeit auch Bereiche der GWA abdeckt und die Funktion eines Motors für Kooperation und Vernetzung übernimmt. So haben inzwischen in einigen Städten in Nordrhein-Westfalen die früheren Jugendpfleger/innen auch die Funktion einer Sozialraumkoordination übernommen und die Einrichtungen der Offenen Kinder- und Jugendarbeit bilden häufig die Zentralen von Netzwerken, die wie in der GWA üblich von einem örtlichen Träger aus vorangetrieben werden.

Eine klassische, immer noch an Komm-Strukturen orientierte Kinder- und Jugendarbeit kann kein Partner einer Sozialraumarbeit im Sinne von Kooperation und Vernetzung sein und es muss in Zukunft darum gehen, solche Einrichtungen für die Bedarfe des Stadtteils zu öffnen. In den Kooperationsprozessen übernimmt die sozialraumorientierte Jugendarbeit eine Scharnierfunktion zwischen der Welt der Erwachsenen und der der Jugendlichen. Sie sieht sich selbst als Mediator zwischen den unterschiedlichen Interessenlagen von Kindern, Jugendlichen und Erwachsenen, übernimmt aber ein jugendpolitisches Mandat zur Vertretung der Interessen von Kindern und Jugendlichen; auch gegenüber den Interessen anderer Gruppen, die zum Teil sehr dominant auftreten und vor dem Hintergrund des demographischen Wandels in Zukunft ihre Interessen noch deutlicher vertreten werden. Interessenwidersprüche zwischen GWA und sozialraumorientierter Jugendarbeit sind in diesem Zusammenhang durchaus möglich, basierend auf den unterschiedlichen professionellen Profilen, aber auch händelbar und miteinander in Einklang zu bringen.

Sozialraumarbeit als Gestaltung von Orten

Auf der Ebene der Gestaltung von Orten geht es zunächst um die Jugendarbeit selbst, d. h. die Gestaltung der Einrichtungen. In deren Gestaltung spiegeln sich auch die Strukturmerkmale und pädagogische Prinzipien der Offenen Arbeit wieder. Besonders der sogenannte „Offene Bereich" einer Einrichtung (Eingangsbereich, Café, Spielbereich usw.) ist durch das Prinzip der „Freiwilligkeit" gekennzeichnet, in dem sich Kinder und Jugendliche jederzeit aus der Einrichtung zurückziehen können. Der traditionelle Begriff für Jugendeinrichtungen als „Offene Tür" versinnbildlicht diesen konzeptionellen Kern. Die offenen Bereiche bilden durch ihre freie Zugänglichkeit damit auch Teile des öffentlichen Raumes für Kinder und Jugendliche und bilden in den Einrichtungen einen Übergang zwischen der allgemeinen Öffentlichkeit und den spezifischen Räumen der Jugendarbeit (z. B. den Werkräumen oder den Räumen, in denen spezielle Projekte durchgeführt werden).

Sozialraumarbeit als Gestaltung von Orten kann auch bedeuten, dass die Kinder- und Jugendeinrichtungen für ein Gemeinwesen wichtige Funktionen übernehmen und sich dies auch in ihrer architektonischen Gestaltung, insbesondere des Offenen Bereiches widerspiegelt. Elterncafés, Angebote für Senioren, intergenerative Ansätze geben den Einrichtungen über ihre klassische Funktion hinaus neue Profile in Gemeinwesen, die auf eine starke Infrastruktur angewiesen sind. Die an vielen Stellen vollzogene Öffnung im Hinblick auf andere Altersstufen, Angebotsformen etc. bis hin zu Mehrgenerationenhäusern zeigt, wie die Infrastruktur der Offenen Kinder- und Jugendarbeit in ein Gemeinwesen eingebracht werden kann.

Sozialraumarbeit als die Gestaltung der pädagogischen Arbeit

In der Gestaltung der pädagogischen Arbeit verstehen sich sozialraumorientierte Jugendarbeiter/innen immer auch als Bestandteil ihres Sozialraumes und wirken über die Einrichtung hinaus. Dazu gehören heute etwa kontinuierliche Angebote außerhalb der Einrichtungen im öffentlichen Raum (etwa auf Spielplätzen, Schulhöfen etc.). Solche herausreichenden Angebote beziehen sich auf die Unterstützung von Aneignungsprozessen von Jugendlichen im öffentlichen Raum, die durchaus auch im Widerspruch zu den Interessen von Erwachsenen und anderen Zielgruppen stehen können. Die Übernahme mobiler Arbeitsformen schafft eine Präsenz im Sozialraum/Gemeinwesen, die aus Sicht der GWA positiv zu bewerten ist. So können die entstehenden Konflikte z. B. in der Nutzung von Treffs im öffentlichen Raum durch unterschiedliche Zielgruppen auch dazu genutzt werden, aktivierende Methoden (etwa Befragungen, Begehungen etc.) einzusetzen, um die unterschiedlichen Interessenlagen der einzelnen Zielgruppen deutlich zu machen – diese können dann in einem Mediationsprozess zwischen GWA und Jugendarbeit so wie anderen beteiligten Institutionen (z. B. Schule) bearbeitet werden.

Literatur

Boeing, Nils (2009): Recht auf Stadt, in: „Die Tageszeitung“ vom 18.12.2009, S. 12

Deinet, Ulrich (1992): Das Konzept „Aneignung“ im Jugendhaus. Neue Impulse für die offene Kinder- und Jugendarbeit, Opladen

Deinet, Ulrich (Hrsg.) (2009): Sozialräumliche Jugendarbeit. Grundlagen, Methoden, Praxiskonzepte, 3. überarbeitete Aufl., Wiesbaden

Deinet, Ulrich/Krisch, Richard (2002): Der sozialräumliche Blick der Jugendarbeit: Methoden und Bausteine zur Konzeptentwicklung und Qualifizierung, Opladen: Leske und Budrich

Deinet, Ulrich (Hrsg.) (2009): Methodenbuch Sozialraum, Wiesbaden, VS

Deinet, Ulrich/Okroy, Heike/Dodt, Georg/Wüsthof, Angela (Hrsg.) (2009): Betreten erlaubt! Projekte gegen die Verdrängung Jugendlicher aus dem öffentlichen Raum. Soziale Arbeit und sozialer Raum Bd. I. Opladen/ Farmington Hills: Verlag Barbara Budrich

Deinet, Ulrich/Icking, Maria/Leifheit, Elisabeth/Dummann, Jörn (2010): „Jugendarbeit zeigt Profil in der Kooperation mit Schule“, in der Reihe „Soziale Arbeit und Sozialer Raum“ (Hrsg. Ulrich Deinet) Bd. 2, Barbara Budrich

Galuske, Michael (2007): Methoden der sozialen Arbeit. Eine Einführung. Juventa Verlag, Weinheim

Hinte, Wolfgang/ Lüttringhaus, Maria/ Oelschlegel, Dieter (2001): „Grundlagen und Standarts der Gemeinwesenarbeit. Ein Reader für Studium, Lehre und Praxis“, Münster

Krisch, Richard (2009): Sozialräumliche Methodik der Jugendarbeit. Aktivierende Zugänge und praxisleitende Verfahren, Weinhein

Reutlinger, Christin/Wigger, Annegret (2008): Von der Sozialraumorientierung zur Sozialraumarbeit. Eine Entwicklungsperspektive für die Sozialpädagogik?, in: Zeitschrift für Sozialpädagogik, 6. Jahrgang, 2008, Heft 4, S. 340-370

Schmidt, Holger (Hrsg.) (2011): Empirie der Offenen Kinder- und Jugendarbeit, Wiesbaden

Spatscheck, Christian (2010): Kinder- und Jugendarbeit im sozialen Raum: Über die Vernetzung und Gestaltung sozialer Nahräume. In: Soziale Arbeit (DZI), 2/2010, S. 64-70

Wüstenrot Stiftung (2003): Herlyn, Ulfert/Seggern, Hille von/Heinzelmann, Claudis/Karow,Daniela: „Jugendliche in öffentlichen Räumen der Stadt Chancen und Restriktionen der Raumaneignung“, Opladen

Internetquellen:

Deutscher Verein für öffentliche und private Fürsorge e.V. (2009): Empfehlungen des Deutschen Vereins zur Weiterentwicklung Kommunaler Bildungslandschaften. www.deutscher-verein.de/05-empfehlungen/ empfehlungen_archiv/2009/pdf/DV%2019-09.pdf (Zugriff 14. Oktober 2012)

Landesarbeitsgemeinschaft Soziokultureller Zentren NW e.V. (2010): Wir machen den Scheiß nicht mehr mit!,

www.soziokultur-nrw.de/?id=1266247931 (Zugriff 14. Oktober 2012)

www.betreten-erlaubt.de

www.sozialraum.de

Ulrich Deinet

Sozialräumliche Kooperation zwischen Offener Kinder- und Jugendarbeit und Erziehungshilfe[11]

Sozialraumorientierung als Herausforderung für Jugendarbeit und Hilfen zur Erziehung

In der deutschen Jugendhilfe findet ein Paradigmenwechsel hin zu einer Sozialraumorientierung statt, der in den verschiedenen Feldern sehr unterschiedlich diskutiert wird. Dass diese Diskussion keine allein theoretische ist, kann man an zahlreichen Organisationsentwicklungsprozessen in Jugendämtern beobachten, die z. B. ihre sozialen Dienste regionalisieren, Sozialraumteams bilden, bis hin zur Einstellung von Quartiersmanagern mit dem Auftrag, die Ressourcen in einem Quartier zu bündeln und neue Formen der sozialen Arbeit zu entwickeln (im Programm „Soziale Stadt“). Bei dieser Umorientierung spielt die Jugendhilfeplanung als Querschnittsaufgabe eine entscheidende Rolle. Viele Kommunen haben die Definition von Sozialräumen als Planungsräume abgeschlossen und können heute sozialraumbezogene strukturelle Daten zur Verfügung stellen, die in die Planungsverfahren einfließen – auch über die Jugendhilfe hinaus, etwa bei der Planung der Offenen Ganztagsgrundschule in NRW. Grundlage für die Entwicklung des sozialräumlichen Planungsinstrumentariums ist eine Sozialraumanalyse, die intensiv diskutiert wird und zu der zahlreiche Veröffentlichungen vorliegen.

Ein wichtiger Aspekt der Sozialraumorientierung ist die Verknüpfung mit bestimmten Finanzierungsformen. In der Praxis wird etwa die Festlegung von sogenannten Sozialraumbudgets für bestimmte Stadtteile noch diskutiert und ist noch nicht weit verbreitet. Parallel dazu ist die sozialräumliche Entwicklung und Veränderung der Organisationen teilweise schon weit fortgeschritten, bis hin zur Bildung von Sozialraumteams, d. h. der Dezentralisierung von Dienstleistungen und der Regionalisierung der Hilfen zur Erziehung. Dazu gehört die Bildung von Jugendhilfezentren als kleine Einheiten, die stadtteil- und bürgernah Leistungen der Jugendhilfe anbieten. Eine weite-

11 Überarbeitete Fassung des Beitrags: Deinet, Ulrich (2006): Sozialräumliche Kooperation zwischen Offener Kinder- und Jugendarbeit und Erziehungshilfe, in der Zeitschrift „deutsche jugend“, Heft 12/2006, Juventa-Verlag, Weinheim, München S. 519-527.

re Wurzel für die gegenwärtige Sozialraumdebatte ist die Stadtentwicklung und insbesondere das damit verbundene Bund-Länder-Programm „Soziale Stadt". Hier geht es darum, Sozialräume und Quartiere als Lebensräume zu stärken sowie Stadtentwicklung und soziale Arbeit zu verschränken. Im Fokus stehen „Stadtteile mit besonderem Erneuerungsbedarf" und strukturschwache ländliche Regionen. Ziel der Projekte ist es, die Maßnahmen des Kinder- und Jugendplanes des Bundes zusammenzufassen und die Arbeit im Rahmen der Kinder- und Jugendhilfe in diesen Sozialräumen zu qualifizieren und weiterzuentwickeln.

In zahlreichen großen Kommunen, aber auch in Landkreisen wurde eine Diskussion bzw. Entwicklung zu einer verbesserten Kooperation der Hilfen zur Erziehung und der Kinder- und Jugendarbeit begonnen. Auf dem Hintergrund einer sozialräumlichen Orientierung werden die Hilfen zur Erziehung zum Teil regional organisiert, so dass eine engere Zusammenarbeit mit den in der Regel stadtteilbezogenen Einrichtungen der Offenen Kinder- und Jugendarbeit erfolgen kann. Diese Kooperation ist für die Kinder- und Jugendarbeit deshalb von Bedeutung, weil die Hilfen zur Erziehung nach dem Kindertagesstätten- und Hortbereich das größte Feld der Jugendhilfe sind, insbesondere was die Kosten angeht. Strukturveränderungen bei den Hilfen zur Erziehung haben Auswirkungen auf andere Felder, das „spüren" z.B. auch Jugendarbeiter/innen, die nach einer Organisationsentwicklung z.B. in Sozialraumteams mit Kolleg/innen aus dem Feld zusammenarbeiten.

Innerhalb der Hilfen zur Erziehung gibt es eine komplexe Diskussion über die Umstrukturierung von einer stark spezialisierten Fallorientierung hin zu sozialräumlicher Arbeit. Unter dem Stichwort „vom Fall zum Feld" (Hinte 1999) werden Zusammenhänge zwischen Fallaufkommen und Bedingungen des soziales Umfeldes intensiv diskutiert. Diese Aspekte werden nun mit den Ansätzen der modernen Organisationsentwicklung der öffentlichen Verwaltung vermischt, z. B. mit dem wichtigen Element der Budgetierung. Dazu kommt die Neuorganisation von Jugendämtern und Trägern im Rahmen der „Neuen Steuerung": Die Auflösung zentraler Einheiten, etwa des zentralen „Allgemeinen Sozialen Dienstes" zugunsten sozialraumorientierter dezentraler Einheiten. Ausschreibungen von Jugendhilfeleistungen, Kontraktmanagement, Zielvereinbarungen, Produktbeschreibungen sind weitere Elemente in diesem Zusammenhang.

Auf der Grundlage einer sozialräumlichen Entwicklung kann es Schnittmengen zwischen Offener Kinder- und Jugendarbeit und den Hilfen zu Erziehung geben. Eine besondere Dynamik erhält das Thema der Zusammenarbeit zwischen den beiden Feldern durch das Kinder- und Jugendhilfeweiterentwicklungsgesetz (KICK). In diesem Zusammenhang wurde der Schutzauftrag des Jugendamtes eindeutiger gefasst und am 1.10.2005 trat eine

Veränderung des SGB VIII in Kraft, mit der das Jugendamt verpflichtet wird, beim Vorliegen gewichtiger Anhaltspunkte für eine Kindeswohlgefährdung zu einer konkreten Einschätzung des Gefährdungsrisikos im Zusammenwirken mehrerer Fachkräfte und zur Auswahl der notwendigen Maßnahmen zu kommen. Insbesondere mit dem § 8 a Abs. 2 SGBVIII werden Mitarbeiter/innen von Trägern und Einrichtungen verpflichtet, zu einer verstärkten Vermeidung von Kindeswohlgefährdung beizutragen – damit sind die einzelnen Bereiche der Jugendhilfe aufgefordert, noch stärker zusammenzuarbeiten. Einzelne Kommunen wie Hamburg haben Konzepte entwickelt („Hamburg schützt seine Kinder"), in denen auch die Kinder- und Jugendarbeit verpflichtet wird, Anzeichen von Kindeswohlgefährdung zu melden und entsprechende Maßnahmen mitzugestalten. Obwohl die Änderung des § 8 a weit über die Kooperation zwischen Jugendarbeit und Hilfen zur Erziehung hinausgeht und alle Bereiche der Jugendhilfe einbezieht, werden die unterschiedlichen fachlichen Paradigmen (s.u.) gerade an diesem Thema sehr deutlich. So befürchten Vertreter der Jugendarbeit die Einrichtung eines Meldewesens, das der für die Jugendarbeit typischen Vertrauensbasis zwischen Jugendlichen und Fachkräften völlig widerspricht.

Auf dem Hintergrund dieser Kontroverse soll im Folgenden eine sozialräumlich orientierte Zusammenarbeit zwischen den Hilfen zur Erziehung und der Offenen Kinder- und Jugendarbeit ausgelotet werden. Dabei werden zunächst die völlig unabhängig voneinander verlaufenen Entwicklungen im Rahmen einer Sozialraumorientierung diskutiert, die tatsächlich in den unterschiedlichen Bereichen der Jugendhilfe ihre je eigene Interpretationen sowie ihre fachlichen Diskurse und Fachbegriffe finden.

Die fallunspezifische Arbeit der Hilfen zur Erziehung als Brücke zur Kinder- und Jugendarbeit

Die sozialräumliche Orientierung der Hilfen zur Erziehung findet den zentralen Ausdruck in dem Paradigma „vom Fall zum Feld" (Wolfgang Hinte). Damit sollen die Ressourcen im Sozialraum gestärkt und genutzt werden, um über die klassische Fallarbeit hinaus präventiv zu wirken (und sozialräumliche Ressourcen in die Fallarbeit einbeziehen zu können). Dafür steht auch der Begriff „fallunspezifische Arbeit" im Gegensatz zur fallspezifischen Arbeit. Man könnte fallunspezifische auch als sozialräumliche Arbeit auffassen, in der es darum geht, Ressourcen im Sozialraum zu erkennen, Kooperationspartner zu finden, um insgesamt präventiv zu wirken und die klassischen

Interventionstechniken durch eine viel intensivere Einbeziehung der Klienten (ein wichtiges Stichwort ist der Wille der Klienten) zu stärken. Unter fallbezogener Ressourcenmobilisierung versteht Hinte „Aktivitäten, die zwar vom bezuschussten Symptomträger ausgehen, jedoch sich darüber hinaus darauf richten, außerhalb des identifizierten Falles für ihn nutzbare Ressourcen zu mobilisieren. Dabei handelt es sich in der Regel um Netzwerke, in die der betroffene Mensch oder die Familie eingebunden ist, aber es kann auch die gezielte Bündelung von (materiellen oder strukturellen) Ressourcen außerhalb des engen Milieus der Adressaten gehen“ (Hinte 1999, S. 84).

Fallunspezifische Arbeit geht noch weiter vom Einzelfall weg: „In diesem Segment erschließt sich die Fachkraft Kenntnisse in einem sozialen Raum, ohne schon darauf gerichtet zu sein, diese Ressourcen für einen bestimmten Fall abzurufen“ (Hinte ebd.). Frank Früchtel argumentiert, dass Ressourcen für die Fallarbeit im Sozialraum nur dann genutzt werden, wenn man sie kennt oder vielleicht sogar vorher aufgebaut hat: „Das kann sicherlich nicht erst dann geschehen, wenn ein Fall vor der Tür steht. Solche Ressourcen müssen dann quasi schon auf Lager liegen; und um ein solches Ressourcenlager anzulegen, lässt sich ein Ansatz gut verwenden, den Wolfgang Hinte fallunspezifische Arbeit genannt hat“ (Früchtel 2006, S. 2). Diese Betrachtungsweise erfordert von den bisher fallspezifisch orientierten Fachkräften der Hilfen zur Erziehung ein Umdenken (vom Fall zum Feld), in dem Lebenswelten und Sozialräume der Klienten viel stärker wahrgenommen werden und Ressourcen in diesen Bereichen für die Fallbearbeitung nutzbar gemacht werden sollen. Früchtel betont, dass sozialräumliche Ressourcen nicht nur entdeckt, sondern auch gepflegt werden müssen und er macht dazu verschiedene Vorschläge, z. B. das Networking, das darauf abzielt, „die soziale Infrastruktur des Stadtteils zu kennen, wissen, was wo geboten wird, wer mit welchen Schwerpunkten, Zielgruppen, Aktionen und Ausstattungen arbeitet“ (Früchtel, a.a.O., S. 4).

Über die Analyse vorhandener Ressourcen und Möglichkeiten hinaus muss sich die die fallunspezifisch arbeitende Fachkraft auch aktiv an der Stärkung des Sozialraums beteiligen, Früchtel nennt dies: „Einklinken in Gruppen“. Dieser Aspekt erscheint besonders wichtig, weil es eben nicht nur darum geht, vorhandene Ressourcen fallspezifisch „abzuernten“, sondern Ressourcen im Sozialraum zu stärken und darüber hinaus sogar Projekte auf den Weg zu bringen. Im Grunde ist die fallunspezifische Arbeit keine methodische Technik, sondern eine Haltung, die ähnlich wie im Empowerment als Arbeitsprinzip die Arbeit mit den Klienten durchzieht, wenn Früchtel etwa fragt: „Was hindert uns eigentlich daran, fünf Minuten jedes fallspezifischen Konzeptes für Fragen zu reservieren, die den Stadtteil betreffen. Oftmals sind Klienten die kompetentesten Experten für ihren sozialen Raum und so werden sie auch als solche anerkannt“ (Früchtel, a.a.O., S. 4). Auf der Grundlage dieser neuen Orientierung kann die Offene Kinder- und Jugendarbeit ein interessanter Partner für die Hilfen zur Erziehung werden.

Chancen einer sozialräumlich orientierten Kinder- und Jugendarbeit in Bezug auf die Kooperation mit den Hilfen zur Erziehung

Kaum ein Arbeitsbereich der Jugendhilfe hat einen stärker lebenswelt- und sozialräumlich orientierten Blick als die Kinder- und Jugendarbeit. Der Ansatz einer sozialräumlichen Jugendarbeit betrachtet Kinder und Jugendliche in ihrem Aneignungsverhalten, hat engen Kontakt zu ihren Lebenswelten (insbesondere im öffentlichen Raum) und versucht, aus einer Analyse dieser Bedingungen konkrete Angebote zu entwickeln. Eine sozialraumorientierte Kinder- und Jugendarbeit hat die Einrichtungszentriertheit, d. h. die reine Orientierung an den Besucher/innen überwunden und orientiert sich potenziell an allen Kindern und Jugendlichen in einem Sozialraum. Damit ist sie ein interessanter Kooperationspartner, weil sich für die Hilfen zur Erziehung ebenfalls Einblicke in Lebenswelten und Sozialräume ergeben können.

Mit Hilfe unterschiedlicher Methoden insbesondere im qualitativen Bereich ist eine sozialräumlich orientierte Kinder- und Jugendarbeit in der Lage, Aussagen über die Lebenslagen von Kindern und Jugendlichen zu machen, die weit über ihre klassische Funktion als Freizeit- und Betreuungsinstitution hinausgehen. Die Methoden einer Sozialraum-/Lebensweltanalyse sind für die Hilfen zur Erziehung ebenfalls sehr interessant, weil sie helfen, vom “Fall zum Feld” zu gelangen, d. h. über die (meist von der Jugendhilfeplanung) zur Verfügung gestellten quantitativen Daten (Bevölkerungsentwicklung, Sozialstruktur etc.) hinaus qualitative Einblicke in die Lebenslagen einzelner Zielgruppen zu erhalten.

Mit ihrem Repertoire qualitativer Methoden verfügt eine sozialräumlich orientierte Kinder- und Jugendarbeit über ein Wissen und eine Perspektive, die weit über Besucher/innen von Einrichtungen hinausgeht. Unter dem Stichwort der sozialräumlichen Konzeptentwicklung werden in der Praxis zahlreiche Projekte durchgeführt, die darauf ausgerichtet sind, aus einer qualitativen Analyse von Sozialräumen und Lebenswelten Ziele für die Arbeit zu formulieren und Konzepte weiter zu entwickeln. Dieser Prozess ist stark orientiert am öffentlichen Raum sowie an unterschiedlichen Szenen/Gruppierungen von Kindern und Jugendlichen, die oft nicht Besucher/innen von Einrichtungen sind, sondern als potenzielle Zielgruppen gesehen werden. Ergebnisse solcher Maßnahmen können konzeptionelle Differenzierungen sein, d. h. Schwerpunktbildungen, die versuchen, auf ermittelte Bedarfe einzugehen. Beispiele für Methoden einer Lebensweltanalyse sind:

- *Stadtteilbegehung mit Kindern und Jugendlichen*
- *Nadelmethode*
- *Cliquenraster*
- *Institutionenbefragung, strukturierte Stadtteilbegehung*
- *Autofotografie*
- *Subjektive Landkarten*
- *Zeitbudgets (vgl. Deinet 2009, Krisch 2009)*

Beispiel aus der Praxis

In einem Stadtteil werden im Rahmen einer sozialräumlichen Konzeptentwicklung unterschiedliche Methoden zur Sozialraumanalyse mit Kindern durchgeführt. Bei einer dieser Methoden handelt es sich um Autofotografie, bei der Kindergruppen motiviert und angeleitet werden, mit Einwegkameras wichtige Eindrücke aus ihrer Lebenswelt festzuhalten. In einer Kooperation mit einer Grundschule wurden die Fotos ausgewertet. Neben der typisch kindlichen Sichtweise des eigenen Sozialraums wurden dabei auch Problembereiche deutlich, die vorher unbekannt waren. So gab es immer wieder Fotos aus dem Bereich einer Grundschule, die mit einer Schule für Körperbehinderte sehr dicht zusammenliegt. Typisch für die dortigen Fotografien war die Unterschrift "Hier hat mir mal ein Behinderter hinterher geschrien“. Weitere ähnliche Aussagen machten deutlich, dass viele Kinder Ängste im Kontakt mit körperbehinderten Kindern haben und diese sich in einem bestimmten Bereich des Stadtteils ausdrückten. Dieser Angstraum war weder den Lehrerkollegen noch der Jugendarbeit vorher bekannt und führte in der Auswertung zur Planung eines gemeinsamen Projektes, um Ängste bei den Kindern abzubauen und Kontakte herzustellen etc.

Bei fast allen Settings sind – analog zu qualitativen Methoden der Sozialwissenschaft – Gruppendiskussionen mit Kindern und Jugendlichen vorgesehen, die als Datenquellen genutzt werden und helfen sollen, ihre spezifischen Einschätzungen besser zu verstehen.

Gerade unter dem Aspekt der oben dargestellten sozialräumlichen Methoden erscheint eine verbesserte Zusammenarbeit zwischen der Offenen Kinder- und Jugendarbeit und den Hilfen zur Erziehung trotz unterschiedlicher Mandate sinnvoll. Koch/Lenz, die das Modellprojekt „INTEGRA“ wissenschaftlich begleitet haben, sehen hier große Chancen einer Kooperation, schätzen aber die Möglichkeiten einer Zusammenarbeit auch sehr realistisch ein: „Diese Methoden sickern aber erst allmählich in das Alltagsfeld der ambulanten Erziehungshilfen ein, die sich sozialräumlich ausrichten wollen. Aber damit das Wissen und die Anregungsgehalte zwischen Erziehungshilfen und offener Kinder- und Jugendarbeit fruchtbar werden können, bedarf es gemeinsamer Arbeitsperspektiven, Orte und Freiräume. Die gemeinsame Arbeit von Kolleg/innen aus den Hilfen zur Erziehung, der offenen Jugendarbeit, den Beratungsdiensten, den Tagesstätten und Kindergärten, den Schulen und des ASDs in regionalen Sozialraumgremien statt in separierten Facharbeitskreisen sollte den organisatorischen Rahmen bilden. Gemeinsame regional bezogene Fort- und Weiterbildungen zu sozialräumlichen Erkundungsverfahren von Mitarbeiter/innen aus den Erziehungshilfen und der offenen Kinder- und Jugendarbeit können ergänzend hinzutreten“ (Koch/Lenz 2006, S. 336 f.)

Peter Pantucek fordert auch für die Erziehungshilfen eine „Deutungskompetenz“: „Ohne Zweifel hat das ‚Verstehen‘ einen großen Stellenwert für erfolgreiche Arbeit in der Lebenswelt der Klient/innen sozialer Arbeit“ (Pantucek 1998, S. 96). Damit könnte eine Kooperation zwischen einer sozialräumlich orientierten Kinder- und Jugendarbeit mit ihrem „sozialräumlichen Blick“ aus Sicht der Hilfen zur Erziehung als Chance genutzt werden, die eigenen Kompetenzen zu erhöhen, die Pantucek als hermeneutische Kompetenz beschreibt: “... das Bemühen um die Rekonstruktion von Bedeutungen, um den Anschluss an die Welt, die Weltsicht, das Alltagsverständnis der Klient/innen finden zu können“ (ebd.).

Herausforderungen für eine Kooperation

Informationsweitergabe beachten und geschützte Schnittstellen entwickeln

Die hier beschriebenen methodischen Ansätze dienen ausschließlich dazu, der Jugendarbeit ein breiteres Wissen über die sozialräumlichen Qualitäten des Umfeldes zu erschließen und damit die Grundlagen der eigenen Arbeit zu erweitern. Die Kompetenz der Jugendarbeit, differenzierte Beschreibungen und Aussagen über Handlungsformen, Nutzung von öffentlichen Räumen etc. zu leisten, schafft aber auch Wissensbestände, die sich gegen Jugendliche richten könnten. Es besteht daher die Gefahr, „Herrschaftswissen“ bereitzustellen. Bei Veröffentlichungen oder Präsentationen, die eine positive Öffentlichkeit für die Lebenssituation von Kindern und Jugendlichen schaffen können, muss daher immer die Frage nach der Grenze der Informationsweitergabe handlungsleitend sein.

Schon jetzt erscheint dieses Wissen als sehr sensibles Material in Bezug auf Weitergabe, denn es wird mit einem meist subjektiven Blick der Adressat/innen auf der Grundlage einer Vertrauensebene innerhalb der Kinder- und Jugendarbeit erworben (vgl. Krisch 2006). Ein Beispiel dazu ist die Methode der subjektiven Landkarten, in denen Kinder und Jugendliche auch Angsträume einzeichnen können. Diese werden dann in Kleingruppen oder in Einzelgesprächen interpretiert, so dass hier durchaus Gefahrenpotenziale erscheinen können, die vorher unbekannt waren. Nur in einem abgestimmten und gesicherten Verfahren können solche Informationen auch an die Hilfen zur Erziehung weiter gegeben werden.

Offene Kinder- und Jugendarbeit als präventives Vorfeld der Hilfen zur Erziehung?

Die Zielsetzung der Kinder- und Jugendarbeit ist orientiert an der Förderung junger Menschen in ihrer individuellen und sozialen Entwicklung. Sie ist also ein Bereich der Jugendhilfe, in dem Kinder und Jugendliche Unterstützung zur Bewältigung ihrer Lebenssituation erhalten („Lebensbewältigung"), von Freizeit- und Versorgungsangeboten über Beratung bis hin zu Fördermaßnahmen. Grundsätzlich richtet sich die Kinder- und Jugendarbeit an *alle* Kinder und Jugendliche in ihren Einzugsbereichen; insbesondere die Offene Kinder- und Jugendarbeit leistet einen besonderen Beitrag zur Vermeidung von Ausgrenzung (vgl. AGJ 2005, S. 1). Die weit verbreitete Orientierung an benachteiligten Kindern und Jugendlichen wird im Feld daher kontrovers diskutiert, denn Kinder- und Jugendarbeit versteht sich auf der Grundlage ihrer Maxime und ihres gesetzlichen Auftrags weniger als kompensatorisches und präventives Feld (obwohl ihre Leistungen durchaus so wirken können). Kinder- und Jugendarbeit geht vielmehr von einem positiven Jugendbild aus und versucht entsprechende Förderungsmöglichkeiten als Anregungs-, Bildungs-, Aneignungs- Kompetenzentwicklungspotenziale zur Verfügung zu stellen (vgl. Sturzenhecker 2000, 2003; Sting/Sturzenhecker 2005, AGJ 2005). Im Gegensatz zu anderen Bereichen, wie z. B. dem Kinder- und Jugendschutz, geht die Kinder- und Jugendarbeit nicht von Gefährdungspotenzialen aus, sondern versteht z. B. den öffentlichen Raum auch als Erfahrungs- und Bildungsraum. Daraus ergibt sich für die Kinder- und Jugendarbeit keine grundsätzliche Orientierung an benachteiligten Kindern und Jugendlichen (in der Jugendsozialarbeit sieht dies etwas anders aus).

Sozialräumliche Orientierung wird in den Hilfen zur Erziehung z. T. völlig anders diskutiert, verstanden und umgesetzt. Hier ergeben sich grundsätzliche Probleme, wenn etwa die Offene Kinder- und Jugendarbeit als präventives Vorfeld der Hilfen zur Erziehung gesehen wird. Andererseits bieten die Einrichtungen der Offenen Kinder- und Jugendarbeit und der Jugendsozialarbeit schon jetzt konkrete Hilfestellungen zur Verbesserung der Lebenssituation von Kindern und Jugendlichen, die in einen erweiterten Blick der Hilfen zur Erziehung einbezogen werden sollen (vgl. AGJ 2005).

Zwischenfazit

In Bezug auf das Thema stoßen zwei unterschiedliche Muster aufeinander: §11 und §27 ff. des SGB VIII, das immer noch stark auf Gefahrenabwehr und auf die Möglichkeit von Gefährdungen ausgerichtete Muster der Erziehungshilfen und ein auf die positive Entwicklung von Kindern und Jugendlichen ausgerichtetes Muster der Kinder- und Jugendarbeit, welches – ohne die Gefährdungspotenziale zu übersehen – positive Entwicklungschancen in allen Bereichen zur Verfügung stellen will und sich nicht als präventives Vorfeld der Hilfen zur Erziehung versteht.

Ansätze der Kooperation

Die in Landkreisen, aber auch städtischen Regionen zu beobachtende Bildung von Sozialraumteams bringt für die Kinder- und Jugendarbeit sowie die Hilfen zur Erziehung die Möglichkeit, ihre bereichsorientierte Sichtweise zu überwinden und vom jeweils anderen Partner zu lernen. Voraussetzung dafür ist jedoch im Bereich der Hilfen zur Erziehung eine neue Orientierung, die über die Fallorientierung hinausgeht, Sozialräume und Lebenswelten wahrnimmt und die Kinder- und Jugendarbeit nicht nur als präventives Angebot versteht. Im Bereich der Kinder- und Jugendarbeit geht es parallel darum, die Hilfen zur Erziehung nicht nur als „Feuerwehr" zu begreifen, sondern als interessanten Kooperationspartner für die Gestaltung gemeinsamer Angebote. Sozialraumteams und sozialräumliche Gremien bilden die Schnittflächen zwischenbeiden Bereichen. In der Praxis scheinen diese Verbindungen jedoch sehr schwierig zu sein, u. a. weil die unterschiedlichen Mandate zu Kommunikationsproblemen führen.

Bei der Orientierung „vom Fall zum Feld" erscheint eine sozialräumlich orientierte Kinder- und Jugendarbeit als Institution, die nicht nur Aufgaben im Sinne einer „fallunspezifischen Arbeit" (gemeint ist eine sozialräumliche Arbeit) übernehmen kann. Sie kann als Kooperationspartner für erzieherische Hilfen erscheinen, etwa im Bereich der Betreuungsangebote (Über-Mittag-

Betreuung) oder auch bei der Durchführung einer sozialen Gruppenarbeit in einer Jugendeinrichtung. Dabei geht es darum, die Mandate der Hilfen zur Erziehung und der Kinder- und Jugendarbeit nicht unzulässig zu vermischen, sondern die Unterschiedlichkeit im Sinne einer multiperspektivischen Arbeit zu nutzen, mit dem Ziel der besseren Vermeidung von Kindeswohlgefährdung.

Schnittstellen zwischen Hilfen zur Erziehung und OKJA

Bereich der Hilfen zur Erziehung	**Gemeinsame Schnittstellen**	**Bereich der OKJA**
Berücksichtigung der Sichtweisen der Offenen Kinder- und Jugendarbeit bei der Fallarbeit	Gemeinsames Handeln im Sozialraum, z. B. - „Angebote" der HzE in Einrichtungen der Kinder- und Jugendarbeit: z. B. Soziale Gruppenarbeit	Stärkere Orientierung der „Einzelfallarbeit" und Beratung in der OKJA an den Hilfsmöglichkeiten der HzE
Wahrnehmung und Nutzung der Ressourcen und Kompetenzen der Offenen Kinder- und Jugendarbeit	- Sozialraumanalyse: gemeinsame Auswertung und Interpretation, Bedarfseinschätzung, Maßnahmenplanung	Wahrnehmung und Nutzung der Ressourcen und Kompetenzen der Hilfen zur Erziehung
Einbeziehung der Offenen Jugendarbeit in die multiperspektivische Fallanalyse	- Gemeinsame Projekte im Sozialraum - Themen und Probleme im Sozialraum thematisieren und weitere Partner (z. B. Schule) suchen	Konzipierung von Angeboten unter Einbeziehung der Perspektiven der HzE, z. B. in Betreuungs-, Ganztagsangebote, Schulaufgabenhilfe Familienorientierte Angebote auch in Kinder- und Jugendeinrichtungen

Für eine Kooperation, welche die unterschiedlichen Mandate beachtet, müssen Schnittstellen geschaffen werden, die nicht im Sinne eines einseitigen „Meldewesens“ funktionieren. Der lebensweltorientierte Zugang der Kinder- und Jugendarbeit muss in vorsichtiger Weise auch für die Hilfen zur Erziehung nutzbar gemacht werden, z. B. durch die sozialräumlich orientierte Einrichtung gemeinsamer kleiner Arbeitsgruppen, in denen problematische Fälle und mögliche Interventionen unter Achtung der Mandate bearbeitet werden können.

Gemeinsame Projekte könnten sein (Beispiel aus der aktuellen Praxis):

- Soziale Trainingskurse, Deeskalation.
- Soziale Gruppenarbeit der Hilfen zur Erziehung in Jugendeinrichtungen durch qualifiziertes Personal (nicht die Jugendmitarbeiter/innen!).
- Betreuungsangebote für Kinder und Jugendliche in Jugendeinrichtungen, die durch die Hilfen zur Erziehung unterstützt werden.
- Soziale Trainingskurse für jugendliche Straftäter (Umsetzung in einem Jugendzentrum sowie erlebnispädagogische Maßnahmen, z. B. an Wochenenden).
- Mobile aufsuchende Jugendarbeit, die von den Hilfen zur Erziehung finanziell unterstützt wird.
- Präventionsangebote in Kooperation mit Schule, die von den Hilfen zur Erziehung unterstützt werden/erzieherischer Kinder- und Jugendschutz.
- Mutter-Kind-Café als gemeinsames Angebot von Jugendarbeit und Hilfen zur Erziehung in einer Jugendeinrichtung.

Darüber hinaus können beide Felder Initiatoren für eine bessere Vernetzung im Stadtteil werden und Projekte anstoßen, die auch außerhalb ihrer Einrichtungen stattfinden, z. B. im öffentlichen Raum, in Schulen, als erlebnispädagogische Maßnahmen außerhalb des Stadtteils. Interessant sind in diesem Zusammenhang die so genannten „Schnittstellenprojekte“ in Hamburg, wo es durch eine Flexibilisierung eines gewissen Anteils des Budgets der Hilfen zur Erziehung und deren Öffnung auch für die Offene Kinder- und Jugendarbeit zu einer stärkeren Kooperation und Vermischung der beiden Bereiche gekommen ist.

Voraussetzungen, Empfehlungen und Schnittstellen

Bei der Kooperation zwischen der Offenen Kinder- und Jugendarbeit und den Hilfen zur Erziehung sollten folgende Aspekte beachtet werden:

- *Keine Vermischung von Fallbezug (in den Hilfen zur Erziehung) und Zielgruppenbezug (der Jugendarbeit)*: Auch wenn die Kinder- und Jugendarbeit im Rahmen der Beratung einzelner Kinder und Jugendlicher auch einen Fallbezug kennt, ist ihr grundsätzliches Muster jedoch eine Orientierung an Zielgruppen, Szenen, Cliquen usw. Demgegenüber steht eine Orientierung der Hilfen zur Erziehung am konkreten Fall, auch wenn der Ansatz „vom Fall zum Feld" den Blick über den Einzelfall hinaus öffnet.
- *Keine Vermischung der Mandate und gesetzlichen Aufgaben*: Es geht hier nicht um Paragraphenreiterei und formale Festlegungen oder – noch schlimmer – Versäulung einzelner Bereiche, sondern um die unterschiedlichen Mandate und Aufgaben. Diese Unterschiede werden am besten am Präventionsparadigma deutlich: Die Hilfen zur Erziehung gehen von bereits existierenden oder möglichen Problemen (Gefährdungen etc.) aus, die Kinder- und Jugendarbeit dagegen von einem positiven Jugendbild im Sinne der Förderung aller Kinder und Jugendlicher (s.o.).
- *Keine Angleichung der unterschiedlichen fachlichen Paradigmen, sondern Kooperation auf der Grundlage unterschiedlicher Profile*: Aus den verschiedenen Betrachtungsweisen kann ein Gewinn erzielt werden, im Sinne gemeinsamer Schnittmengen mit den unterschiedlichen Kompetenzen, die eingebracht werden können.

Trotz unterschiedlicher Mandate und Profile bestehen große Chancen für eine bessere Kooperation zwischen der Offenen Kinder- und Jugendarbeit und den Hilfen zur Erziehung nicht zuletzt aus dem Blickwinkel von Kindern, Jugendlichen und Familien, denen bessere Förderung, Hilfestellung und Unterstützung durch ein integriertes System auf dem Hintergrund eines stärkeren sozialräumlichen Zusammenhangs gewährleistet werden könnte.

Aus dem Blickwinkel der Hilfen zur Erziehung ist eine sozialräumlich orientierte Kinder- und Jugendarbeit ein idealer Partner für die fallunspezifische Arbeit in der Analyse des Sozialraums sowie der Entdeckung, Förderung und Gewinnung von Ressourcen, die für die fallspezifische Arbeit genutzt werden können. Die Einrichtungen der Offenen Kinder- und Jugendarbeit stellen wichtige Verknüpfungspunkte im Sozialraum dar, die für unterschiedliche Angebote genutzt werden können. Die Fachkräfte sind –

gerade weil sie ihren spezifischen Blick haben – gute Partner für eine sozialräumliche Arbeit. Aus Sicht der Offenen Kinder- und Jugendarbeit schafft eine verbesserte Kooperation mit den Hilfen zur Erziehung neue Möglichkeiten, das Spektrum der Arbeit auszuweiten, gezielte Förderangebote in Kooperation zu bieten oder die Einrichtungen als Ressource zur Verfügung zu stellen. Sie stärkt ihre Stellung in der sozialen Infrastruktur der jeweiligen Stadtteile, entwickelt sich weiter sichert sich damit letztendlich auch politisch ab.

Folgende Empfehlungen können gegeben werden:

- Gemeinsame Fortbildungen für Fachkräfte beider Felder, um die jeweiligen Mandate und Blickwinkel kennen zu lernen, Schnittmengen zu diskutieren und Strukturen für eine bessere Zusammenarbeit zu entwickeln;
- Entwicklung konkreter Kooperationsstrukturen und Schnittstellen;
- Klärung fachlicher Standards zwischen freien Trägern der Jugendarbeit und den Jugendämtern;
- Entwicklung von Instrumenten der Qualitätsentwicklung, z. B. der Beschreibung von Schlüsselsituationen für die Zusammenarbeit mit unterschiedlichen Mandaten.

Vor dem Hintergrund der dargestellten Entwicklungen ist es erstaunlich, dass die Kooperation zwischen den Hilfen zur Erziehung und der Offenen Kinder- und Jugendarbeit zwar in der Praxis entsteht, aber bisher kaum beschrieben oder reflektiert worden ist. Den möglichen Chancen stehen die berechtigten Befürchtungen einer Inpflichtnahme und der Vermischung der unterschiedlichen Mandate entgegen. Insofern wird es in den nächsten Jahren spannend sein, die Entwicklung in diesem Bereich weiter zu beobachten.

Literatur

Arbeitsgemeinschaft für Jugendhilfe (AGJ) (2005): Stellungnahme der Arbeitsgemeinschaft für Jugendhilfe zur Offenen Kinder- und Jugendarbeit, Berlin

Deinet, Ulrich (2001): Kooperation von Jugendhilfe und Schule. Ein Handbuch für die Praxis, Opladen

Deinet, Ulrich (Hrsg.) (2005): Sozialräumliche Jugendarbeit. Grundlagen, Methoden, Praxiskonzepte, 2., völlig überarb. Auflage, Wiesbaden

Deinet, Ulrich/Krisch, Richard (2002): Der sozialräumliche Blick der Jugendarbeit. Methoden und Bausteine zur Konzeptentwicklung und Qualifizierung, Opladen

Deinet, Ulrich/ Reutlinger, Christian (Hrsg.) (2004): "Aneignung" als Bildungskonzept der Sozialpädagogik. Beiträge zur Pädagogik des Kindes- und Jugendalters in Zeiten entgrenzter Lernorte, Wiesbaden

Deinet, Ulrich/ Sturzenhecker, Benedikt (Hrsg.) (2005): Handbuch Offene Kinder- und Jugendarbeit, völlig überarb. Neuaufl., Wiesbaden

Früchtel, Frank (2006): Fallunspezifische Arbeit, www.uni-bamberg.de

Hinte, Wolfgang (1999): Fallarbeit und Lebensweltgestaltung – Sozialraumbudgets statt Fallfinanzierung“, in: Soziale Praxis, Heft 20 – Soziale Indikatoren und Sozialraumbudgets in der Kinder- und Jugendhilfe, Hrsg.: Institut für soziale Arbeit e.V. (ISA), S. 82-94, Münster

Koch, Josef/ Lenz, Stefan: Zusammenarbeit zwischen offener Kinder- und Jugendarbeit und den Erziehungshilfen, in: Deinet, Ulrich (Hrsg.): Sozialräumliche Jugendarbeit, a.a.O., S. 331-340

Krisch, Richard: Methoden qualitativer Sozialraumanalyse als zentraler Baustein der Konzeptentwicklung, in: Deinet, Ulrich (Hrsg.): Sozialräumliche Jugendarbeit, a.a.O., S. 331-340

Pantucek, Peter (1998): Einige methodische Konsequenzen des lebensweltorientierten Zugang, in: Pantucek, Peter/ Vyslouzil, Monika (Hrsg.): Theorie und Praxis lebensweltorientierter Sozialarbeit, St. Pölten (sozaktiv), S. 87-103

Pantucek, Peter (1998): Lebensweltorientierte Individualhilfe. Eine Einführung für soziale Berufe, Freiburg im Breisgau

Sturzenhecker, Benedikt (2000): Prävention ist keine Jugendarbeit. Thesen zu Risiken und Nebenwirkungen der Präventionsorientierung, in: Sozialmagazin, 1/2000, S. 14-21

Sturzenhecker, B. (2003): Jugendarbeit ist außerschulische Bildung, in: deutsche jugend, 7/8 2003, S. 300-307

Sting, Stefan/ Sturzenhecker, Benedikt: Bildung und Offene Kinder- und Jugendarbeit. In: Deinet, Ulrich/ Sturzenhecker, Benedikt (Hrsg.): Handbuch Offene Kinder- und Jugendarbeit, a.a.O., S. 230-247

Spiegel, Hiltrud von (Hrsg.) (2000): Jugendarbeit mit Erfolg. Arbeitshilfen und Erfahrungen zur Qualitätsentwicklung und Selbstevaluation. Münster

Ulrich Deinet, Richard Krisch

Mobile, aufsuchende, „herausreichende“ Ansätze in der Offenen Arbeit

Zum Verhältnis von Offener und Mobiler Jugendarbeit

Die Entwicklungen der Arbeitsbereiche der Offenen Arbeit mit Kindern und Jugendlichen in stationären Einrichtungen sowie der Arbeitsbereiche Streetwork und Mobiler Jugendarbeit haben sowohl zu Abgrenzungen als auch zu Übereinstimmungen in Arbeitsansätzen, Methoden etc. geführt. Nach einer deutlichen Abgrenzung in den 1970-1980er Jahren kann in den letzten Jahren eine pragmatischere Diskussion und Praxis bis hin zur Integration dieser Arbeitsbereiche beobachtet werden. Für die OKJA kann man heute konstatieren, dass ausgehend von festen Einrichtungen und Häusern auch Ansätze mobiler, aufsuchender Jugendarbeit zur OKJA gezählt werden.

Die auch zwischen Streetwork und Mobiler Jugendarbeit lange Jahre geführte Methodendiskussion um die Frage des Oberbegriffs bzw. der Frage, ob Streetwork ein eigener Arbeitsbereich oder eine Methode Sozialer Arbeit in unterschiedlichen Feldern sei, scheint ansatzweise überwunden. So etabliert sich der Begriff Streetwork als Form aufsuchender Sozialer Arbeit im öffentlichen Raum, wendet sich Menschen mit speziellen Problemlagen zu und sucht sie an jenen Orten im öffentlichen Raum auf, die für sie eine besondere Anziehungskraft darstellen (Parks, Lokale, öffentliche Orte, etc.). Streetwork hat wenig mit der freizeitorientierten Kinder- und Jugendarbeit zu tun, sondern stellt einen eigenen Ansatz Sozialer Arbeit dar, der sich auf marginalisierte Personengruppen bzw. Zielgruppen, deren Verhalten gesellschaftlich problematisiert wird, bezieht.

Der Ansatz der mobilen Jugendarbeit (vgl. Specht 1987) hat sich in den 1970er Jahren insbesondere als eine Arbeitsform mit jenen Jugendlichen entwickelt, die von der klassischen Offenen Kinder- und Jugendarbeit nicht erreicht werden. Sie versteht sich als aufsuchende Form Sozialer Arbeit an den Orten, an denen sich Jugendliche aufhalten, mit ganz unterschiedlichen Angeboten, von Einzelberatung und Einzelfallhilfe über Cliquenarbeit, Öffentlichkeitsarbeit, bis hin zu sport- und jugendkulturell orientierten Freizeitangeboten im öffentlichen Raum. Aufgrund des Spannungsverhältnisses zu den stationären Einrichtungen (und den von diesen nicht erreichten Kindern und Jugendlichen) ergaben sich immer wieder Differenzen zwischen beiden Arbeitsfeldern bzw. Abgrenzungen, insbesondere aus dem Bereich der Mobilen Jugendarbeit. Heute findet man jedoch Jugendeinrichtungen, an denen Mobile Jugendarbeiter angegliedert sind. Sie sind dabei Teil des Teams, arbeiten von der Einrichtung aus im jeweiligen Sozialraum, haben aber nicht den primären Auftrag, Jugendliche in die Einrichtung zu holen.

Die beiden pädagogischen Situationen in der Einrichtung und im öffentlichen Raum sind deutlich zu unterscheiden: Mitarbeiter/innen und Jugendliche agieren unter völlig unterschiedlichen Rahmenbedingungen in Einrichtungen, die eine bestimmte Regelstruktur besitzen, die sich auch auf Cliquendynamiken und die Umgangsformen der Jugendlichen auswirken. Im Gegensatz dazu steht die niedrigschwellige pädagogische Situation im öffentlichen Raum, die von den Fachkräften „als Gäste in den Lebensräumen der Jugendlichen" auch einen völlig anderen Zugang erforderlich macht. Unter sozialräumlichen Gesichtspunkten kann die Trennung zwischen der Arbeit in Einrichtungen und dem öffentlichen Raum überwunden werden. D.h. eine sozialräumlich orientierte Jugendarbeit macht selbstverständlich Angebote außerhalb von Einrichtungen, z. B. auf öffentlichen Plätzen, in Parks, Lokalen, Einkaufszentren. Dies geschieht nicht nur, um Nichtbesucher zu erreichen, sondern um selbst im öffentlichen Raum präsent zu sein. Dadurch wird die klassische „Komm-Struktur" der Einrichtungen durch eine „Geh-Struktur" eines „herausreichenden" Arbeitsansatzes (vgl. Deinet 2009, Krisch 2009, Verein Wiener Jugendzentren 2009 und 2012) erweitert, so dass ein breiteres Spektrum von Zielgruppen erreicht werden kann und Projekte im öffentlichen Raum neben den Angeboten in der Einrichtung realisiert werden.

Der Begriff „herausreichende" (oder „hinausreichende Arbeit") bezieht sich auf den direkten Zusammenhang der Offenen Jugendarbeit in Einrichtungen und mobiler, aufsuchender Ansätze im Sozialraum: Einrichtungsbezogene und „herausreichende" Kinder- und Jugendarbeit geht von Standorten der Jugendarbeit, wie Jugendzentren und Jugendtreffs aus, in denen sie frei zugängliche Gesellungs-, Erlebnis- und Erfahrungsräume anbietet. Dem sozialräumlichen Ansatz folgend entwickelt sie eine regelmäßige Präsenz in ihrem Sozialraum (Stadtteil/Gebiet/Kiez/Grätzel) und führt Angebote an öffentlichen Orten durch, um die Aneignungsmöglichkeiten der Zielgruppen zu erweitern (vgl. Krisch/Stoik et al. 2011, S. 11). Die „herausreichende Arbeit" meint zunächst die offene Kinder- und Jugendarbeit *im* öffentlichen Raum. Analog zu Konzepten der mobilen Arbeit besteht hier der Auftrag, die Jugendlichen auch außerhalb der Komm-Strukturen der Häuser in der Auseinandersetzung mit der sozialen Umwelt an unterschiedlichen Orten im lokalen Umfeld aufzusuchen. Es wird nicht nur das Jugendzentrum als öffentlicher Raum mit den Jugendlichen ausgehandelt, sondern sie werden in ihren Aushandlungsprozessen mit der konkreten sozialen Umgebung vor Ort unterstützt. Dabei meint der Ansatz auch bewusst offene Arbeit *am* öffentlichen Raum. Kinder- und Jugendarbeit hat ebenfalls einen Auftrag, über das bloße Aufsuchen von Kindern und Jugendlichen hinaus, politisch in die Gestaltung des öffentlichen Raums einzugreifen. Sie hat mit den Jugendlichen an der Gestaltung öffentlicher Räume zu arbeiten. Sie ermutigt die Jugendlichen, für ihre Aneignungsräume politisch zu streiten und in die Auseinandersetzung mit anderen Interessengruppen zu gehen. Sie ermöglicht es den Jugendlichen, ihre Interessen in der Aneignung des öffentlichen Raumes zu vertreten.

Der herausreichende Arbeitsansatz ist nicht auf einzelne Zielgruppen fokussiert, sondern versucht – entsprechend seiner sozialräumlichen Begründung – die infrastrukturellen Gegebenheiten und Möglichkeiten des Sozialraums im Interesse der Kinder und Jugendlichen generell zu verbessern. Grundlage der herausreichenden Arbeit ist die Anerkennung der Heterogenität der Lebenslagen, Interessen und Bedürfnisse der Jugendlichen im öffentlichen Raum. Dazu zählt auch selbstverständlich auch die Anerkennung und Förderung der spezifischen Aneignungsformen von Mädchen. Die Methoden dieser Arbeitsform reichen von der Erforschung des Stadtteils mit sozialräumlichen Methoden (z.B. strukturierten Stadtteilbegehungen mit Jugendlichen), Aufsuchen von Gruppentreffpunkten, sport- und bewegungsorientierten Aktivitäten, Konfliktmoderation im Stadtteil bis zur Vernetzung und Kooperation mit verschiedensten sozialen Einrichtungen und Schlüsselpersonen im Stadtteil. Die Vernetzung mit Institutionen, Politik, Verwaltung dient auch der Verbesserung der öffentlichen Wahrnehmung von Kindern und Jugendlichen und kann der Verdrängung aus dem öffentlichen Raum entgegenwirken.

Zu einem zukunftsweisenden Konzept sozialräumlicher Jugendarbeit gehören deshalb sowohl kinder- und jugendkulturell an den sozialräumlichen Gegebenheiten orientierte Angebote in den Einrichtungen, als auch Angebote der aufsuchenden, mobilen Jugendarbeit im öffentlichen Raum bis hin zu Streetwork an spezifischen Orten, die über eine freizeit- und sozialpädagogisch ausgerichtete Arbeit hinausgehen.

Handlungsformen

Die im Folgenden am Beispiel des Vereins der Jugendzentren der Stadt Wien beschriebenen Qualitätsstandards einer Jugendarbeit in öffentlichen Raum zeigen ein Spektrum, das ein breites Verständnis der Kinder- und Jugendförderung mit unterschiedlichen Ansätzen vorsieht (vgl. Verein Wiener Jugendzentren 2009, S. 4ff.; 2012, S. 21):

Sozialraumpräsenz – regelmäßige Sozialraumbeobachtung

Der sozialräumlich orientierte Blickwinkel bildet sich sehr stark in der kontinuierlichen Durchführung von Analysen des Sozialraumes ab. Um einen guten aktuellen Überblick über die Lebenswelt der Zielgruppen in den jeweiligen Stadtteilen zu bekommen, werden regelmäßig Stadtteilrundgänge durchgeführt. Im Blickpunkt steht der Stadtteil mit seinen verschiedenen Orten, Treffpunkten (z.B. Spielplätze, Höfe, Bahn/ Busstationen, Parkanlagen, Einkaufszentren), aber auch dessen Entwicklung und Infrastruktur. Mit einem vielfältigen Methodenrepertoire der Sozialraumanalyse und gezielter Fragestellungen (z. B. Mädchen im öffentlichen Raum, Verdrängungsmechanismen von Kindern, Stimmungslage/Atmosphäre etc.) wird das Grätzel unter die Lupe genommen. Dabei stehen das subjektive Erleben, die Interpretationen und Wahrnehmungen der Kinder und Jugendlichen im Vordergrund. Als „Gäste" in der Lebenswelt der Kinder und Jugendlichen stehen die Jugendarbeiter/innen den Zielgruppen für viele Belange des täglichen Lebens und der Freizeitgestaltung als verlässliche Ansprechpersonen regelmäßig im öffentlichen Raum zur Verfügung.

Aktives Aufsuchen von Cliquen- und Gruppentreffpunkten

Durch die kontinuierlich durchgeführten Stadtteilrundgänge erwerben die Jugendarbeiter/innen Kenntnisse über verschiedene Cliquen und Gruppen und deren Treffpunkte. Beim Aufsuchen der Treffpunkte geht es darum, gezielt Kinder und Jugendliche an ihren Orten im Stadtteil aufzusuchen. Im Vordergrund der Arbeit im öffentlichen Raum steht nun nicht mehr der gesamte Stadtteil, sondern der Fokus richtet sich auf ganz bestimmte Örtlichkeiten und deren Benutzer/innen. Durch regelmäßiges Aufsuchen dieser Treffpunkte werden Kontakte zu teilweise bekannten und noch unbekannten Kindern und Jugendlichen hergestellt und gefestigt. Hier gilt es, die unterschiedlichen Mobilitätsformen und Aneignungsformen von Kindern und Jugendlichen sowie Mädchen und Burschen zu berücksichtigen. Bei Einzel- oder Kleingruppengesprächen werden die verschiedenen Bedürfnisse, Anliegen, aber auch unterschiedlichen Stärken dieser Kinder und Jugendlichen gemeinsam behandelt und sichtbar gemacht. Die Jugendarbeiter/innen unterstützen Cliquen und Gruppen bei den verschiedensten Fragen und Problemstellungen wie z. B. fehlende Infrastruktur am Treffpunkt, fehlende Zugänge zu Informationen, Konflikte mit Anwohner/innen etc.

Angebote bei Cliquen- und Gruppentreffpunkten im öffentlichen Raum

Vorrangig dienen Angebote an Cliquen- und Gruppentreffpunkten der Schaffung alternativer Freizeitmöglichkeiten und einer Ausweitung der Nutzungsformen der bekannten Orte. Auch werden gruppenspezifische Themen aufgegriffen und gemeinsam mit der Zielgruppe weiter verfolgt. Im Vordergrund stehen die Bedürfnisse der einzelnen Cliquen und Gruppen. Die Unterstützung bei der Strukturierung von Spiel- und Sportgelegenheiten sind wichtige Angebotsformen. Etwa durch die Durchführung von Sportturnieren können unterschiedliche Gruppen des Stadtteils miteinander vernetzt und die Fähigkeiten des Einzelnen und auch der Gruppen in Szene gesetzt werden. Neben dem zur Verfügung stellen verschiedenster Sport- und Spielmaterialien zählt unter anderem die Anregung zur aktiven Auseinandersetzung zu den wichtigen Punkten dieses Angebots. Durch aktive Nutzung der Materialien vor Ort werden neue Möglichkeiten zur Aneignung des bekannten Raumes eröffnet und damit den Kindern und Jugendlichen alternative Möglichkeiten zur Freizeitgestaltung vermittelt.

Veranstaltungen

Ein wichtiger Schwerpunkt der herausreichenden Arbeit ist die Organisation und Durchführung von Veranstaltungen im öffentlichen Raum. Ausgangspunkte sind die jeweiligen Stadtteile und die Bedürfnisse der Kinder und Jugendlichen im sozialräumlichen Zusammenhang. Die Palette reicht von Siedlungs-, und Jugendkulturfesten bis zu Sportturnieren. Unter Einbeziehung der verschiedenen Zielgruppen bei Planung und Durchführung finden diese Veranstaltungen – meist Open Air – in der wärmeren Jahreszeit statt. Durch diese Veranstaltungen werden öffentliche Räume wie Spielplätze, Höfe, Straßen, Schulsportanlagen, Spielkäfige usw. für die Bewohner/innen und auch für die jeweiligen Benutzer/innen der Orte neu definiert. Die veränderte Infrastruktur (z. B. Licht, Wasserquellen, vielfältige Spielelemente) zeigt neue Blickwinkel auf. Bei gemeinsamen Festen steht die Identifizierung mit dem jeweiligen Stadtteil und dessen öffentlichen Plätzen im Vordergrund. Auch die Begegnung unterschiedlicher Bewohner/innengruppen spielt dabei eine wesentliche Rolle. Durch die partizipative Einbindung der Kinder, Jugendlichen und verschiedener Akteure des Gemeinwesens bei der Organisation und Durchführung der Events werden die Zielgruppen in ihren Fähigkeiten gestärkt, ihre kreativen Potenziale aufgegriffen und die Entwicklung von Kompetenzen gefördert. Dadurch erfahren sie Anerkennung als handelnde Personen und übernehmen auch maßgebliche Verantwortung für den Stadtteil.

Zur Verfügung stellen von materiellen Ressourcen
In der tätigen Auseinandersetzung mit ihrer materiellen und symbolischen Umwelt erweitern Kinder und Jugendliche ihr Handlungsrepertoire, aber auch ihre motorischen und handwerklichen Kompetenzen. Durch die Bereitstellung von materiellen Ressourcen und deren gezielten Einsatz erweitert Jugendarbeit die Aneignungsmöglichkeiten. Im Blickpunkt stehen die Erweiterung der Freizeitmöglichkeiten, das Kennenlernen neuer Spiele, Verantwortung übernehmen, sich selbst ausprobieren und die Aneignung sozialer Kompetenzen. Den Jugendarbeiter/innen kommen hier verschiedenste Aufgabenstellungen zu: strukturieren, organisieren, mitspielen, Kontakte knüpfen, Mediation von Konflikten, Gespräche führen, Kommunikation verbessern, Verantwortung übertragen, Kooperationen fördern etc.

Vernetzung, Kooperation und Öffentlichkeitsarbeit
Um die verschiedensten Zielgruppen eines Stadtteils gezielt in ihrer Lebenswelt und ihren sozialräumlichen Zusammenhängen zu unterstützen, bedarf es einer intensiven Zusammenarbeit mit den unterschiedlichen Akteuren in der Region. Über den Aufbau von Vernetzungszusammenhängen mit anderen Institutionen und Schlüsselpersonen eines Stadtteils können weitere Angebote im Stadtteil und damit Veränderungen der Infrastruktur des Gemeinwesens im Interesse der Kinder und Jugendlichen bewirkt werden. Dies betrifft Räume, Materialien oder finanzielle Mittel und das Fachwissen aller im Stadtteil und Bezirk verankerten, jugendrelevanten Institutionen, da sich so gebündelte Ressourcen potenzieren lassen. Jugendarbeit hat in diesen Vernetzungszusammenhängen auch die Funktion stellvertretend für Kinder und Jugendliche ihr jugendpolitisches Mandat wahr zu nehmen und deren Interessen bei maßgeblichen Institutionen zu vertreten. Dieser Vertretungsanspruch kann und soll dabei nicht die eigene Gestaltungskraft oder die Selbstorganisationsfähigkeit von Heranwachsenden ersetzen, vielmehr wird versucht, ein politisches Klima zu schaffen, das Kindern und Jugendlichen die Artikulation ihrer Interessen erlaubt (vgl. Verein Wiener Jugendzentren 2009, S. 7ff).

Mobile, aufsuchende, „herausreichende“ Ansätze als Motor einer sozialräumlichen Perspektive

Die Verbindung von mobilen, herausreichenden und einrichtungsbezogenen Arbeitsformen führt zu einer konsequenten Einnahme einer sozialräumlichen Perspektive und ist Grundlage für die konzeptionelle Weiterentwicklung der OJKA. Dies soll im Folgenden an ausgewählten Beispielen des Vereins Wiener Jugendzentren gezeigt werden.

Der Verein Wiener Jugendzentren ist der größte Träger der Offenen Jugendarbeit in Österreich und mit über 35 Einrichtungen und über 280 Mitarbeiter/innen in den verschiedensten Feldern der Jugendarbeit tätig. Die inhaltliche Ausrichtung des Vereins ist vom Selbstverständnis einer sozialräumlichen Jugendarbeit geprägt, die sowohl den Entwurf neuer Einrichtungen und Projekte, die Entwicklung der Konzeptionen wie auch das jugendpolitische Selbstverständnis im Stadtteil bzw. in der Stadt selber bestimmen und begründen. Die Entwicklung sozialräumlicher Arbeitsansätze wurde einerseits durch den intensiven theoretischen Diskurs über die Pädagogik einer sozialräumlichen Jugendarbeit bestimmt. Zum anderen wurden in verschiedenen Einrichtungen konkrete sozialräumliche Konzeptionen in der Praxis umgesetzt, vielfältige Erfahrungen gemacht, diese reflektiert und neue Formen Herausreichender Arbeit entwickelt, die wiederum in den inhaltlichen Diskurs einfließen. Im Folgenden wird an Hand der Entwicklung der „Herausreichenden Arbeit" der Jugendzentren die historische Entwicklung der sozialräumlichen Orientierung in Wien beschrieben (vgl. Krisch 2009).

Outreach (1990)

Relativ unabhängig von der zur gleichen Zeit einsetzenden inhaltlichen Auseinandersetzung mit einer sozialräumlich orientierten Jugendarbeit entstand im ‚Jugendzentrum Großfeldsiedlung' die Idee, den Stadtteil aufzusuchen. Getragen war dies von einem eher pragmatischen Zugang: Zum einen waren bedingt durch verschiedene Verdrängungsprozesse nur wenige Cliquen im Jugendzentrum anzutreffen, gleichzeitig hielten sich aber viele Jugendliche im öffentlichen Raum auf. Unter dem Titel „Outreach" begannen die Mitarbeiter/innen unregelmäßig jene Plätze im Stadtteil aufzusuchen, an denen sich Jugendliche aufhielten und stellten Kontakte zu unbekannten Cliquen und jenen Jugendlichen, die nicht ins Zentrum kamen, her. Dies war für das, im Wesentlichen auf „Komm-Strukturen" basierende, Konzept der Offenen Jugendarbeit des Vereins Wiener Jugendzentren ein ungewöhnlicher Schritt. Gleichzeitig fand auch die Etablierung eines „Regionalteams" statt, über welches regelmäßige Kontakte zu anderen Institutionen (Jugendamt, Schule, Polizei etc.) des Stadtteils hergestellt werden sollten.

Herausreichende Arbeitsformen

Parallel zum „Outreach"-Projekt entwickelte sich im VJZ eine inhaltliche Auseinandersetzung mit der Perspektive einer sozialräumlichen Orientierung und entsprechender konzeptioneller Konsequenzen. Vor diesem theoretischen Hintergrund erschienen aktive Vernetzung – auch in fixe Arbeitszeiten und Dienstpläne gegossen – und die zur Verfügung Stellung von Ressourcen (Spielmaterial etc.) im Stadtteil als konzeptionelle Erweiterung der Offenen Jugendarbeit. Diese hatte sich ja von der Ideengeschichte der „Offenen Türen" her fast ausschließlich auf den „Raum Jugendzentrum" konzentriert und diesen weniger als „einen Raum unter vielen" gesehen. Einige Einrichtungen hatten begonnen, Regionalforen aufzubauen und Vernetzung auch als Bestandteil ihrer Arbeit zu sehen. In diesem Diskussionsprozess (Jugendliche bei ihrer konkreten Raumaneignung im Stadtteil zu fördern, Lobbying zu betreiben etc.) entstand auch die Idee, aktiv andere Räume für Jugendliche zu erschließen. Hier wurden die ersten Turnhallen in Kooperation mit Schulen für Jugendliche geöffnet und Ideen der Mehrfachnutzung – die im Magistrat der Stadt Wien entwickelt wurden – aufgenommen. In diesen Regionalforen wurde aber auch die lebens- und alltagsweltliche Situation von Jugendlichen in der Region eingebracht (Vernetzung mit Schulen, Jugendpolitik usw.). Diese Vorgangsweisen wurden unter dem Begriff „Herausreichende Arbeit" zusammengefasst und damit als mobiles Konzept doch begrifflich auf das Jugendzentrum bezogen.

Miho – der erste Jugendtreff mit sozialräumlichem Arbeitsansatz (Eröffnung 1996)

Im Projekt Jugendtreff Mitterhofergasse in Wien-Floridsdorf wurde versucht, die nun bestehenden Erfahrungen der Außenorientierung in ein Konzept der standortbezogenen Offenen Jugendarbeit zu integrieren. Der Jugendtreff Mitterhofergasse wurde als Modellprojekt einer sozialräumlichen Konzeption entwickelt. Die inhaltliche Ausrichtung dieser Jugendeinrichtung verfolgte das Ziel, sowohl als Treffpunkt (Komm-Struktur) als auch mit herausreichenden Arbeitsansätzen (Geh-Struktur), die als gleichwertige Ansätze nebeneinander bestehen, Offene Jugendarbeit - in einem sozialräumlichen Verständnis - zu betreiben. In den Arbeitsplatzbeschreibungen wurden auch Stundenkontingente für Herausreichende Arbeit festgelegt, aber auch Vernetzung, Kooperation und die Nutzung anderer Räume in das Konzept aufgenommen.

Dieses Projekt erscheint auch deswegen beispielhaft, weil der Planungsprozess der Einrichtung die Beteiligung von Jugendlichen und Bewohner/innen der Siedlung – im Rahmen einer umfangreichen sozialräumlichen Analyse – beinhaltete und so die Umsetzung einer siedlungsrelevanten Konzeption, die sich nicht nur auf Angebote im Jugendtreff beschränkt, ermöglichte. Das mit der Eröffnung im Herbst 1996 umgesetzte Konzept wies ein spezifisches Profil auf, welches die traditionelle Offene Jugendarbeit in einer kleinräumigen Einrichtung mit einer herausreichenden, stadtteilorientierten Arbeitsform in Verbindung setzte. Neben dem Konzept von standortorientierten großen Einrichtungen etablierte sich damit ein weiteres Konzept mit kleinräumiger Ausrichtung und stark herausreichenden Arbeitsansätzen. Dies spiegelte sich auch in der Abkehr vom Begriff „Jugendzentrum" hin zum „Jugendtreff" wider.

VIS - Vernetzungsinitiative Simmering: Das Modellprojekt einer sozialräumlichen Gesamtkonzeption für die Region (1998)

Die Jugendeinrichtungen im Osten Simmerings – das Jugendzentrum Pantucekgasse, das Jugendzentrum am Muhrhoferweg und der Siedlungstreff Leberberg entwarfen ein Konzept, in dem über vernetzte Zusammenhänge, die Bündelung und Abstimmungen von Ressourcen, die Angebote für die Zielgruppen verknüpft, erweitert und optimiert werden. Entsprechend der räumlichen Möglichkeiten und den Interessen und Bedürfnissen der Kinder und Jugendlichen entstand eine räumliche, zeitliche und auf Zielgruppen abgestimmte Verdichtung von Angebotsschwerpunkten. Die Teams der drei Einrichtungen erarbeiteten nach ausführlichen Recherchen einen Bedarfskatalog für den freizeitpädagogischen Bereich dieser Region mit einem ganzheitlichen Verständnis für die Lebenswelt der Kinder und Jugendlichen in diesem Bezirksteil. Basierend auf einer umfassenden Situationsanalyse mit dem Fokus auf Angebotsverdichtung, Zielgruppenerweiterung unter Berücksichtigung der gesamten Region, wurden neue Wege zur kontinuierlichen Erweiterung und Abstimmung der Angebote der Einrichtungen auf die wechselnden Interessen und Bedürfnisse der jungen Stadtteilbewohner/innen gesucht. Es entstand eine Gesamtkonzeption für die Region, in der sich die drei Einrichtungen nun nicht mehr als drei unterschiedlich große, parallel arbeitende Zentren verstanden, sondern gemeinsam eine erweiterte Angebotspalette mit noch mehr Möglichkeiten für eine ebenso erweiterte Zielgruppe anboten. Dementsprechend waren auch die Mitarbeiter/innen zwar bestimmten Teams zugeordnet, arbeiteten aber in vernetzten Zusammenhängen auch miteinander. Auch in diesem Projekt spielten mobile, herausreichende Arbeitsansätze eine große Rolle, weil es so gelang, Kontakte zu den Jugendlichen herzustellen, die die Angebote der drei vorhandenen Einrichtungen nicht nutzen bzw. Zugangsprobleme hatten.

Jugendprojekt Aspern und Essling (2008) „Think-tank & trans-tank“

Mit der Jugendinitiative „Think-tank & trans-tank“ in einem weitläufigen Stadtentwicklungsgebiet Wiens wurde vom Team des Jugendzentrums Hirschstetten eine äußerst projektorientierte Form einer Jugendarbeit im öffentlichen Raum entwickelt. In Form von regelmäßigen Stadtteilbegehungen entlang der mittlerweile bekannten Streif- und Aufenthaltsräume der Jugendlichen suchen Jugendarbeiter/innen die Jugendlichen auf bzw. treffen sie an etablierten Treffpunkten. Ziel der Arbeit ist es, Jugendliche in ihren Aneignungsprozessen in der Region, bei der Entwicklung und Umsetzung von Ideen konkret zu unterstützen, wobei dies in einer besonderen Form und über einen bestimmten Zeitraum passiert. Am Anfang steht eine Vereinbarung zwischen Jugendarbeiter/innen und Jugendlichen, in der genau die Zielsetzungen des Anliegens, Anzahl und Häufigkeit der Treffen, mögliche Beteiligte, Formen der Unterstützung seitens der Jugendarbeit aber auch Aufgaben der Jugendlichen besprochen und festgelegt werden. Dies können die Organisation einer Veranstaltung, die Erweiterung des Zuganges zu (halb)öffentlichen Räumen und öffentlichen Ressourcen, soziale und jugendkulturelle Themen oder auch der Umgang mit den zur Verfügung stehenden Jugendräumen sein. Am Ende des gemeinsamen „think-tanks" steht dann die offizielle Beendigung des Nachdenkprozesses und der Start der Umsetzung seitens der Jugendlichen („trans-tank"). Die Jugendarbeiter/innen nehmen dabei eine eher intermediäre und vermittelnde Rolle ein und fördern damit, dass Jugendliche ihre Projekte selbst umsetzen, sich auch persönlich an Ansprechpartner/innen aus Politik und Gemeinwesen wenden und Aushandlungsprozesse führen. Die Verantwortung für die Realisierungen der Prozessergebnisse bleibt so bei den Jugendlichen und den politisch Verantwortlichen, die Jugendarbeiter/innen unterstützen bei der Vernetzung, stellen Kontakte her, moderieren Konflikte etc.

Zwischenfazit

In all diesen Projekten stellen mobile, aufsuchende, herausreichende Arbeitsformen immer wichtige Ansätze dar, um die sozialräumliche Öffnung der Einrichtungen zu erreichen und auch mit Jugendlichen Kontakt aufzunehmen, die keine Besucher/innen von Einrichtungen sind. Immer stärker wird aus den anfangs sporadischen, oft anlassbezogenen mobilen Arbeitsformen durch regelmäßige Präsenz eine „Jugendarbeit im öffentlichen Raum“ (Verein Wiener Jugendzentren 2012, S. 21). Dies bildet sich auch in der Dienstplangestaltung der Teams ab, deren Dienstzeiten sich nun nicht mehr nur auf die Jugendeinrichtung beschränken, sondern die regelmäßige Präsenz im Stadtteil als „normales Dienstgeschäft“ verstanden wird.

Gleichzeitig geht es bei den Jugendinitiativen im öffentlichen Raum auch um die Analyse des Sozialraums und die Erkundung der Lebenswelten der Jugendlichen: durch geeignete „sozialräumliche Methoden“ (Krisch 2009) wie Stadtteilbegehungen, subjektive Landkarten, mobile Nadelprojekte etc. wird versucht, aus der Analyse der Lebenswelten und Sozialräume Rückschlüsse für die Konzeptentwicklung und die Entwicklung eines jugendpolitischen Mandates zu ziehen. Somit haben sich über die mobilen, aufsuchenden oder herausreichenden Arbeitsansätze und die angewandten Methoden der qualitativen Sozialraumanalyse spezifische Formen einer Jugendarbeit entwickelt, die auch als Jugendarbeit im öffentlichen Raum zu verstehen ist.

Aufsuchende Jugendarbeit in den virtuellen Räumen der Jugendlichen

Die Bedeutung virtueller Räume, insbesondere die der sozialen Netzwerke, wird inzwischen sehr breit diskutiert. In der Mobilen Jugendarbeit wird seit einiger Zeit eine sehr interessante Diskussion darüber geführt, ob und wie Jugendliche in ihren virtuellen Räumen zu erreichen sind, ob und wie Jugendarbeit dort selbst tätig sein sollte. Diese – inzwischen auch in der gesamten OKJA geführte Diskussion – geht von einem Bedeutungsverlust „realer“ Räume zugunsten der Nutzung virtueller Räume für viele Jugendliche aus.

In dem Positionspapier verschiedener Dachorganisationen der mobilen Jugendarbeit: „Mobile Jugendarbeit 2.0. Herausforderungen und Möglichkeiten Mobiler Jugendarbeit im virtuellen Raum des Internet – Positionen und Handlungsempfehlungen“ wird gefordert, „sinnvolle und passende Konzepte und Methoden zu entwickeln, um den Anschluss an diese Entwicklung nicht zu verpassen“ (Mobile Jugendarbeit 2.0, 2012, S. 1). Eine virtuell aufsuchende Form der Jugendarbeit kann eine geeignete Methode und eine zusätzliche Zugangsmöglichkeit im Rahmen der mobilen Jugendarbeit sein. Analog des Handlungsprinzips mobiler Jugendarbeit, die Lebenswelten Jugendlicher aufzusuchen, sich dort mit Angeboten zu präsentieren, scheint es nun konsequent zu sein, diesen Ansatz auch auf die virtuellen Räume zu übertragen. Wenn sich Jugendliche jetzt viel stärker in virtuellen Räumen aufhalten, so ist die mobile Jugendarbeit aufgefordert, sie dort aufzusuchen, genauso wie sie es in den realen Räumen tut. „Die Idee einer virtuell-aufsuchenden Jugendarbeit, die das Internet selbst zum Ort des Aufsuchens und der Interaktion mit den Adressaten und Adressatinnen macht, hat in den vergangenen Jahren als lebensweltnahe Variante eines professionellen Angebots vermehrt Einzug in den Fachdiskurs erhalten" (Mobile Jugendarbeit 2.0, 2012, S. 2).

In Anlehnung an die Sozial- und Lebensweltorientierung der Jugendarbeit insgesamt, speziell aber auch der aufsuchenden mobilen Jugendarbeit wird nun der Ansatz einer aufsuchenden Jugendarbeit im Netz diskutiert, für die folgende Ziele formuliert werden:

- „Kontakt- und Beziehungspflege der Mitarbeiter/innen zu den Adressat/innen und der Adressat/innen untereinander: eine zusätzliche niedrigschwellige Form von Kontakt und Kommunikation wird ermöglicht.
- Der Zugang zur Lebenswelt und zu lebensweltlichen Themen der Adressat/innen wird erweitert und verbessert.
- Die Potenziale der Identitätsarbeit und -bildung, die das Internet für Adressat/innen bereitstellt, werden trotz Risiken erkannt und genutzt.
- Die Medienkompetenz der Adressat/innen und Mitarbeiter/innen wird gefördert und erweitert.
- Das Internet wird als Medium der Öffentlichkeitsarbeit genutzt und der Bekanntheitsgrad von Mobiler Jugendarbeit erhöht.
- Die Adressat/innen werden bei der Aneignung des virtuellen Raums begleitet und unterstützt – sowohl auf der Ebene des Individuums als auch auf der kollektiven Ebene, also innerhalb von Cliquen und Gruppen" (Mobile Jugendarbeit 2.0, 2012, S. 3).

Inzwischen haben auch viele Einrichtungen der Offenen Kinder- und Jugendarbeit ähnliche Schritte begangen und sind z. B. mit einem eigenen Account in Facebook präsent. Neben datenrechtlichen Problemen, insbesondere der Einrichtungen in kommunaler Trägerschaft, werden zwei unterschiedliche Formen der Jugendarbeit im Netz diskutiert:

- Eine eher passive Form dient vor allen Dingen der Öffentlichkeitsarbeit, der Darstellung und Präsentation bzw. auch Werbung für Angebote und Projekte mit den Möglichkeiten sozialer Netzwerke, ohne dass einzelne Jugendliche gezielt angesprochen werden.
- Eine eher aktive Form geht soweit, dass die Fachkräfte der Jugendarbeit soziale Netzwerke (besonders Facebook) z. B. für die Kommunikation mit jugendlichen Ehrenamtlichen nutzen oder mobile Jugendarbeiter/innen den Kontakt zu einzelnen Jugendlichen suchen, die sie z. B. längere Zeit nicht im öffentlichen Raum angetroffen haben.

Besonders in Bezug auf die in der mobilen Jugendarbeit auch üblichen Beratungsangebote für Jugendliche erscheint das Internet bzw. die sozialen Netzwerke immer mehr die Form zu sein, um Kontakte herzustellen, die dann auch zu face to face-Beratungen führen. Ähnlich wie andere Beratungsstellen wird auch die Jugendarbeit mit ihrem Beratungsangebot insbesondere in Bezug auf Kontaktaufnahme immer stärker auf die sozialen Netzwerke angewiesen sein. In den Empfehlungen heißt es dazu: „Erreichbarkeit über instant Messenger, z. B. ICQ, Skype etc. während der Bürozeiten für Terminabsprachen, kurze Dialoge und Online-Beratung" (Mobile Jugendarbeit 2.0, 2012, S. 3).

Diskutiert werden aber auch Grenzen in der Kontaktaufnahme zu Jugendlichen bzw. berufsethische Fragen, die in der mobilen Jugendarbeit aber schon immer eine Rolle spielten. Auch früher ging es oft um die Frage, inwieweit mobile Jugendarbeiter/innen bzw. Streetworker/innen in ihrem Arbeitsfeld für Jugendliche erkennbar sein sollten (etwa durch sichtbare Symbole wie eine Tasche, eine Weste), so dass eine klare Unterscheidung von Arbeitszeit und privater Zeit besteht. In Analogie zu dieser Thematik wird nun auch gefordert, dass die Fachkräfte, auch wenn sie in virtuellen Räumen unterwegs sind, klar in ihrer Rolle zu identifizieren sind: „Im Internet sollte sich mobile Jugendarbeit klar und authentisch präsentieren und es sollte transparent sein:

- welche Mitarbeiter/innen auf Nachrichten bzw. den Chat zugreifen.
- dass es ein dienstlich genutztes Profil ist.
- dass die Mitarbeiter/innen in geschlossenen Bereichen (Communitys/Foren) im Internet präsent sind.
- wenn Mitarbeiter/innen Profile von Jugendlichen besucht haben (kein „Inkognitosurfen")" (Mobile Jugendarbeit 2.0, 2012, S. 4).

Viele Träger beschäftigen sich zur Zeit auch im Rahmen von Fortbildungen mit diesen neuen medialen Herausforderungen einer Jugendarbeit, die sich jetzt schon viel stärker nicht nur mit den virtuellen Räumen von Jugendlichen beschäftigt, sondern dort auch präsent ist. Interessant ist, dass dabei auch der Bildungsanspruch der Jugendarbeit eine Rolle spielt und medienpädagogische Ansätze vor diesem Hintergrund verstärkt wieder Einzug in das Angebotsspektrum der OKJA halten. So heißt es z. B. in einem Workshop einer Fortbildung: „Computerspiele in der Offenen Jugendarbeit: Mehr als nur Daddeln". In diesem Bereich gibt es interessante Ansätze, die über die exzessive Mediennutzung insbesondere von männlichen Computerspielern neue Spiel- und Angebotsformen entwickeln. Dies geschieht etwa im Bereich der sogenannten erweiterten Realität, d. h. von Spielen, die ebenso wie klassische Computerspiele in der Offenen Jugendarbeit eingesetzt werden können, die aber einen starken lebensweltlichen Bezug zu den realen Räumen bieten und so im Sinne der „virealen Räume“ einen Übergang zwischen virtuellen und gegenständlichen Räumen bieten und damit eine Bildungsfunktion der OKJA intensivieren könnten. In diesen Bereich gehören auch Ansätze wie Educaching, Stadterkundungen, Stadtspiele, wo neue Medien einbezogen werden können. Solche Ansätze sind für Jugendliche attraktiv und bilden eine jugendarbeitsspezifische Form der Förderung der Kompetenzen von Jugendlichen in den neuen Medien, insbesondere auch im Übergang zwischen virtuellen und gegenständlichen Räumen. Nicht nur die Mobile Jugendarbeit sondern die gesamte OKJA muss sich viel stärker als bisher mit diesem Thema beschäftigen und es wird in den nächsten Jahren nachhaltige Veränderungen der Entwicklungen in dem Bereich in der OKJA geben.

In seinem neuen „Wirkungskonzept“ für Jugendzentren, Jugendtreffs, Herausreichende Jugendarbeit, Mobile Jugendarbeit beschreibt der Verein Wiener Jugendzentren (Wiener Jugendzentren Wirkungskonzept 2012, S. 32) den neuen Arbeitsbereich der „e-youth-work“:

e-youth work

Im Handlungsfeld e-youth work begibt sich Jugendarbeit, im Sinne ihrer sozialräumlichen Perspektive, in mediale soziale Räume, die Orte der Gestaltung sozialer Beziehungen, Orte der Identitätsentwicklung und auch Orte der gesellschaftlichen Teilhabe sind. Jugendarbeit begegnet jungen Menschen an den für sie relevanten Orten und bietet dabei Möglichkeiten zur Begegnung, Kommunikation, Reflexion und Beteiligung an. E-youth work entfaltet Wirksamkeit in medialen Räumen selbst, wie auch in anderen Begegnungsräumen wie Park, Schule oder Jugendzentrum, leistet einen Beitrag zur Entwicklung kritischer Medienkompetenz der Zielgruppen, schafft aber auch Möglichkeiten zur Erweiterung gesellschaftlicher Teilhabe und Beteiligung in den Angeboten der Jugendarbeit selbst. Letztlich geht es auch im Handlungsfeld e-youth work darum Angebote zu gestalten, die Jugendliche bei der Bewältigung ihres Alltags und ihrer Lebensgestaltung unterstützen.

Das Handlungsfeld e-youth work unterstützt insbesondere folgende Wirkungen:

- e-youth work fördert, dass Jugendliche als gesellschaftlich relevante Gruppe anerkannt werden und deren Partizipation, politische Mitbestimmung und öffentliche Einflussnahme gestärkt werden. Damit leistet das Handlungsfeld einen Beitrag zu gelebter Demokratie und gesellschaftlicher Teilhabe Jugendlicher.
- e-youth work stärkt die Kompetenzen und Ressourcen der Jugendlichen. Sie ermöglicht Jugendlichen eigene Fähigkeiten und kreative

Potentiale wahrzunehmen und weiterzuentwickeln und so Selbstvertrauen und Selbstwert zu steigern.

- e-youth work ermöglicht es, dass Jugendliche als Akteur/innen die Chancen und Möglichkeiten medialer Kommunikationsformen wahrnehmen, um das Gemeinwesen für die Interessens- und Bedürfnislagen der Jugendlichen zu sensibilisieren.
- e-youth work fördert Interaktion, Begegnung, Kommunikation und konstruktive Auseinandersetzung zwischen verschiedenen Gruppen und bewirkt dadurch ein verständnis- und respektvolles Miteinander.
- e-youth work regt zu selbstbestimmtem und eigenverantwortlichem Handeln an, aber auch das eigene Handeln kritisch zu reflektieren und in einen gesellschaftlichen Kontext einzuordnen.

Beispiele für Aktivitäten:

- Account in einem sozialen Netzwerk – Feedback/Reaktion/Wahrnehmung der Aktionen von Jugendlichen im social network; Wahrnehmung und Feedback auf Postings (von Zielgruppen); Anfragen beantworten, Information über Angebote und Aktionen der Jugendeinrichtung generell
- Spezifische Gruppen für bestimmte Zielgruppen (z.B. Mädchengruppe/Mädchenraum; Gruppenarbeit online; Spezifische Themengruppen / tw. temporär – z.B. word up!, Veranstaltungen, sonstige Projektgruppen)
- Möglichkeiten der Partizipation, Beteiligung von Jugendlichen – wie Abstimmung, Meinungsumfrage, Einladen Ideen einzubringen… befragen, diskutieren, spielen…
- Chats
- „Crossover" Bearbeitung/online und offline Kommunikation/Räume überlagern sich, gehen in einander über (Quelle: Verein Wiener Jugendzentren (2012): Wirkungskonzept Qualität und Wirkung der Offenen Jugendarbeit im Verein Wiener Jugendzentren. Wien.)

Literatur

Deinet, U. (Hrsg.) (2009): Sozialräumliche Jugendarbeit. Grundlagen, Methoden, Praxiskonzepte. 3., überarbeitete Aufl. Wiesbaden

Deinet, U./ Krisch, R. (2002/2006): Der sozialräumliche Blick der Jugendarbeit. Methoden und Bausteine zur Konzeptentwicklung und Qualifizierung. 1. bzw. 2. Aufl. Wiesbaden

Krisch, R. (2009): Sozialräumliche Methodik der Jugendarbeit. Aktivierende Zugänge und praxisleitende Verfahren. Weinheim und München

Krisch, R./ Stoik, C./ Benrazougui, E./ Kellner, J. (2011): Glossar Soziale Arbeit im öffentlichen Raum. Kompetenzzentrum für Soziale Arbeit des FH Campus Wien. Im Auftrag der Stadt Wien

Krisch, R. (2009): Zur Entwicklung sozialräumlicher Jugendarbeit in Wien an Hand des Vereins Wiener Jugendzentren. http://www.sozialraum.de/wiener-jugendzentren.php, Datum des Zugriffs: 21.09.2012

Ketter, Verena: Mobile Jugendmedienbildung im Stadtteil als eine Methode virealer Sozialraumaneignung, http://sozialraum.de/mobile-jugendmedienbildung-im-stadtteil.php, Zugriff 02.09.2012

Mobile Jugendarbeit 2.0 Herausforderungen und Möglichkeiten Mobiler Jugendarbeit im virtuellen Raum des Internet - Positionen und Handlungsempfehlungen – http://www.mja-sachsen.de/mja-sachsen/

material/handlungsempfehlungen_virtuell-aufsuchende-Arbeit.pdf (Zugriff: 02.09.2012)

Specht W. (Hrsg.) (1987): Die gefährliche Straße - Jugendkonflikte und Stadtteilarbeit. Bielefeld

Verein Wiener Jugendzentren (2009): Offene Kinder- und Jugendarbeit. Arbeitsschwerpunkt Herausreichende Arbeit. Grundlagenpapier. Wien

Verein Wiener Jugendzentren (2012): Wirkungskonzept Qualität und Wirkung der Offenen Jugendarbeit im Verein Wiener Jugendzentren: Jugendzentren, Jugendtreffs, Herausreichende Jugendarbeit, Mobile Jugendarbeit.
http://typo.jugendzentren.at/vjz/fileadmin/pdf_downloads/pdf_f_experts/wirkungskonzept_broschuere_klein.pdf (Zugriff: 02.09.2012)

Ulrich Deinet

Gesundheit und Ernährung – ein Thema sozialräumlicher Jugendarbeit[12]

Praxisbeispiel: Ernährungssituation in Familien als Thema der OKJA

Im Rahmen der Konzeptweiterentwicklung führte eine Einrichtung in einem sozial belasteten Stadtteil verschiedene Methoden durch, um die Lebenswelten der Kinder zu erkunden und daraus neue Anstöße zu gewinnen. Mit einer Grundschule wurden im Rahmen eines Kooperationsprojektes die Autofotografie und das Zeitbudget durchgeführt. Man wollte sich ein Bild davon machen, wie die Kinder diesen Stadtteil erleben, wie sie ihn nutzen, welche Orte sie freundlich/weniger freundlich finden etc. Mit Hilfe der Autofotografie wurden viele Hinweise gewonnen, die die subjektive Nutzung des Stadtteils aus Sicht der Kinder in sehr unterschiedlicher Weise zeigten. Mit dem Zeitbudget sollten die Zeitressourcen der Kinder näher in den Blick genommen werden, aber auch indirekt ihre familiäre Situation. Mehrere Schulklassen füllten die Tagespläne aus und verwendeten dazu auch unterschiedliche Symbole für die jeweiligen Tätigkeiten, z.B. auch fürs Essen. Die Viertklässler füllten die Bögen sehr detailliert aus, klebten die Symbole auf und trugen beim Essensaufkleber sogar ein, welche Mahlzeiten eingenommen wurden, was es zu essen gab etc.

In der Auswertung wurde deutlich, dass die Ernährungssituation in vielen Familien auch am Wochenende durch Fastfood oder häusliche Minimalernährung gekennzeichnet ist. Sowohl bei den Fachkräften als auch bei den Lehrerinnen und Lehrern vor der Untersuchung die Wahrnehmung verbreitet, dass die Ernährungssituation in vielen Familien an den Werktagen zwar durch Fastfood gekennzeichnet ist, man glaubte aber, dies sei am Wochenende anders. Dieser Eindruck stellte sich als falsch heraus und in der gemeinsamen Interpretation der Ergebnisse wurde deutlich, dass die Ernährungssituation ein Thema ist, welches von den Institutionen aufgegriffen werden sollte. Daraus ergaben sich unterschiedliche Projekte, etwa die Einführung eines offenen Frühstücks in zwei Grundschulen sowie eine zusätzliche Über-Mittag-Betreuung in der Einrichtung der Offenen Arbeit.

---

12 Überarbeitete Fassung des Beitrags: Ulrich Deinet: Essen im Ganztag als Kooperationsthema von Jugendarbeit und Schule, in: Rose, Lotte/Sturzenhecker, Benedikt: „Erst kommt das Fressen…!“ Über Essen und Kochen in der Sozialen Arbeit, Wiesbaden, 2009, S. 121-137

Auch wenn man sich sicherlich fragen kann, ob die Ergebnisse dieser im Projekt durchgeführten Methode für eine realistische Einschätzung der Ernährungssituation in den Familien ausreicht, zeigte aber die Reaktion der Fachkräfte, dass dieses Thema schon vorher mindestens latent vorhanden war. Es äußerte sich etwa dadurch, dass zunehmend Kinder ohne Frühstück zur Schule erschienen oder im Nachmittagsbereich der Einrichtungen auf Grund der großen Nachfrage deutlich wurde, dass viele Kinder kein Mittagessen bekamen. Das Thema Ernährung und Gesundheit wurde so von beiden Institutionen stärker in den Blick genommen, es wurde zum Thema der Stadtteilkonferenz und damit auch zu einem sozialräumlichen Thema, das sich zunehmend auch innerhalb des Programms Soziale Stadt finden lässt.

Die Schaffung „gesundheitsfördernder Settings" als Thema der Sozialraumorientierung

Die Sozialraumorientierung im Rahmen des Bundesprogramms „Soziale Stadt" wurde bisher vor allen Dingen als ein Projekt der Stadtentwicklung begriffen mit Elementen wie: Verbesserung der Wohnverhältnisse, Initiierung neuer wirtschaftlicher Tätigkeiten/Schaffung und Sicherung der Beschäftigung auf lokaler Ebene, Verbesserung der sozialen Infrastruktur, Verbesserung der Aus- und Fortbildungsmöglichkeiten, Maßnahmen für eine sichere Stadt, Umweltentlastung, öffentlicher Personennahverkehr, Wohnumfeldverbesserung, Freizeit, Kultur (vgl.: www.staedtebaufoerderung.info)

Im Rahmen der Sozialraumorientierung als Stadtentwicklung haben sich auch erste Ansätze entwickelt, die „Soziale Stadt" als „Gesunde Stadt" zu verstehen, etwa durch eine Gesundheitsförderung im Rahmen einer „new public health", d. h. eines breiten Verständnisses des Sozialraums als Rahmenbedingung für individuelle Entwicklung und damit auch für die Fragen der Gesundheitserziehung. Stadtentwickelung versteht sich auch als Entwicklung gesundheitsfördernder Quartiere bis hin zu Implementierung einer gesundheitsbezogenen Gemeinwesenarbeit (s.u.). Das Konzept der Sozialraumorientierung ist in der Lage, eine Brücke zu bilden zwischen den Strategien individueller Gesundheitserziehung und der Gestaltung gesundheitsfördernder Settings, etwa im Bereich eines Stadtteils oder einer Institution wie Schule: Das Setting in dem Fall wie folgt zu verstehen: „Im Unterschied zur traditionellen Gesundheitserziehung wird innerhalb des Setting-Ansatzes nicht der einzelne Mensch und sein individuelles Verhalten in den Vordergrund der Intervention und Maßnahmen gestellt sondern das soziale System selbst" (Altgeld 2004a, S. 27). Ausgehend von dem Verständnis, dass das Verhalten von Jugendlichen sehr stark von ihrer jeweiligen Umwelt geprägt wird, ist es konsequent, in einer Gesundheitserziehung diese Umwelt viel stärker als bisher mit einzubeziehen: Die Perspektive des Settings geht immer in Richtung der Schaffung einer gesundheitsfördernden Umwelt, um individuelles Verhalten zu ermöglichen: „Der Setting- Ansatz ermöglicht es zudem, Individuen und umweltbezogene Maßnahmen (z. B. Freiräume in städtischen Wohngebieten oder Schulhofgestaltung) miteinander zu verbinden" (ebd.).

Ein weiteres Element der Sozialraumorientierung ist die damit intendierte Lebensweltorientierung, die immer am Alltag der Menschen ansetzt. Die alltägliche Lebensumwelt, die sich subjektiv als Lebenswelt gestaltet, wird als zentrale Rahmenbedingung für die soziale Arbeit begriffen und damit auch für die Gesundheitsförderung: „Der Setting- Ansatz stellt eine Kernstrategie zur Umsetzung der Gesundheitsförderung dar. Ihr liegt die Idee zugrunde, dass Gesundheit kein abstraktes Ziel ist sondern im Alltag hergestellt und aufrecht erhalten wird. Gesundheitsförderung muss in diesem Lebensalltag ansetzen. Die Fokussierung auf definierte Sozialräume, sei es das Quartier, der Betrieb, die Schule oder das Krankenhaus, ermöglicht es, die Zielgruppen und Akteure genauer zu bestimmen, adäquate Zugangswege zu definieren und die vorhandenen Ressourcen zu nutzen" (Altgeld, ebd.).

Am Beispiel der Institution Schule beschreibt Altgeld, wie der Setting-Ansatz sowohl für die Entwicklung einer einzelnen Institution verstanden werden kann als auch als eine Strategie für einen gesamten Stadtteil: „Die gesundheitsfördernde Schule ist aber nicht auf die Schulzeit oder den geographischen Raum Schule begrenzt sondern enthält ebenso eine Öffnung in das kommunale Umfeld und leistet Beiträge zu einer sinnvollen Freizeitgestaltung. Die Öffnung in das kommunale Umfeld wird als wechselseitiger Prozess organisiert, d. h. die Schule mobilisiert zusätzliche Ressourcen (z. B. von Firmen) und stellt gleichzeitig ihre Ressourcen (insbesondere Räume, vor allem Turnhallen) dem Stadtteil zur Verfügung" (Altgeld 2004a, S. 30). Mit dem Ansatz wird also einerseits versucht, gesundheitsfördernde Bedingungen in einer Institution wie der Schule zu schaffen und gleichzeitig diese Institution sozialräumlich zu öffnen. Dies geschieht im Sinne einer stadtteilbezogenen Gesundheitsförderung, die danach fragt, welche Angebote insgesamt verbessert werden müssen und dabei nicht nur gesundheitsfördernde Projekte im engeren Sinne, sondern auch weitergehende Bereiche im Auge hat wie etwa Grünflächen etc.

Altgeld bezieht sich dabei immer wieder auf den Setting-Begriff der WHO: „Als Settings werden Lebensbereiche mit ihren spezifischen sozialen und organisatorischen Strukturen bezeichnet, wie z. B. Schule, Betrieb, Stadtteil, Quartier, in denen Menschen sich überwiegend aufhalten und Lebensmuster entwickeln, die u. a. ihre Gesundheit bestimmen. Ansätze der stadtteilbezogenen Gesundheitsförderung zielen zum einen darauf ab, niedrigschwellige Angebote für Zielgruppen zu entwickeln, zum anderen darauf, durch Netzwerkbildung die Kooperation im Gesundheitswesen zu verbessern" (Altgeld 2004 b, S.21). Vorhandene Netzwerkstrukturen, insbesondere in Stadtteilen mit erhöhtem Entwicklungsbedarf im Rahmen des Programms „Soziale Stadt", aber auch andere Sozialraumstrukturen, können für die Entwicklung gesundheitsfördernder Settings aktiviert werden. Über die Durchführung einzelner Aktionen hinaus steht die Frage im Vordergrund, wie gesundheitsfördernde Aspekte in einer Gesamtstrategie gestaltet werden können. Solche Strategien werden von Altgeld beschrieben, obwohl diese im Rahmen des Programms "Soziale Stadt" erst am Anfang stehen: „Kernprinzipien der Settingarbeit sind im Rahmen der sozialen Stadt bereits ansatzweise verwirklicht, nur spielt der Gesundheitsförderungsgedanke selbst dabei bislang keine zentrale Rolle. Jedoch deuten die neueren Konzepte darauf hin, dass Gesundheitsförderung als wichtiges Thema der sozialen Stadtentwicklung anerkannt wird" (Altgeld 2004b, S. 34).

Das Fachkonzept der Sozialraumorientierung erweist sich als große Chance für eine kommunale Gesundheitsförderung von Kindern und Jugendlichen. Zum einen führt es zu einer Beschreibung der Sozialstrukturen und Gegebenheiten, die Sozialräume als Stadtteile, Regionen, Dörfer etc. auszeichnen und die als planerische Rahmenbedingungen auch für die Entwicklung gesundheitsfördernder Maßnahmen von Bedeutung sind. Insbesondere im Programm „Soziale Stadt" sind zahlreiche Elemente der Vernetzung sowie eines ressourcenorientierten Quartiersmanagements integriert, die Anknüpfungspunkte für Projekte im Rahmen der Gesundheitsförder bieten, z. B. im Rahmen der Projektplattform „Gut-Drauf" der Bundeszentrale für gesundheitliche Aufklärung (vgl. www.gutdrauf.net). Die subjektorientierte Seite der Sozialraumorientierung zeigt insbesondere mit dem Aneignungskonzept die Wahrnehmungen und Raumdeutungen von Kindern und Jugendlichen in ihren Sozialräumen auf und ist deshalb sehr gut geeignet für die Konzeptentwicklung gesundheitsfördernder Projekte. Die Kinder- und Jugendarbeit kann hier deshalb sehr gut anknüpfen, da sie – befreit von einem funktionalen Curriculum wie etwa die Schule – das Thema Gesundheit und Ernährung als lebensweltliches Thema aufnehmen kann. Außerdem verfügt sie über eine langjährige Tradition in diesem Themenfeld: Ernährung, Kochen und Essen sind immer schon wichtige Themen aller Formen der Kinder- und Jugendarbeit gewesen, die jetzt z. B. auch in die Kooperation mit Schule eingebracht werden können.

Ernährung im Ganztag als Kooperationsthema von Jugendarbeit und Schule

Bei der Kooperation zwischen Jugendarbeit und Schule spielt die „Über-Mittag-Betreuung“ eine wesentliche Rolle: In vielen Einrichtungen werden im Rahmen von Ganztagsangeboten Mittagsverpflegungen angeboten, es wird gekocht und gemeinsam gegessen. Dies geschieht mal in familiärer Atmosphäre in Kleingruppen oder in einer mensaähnlichen offenen Situation. Auch die Umsetzung erfolgt sehr unterschiedlich: In manchen Einrichtungen scheint die Mittagsverpflegung als ein eher nebensächlicher Aspekt, während andere Angebote (besonders vor dem Hintergrund des Themas Ernährung und Gesundheit) sehr ernst genommen werden und als fester Bestandteil der Konzeption mit pädagogischen Zielen verankert sind.

Neue Entwicklungen zeigen, dass zahlreiche Schulen an Einrichtungen der Jugendarbeit herantreten, um im Bereich der Mittagsverpflegung zu kooperieren, um von dem entsprechenden „Know how“ zu profitieren. Insbesondere ist dies bei Gymnasien der Fall, die auf Grund der Verkürzung der Schulzeit von neun auf acht Jahre und der damit verbundenen Verlängerung der Schultage bis in den Nachmittag quasi zu Ganztagsschulen geworden sind. Es gilt auszuloten, welche Formen der Gestaltung der mittäglichen Ernährungssituation es im Rahmen von Ganztagsangeboten und der Kooperation von Jugendeinrichtungen und Schule gibt, welche Chancen und Probleme damit verbunden sind und wie mögliche Perspektiven fachlicher Weiterentwicklung dieses Angebotes aussehen könnten. Das Thema differenziert sich in zwei Vorgänge, die kombiniert aber auch getrennt voneinander gesehen werden können: Zum einen geht es um die Zubereitung von Mahlzeiten (eine in der Jugendarbeit verbreitete Aktivität, z. B. in Form von Kochgruppen) und zum anderen, um die gemeinsame Nahrungsaufnahme. Diese Aspekte gehören bei der Gestaltung des Gesamtsettings oft zusammen, etwa im Rahmen der Gruppenarbeit in der Jugendarbeit – zunächst kocht man zusammen und dann isst man gemeinsam. Trotzdem müssen diese beiden Aspekte aber im Rahmen des Ganztags auch unterschieden werden, da sie aus organisatorischen Gründen getrennt werden.

Aus Sicht der Kinder- und Jugendarbeit zählen ernährungsphysiologische Aspekte als meist weniger wichtig, gewinnen aber vor dem Hintergrund des öffentlich diskutierten Motivs „Gesundheit und Ernährung“ an Bedeutung. Vorrangiges Interesse in der Jugendarbeit gilt der Gestaltung einer sozialen Situation, sowohl bei der Zubereitung, als auch bei der Nahrungsaufnahme selbst. Ausgehend von der Tradition der Jugendarbeit, als Gesellungsform von Jugendlichen in Gruppen, spielt die gemeinsame Zubereitung und Gestaltung der Essenssituation vielfach eine wichtige Rolle. Kochen und Essen bieten oftmals Anlässe für Gespräche oder Kontaktaufnahme: So werden immer wieder Situationen beschrieben (z. B. aus Mädchen- und Jungengruppen), in denen gemeinsame Zubereitung und die Nahrungsaufnahme ein wichtiges Medium für die Kommunikation spezifischer Themen darstellen. Im Folgenden werden deshalb beide Varianten beschrieben, die je nach Konzept und dem organisatorischem Rahmen der Kooperation zwischen Jugendarbeit und Schule unterschiedlich akzentuiert werden.

Mittagessen in der Kooperation von Schule und Jugendarbeit: Ergebnisse einer Studie aus Nordrhein-Westfalen

Die Forschungsstelle für sozialraumorientierte Praxisforschung und Entwicklung (FSPE) an der Fachhochschule Düsseldorf führte im Auftrag des Ministeriums für Generationen, Familie, Frauen und Integration des Landes NRW eine Studie zur Kooperation der Offenen Kinder- und Jugendarbeit mit der Schule durch. Die Untersuchung ging davon aus, dass unterschiedliche Kooperationsmodelle bereits weit verbreitet sind. Zum Kern der Untersuchung gehörte eine schriftliche Befragung der Einrichtungen. Gegenstand der Befragung waren Inhalte und Formen der Angebote von Einrichtungen der Offenen Kinder- und Jugendarbeit, die in Kooperation mit Schulen im Schuljahr 2007/2008 durchgeführt wurden (vgl. Deinet et.al. 2010).

Abb. 1: Inhaltliche Angebote im Ganztag nach Schulstufen (n=134)

Angebote	Primarstufe	SEK I
	in % (Einrichtungen)	in % (Einrichtungen)
Mittagessen	27,3%	66,7%
Hausaufgabenbetreuung	33,0%	75,6%
offener Bereich/freies Spiel	63,6%	83,3%
Sport und Bewegung	60,2%	70,5%
musisch-künstlerische Angebote	46,6%	37,2%
neue Medien	30,7%	35,9%
technisch-naturwissenschaftliche Angebote	20,5%	17,9%
soziales Lernen	52,3%	66,7%
interkulturelles Lernen	30,7%	30,8%
geschlechtsspezifische Angebote für Mädchen bzw. Jungen	31,8%	41,0%
Angebote in den Ferien	64,8%	39,7%
Lern- und Sprachförderung	20,5%	23,1%
Sonstige Angebote	12,5%	7,7%
Summe Nennungen	435	465
Summe Einrichtungen	88	78

Quelle: Eigene Untersuchung

Betrachtet man diese Tabelle, lassen sich die unterschiedlichen Schwerpunkte der Angebote je nach Schulstufe erkennen. Da die Kinder- und Jugendeinrichtungen im Rahmen der Offenen Ganztagsgrundschule in NRW überwiegend nicht als Träger, sondern als Kooperationspartner tätig sind, ist es nachvollziehbar, dass Mittagessen und Hausaufgabenhilfe nur begrenzt Teil ihres Angebots sind. Dieses wird in der Regel vom Träger der „OGS" angeboten.

Anders verhält es sich in der Sekundarstufe: Hier bieten zwei Drittel der Einrichtungen im Rahmen des Ganztagsangebots ein Mittagessen und mehr als 75% eine Unterstützung bei den Hausaufgaben an.

Konzeptionelle Varianten

Die im Rahmen der o.g. Studie durchgeführten qualitativen Interviews geben Aufschluss über unterschiedliche konzeptionelle Varianten der Gestaltung der Verpflegungssituation in Ganztagsangeboten. Es geht dabei nicht nur um die Gestaltung des Mittagessens, sondern um das gesamte Setting der Bearbeitung des „Ernährungsthemas“ in der Kooperation zwischen Jugendarbeit und Schule.

Jugendeinrichtung übernimmt Schulmensa

Beispiel aus der Studie

Ab dem Schuljahr 2009/2010 wird die Jugendeinrichtung in einer Kleinstadt eigene Räume in der Hauptschule erhalten (sogenannte „Sozialräume“, sowie ein Büro) und damit auch die Trägerschaft des Ganztags übernehmen. Aktuell wird an einem Konzept gearbeitet, welches in Kürze im Schulausschuss vorgetragen wird. Zudem ist die Einrichtung damit beauftragt worden, ein Konzept für die neu entstehende Schulmensa auszuarbeiten – inhaltlich, methodisch sowie auch architektonisch. Der Auftrag wurde offiziell von der Schulkonferenz an die Gemeindeverwaltung (die Gemeinde ist Träger der Jugendeinrichtung) erteilt. Man hofft darauf, dass mit dem Umzug in die Schule und die Errichtung der neuen Mensa die Lehrerschaft größeres Interesse an der Übermittagbetreuung entwickelt und z.B. gemeinsam mit Schülern dort zu Mittag isst.

Das Beispiel aus der Studie zeigt, wie Jugendarbeit ihre Kompetenz auch in die Gestaltung einer Mensa einbringen kann und damit die Ernährungssituation an einer Schule intensiv mitgestaltet.

Ergänztes Cateringessen

Beispiel aus der Studie

Über die Hausaufgabenbetreuung hinaus wird über ein Cateringunternehmen ein warmes Mittagessen angeboten sowie zusätzlich auch Snacks, Obst und Süßigkeiten. Regelmäßig findet ein „Essensfest" statt. Lässt es der Personalschlüssel zu, wird zudem ein bis zwei Mal wöchentlich selbst gekocht, damit besser auf die Bedarfe der Kinder eingegangen werden kann (dies findet eher im Winter statt).

Typisch für diese Variante ist die Kooperation mit einem Cateringunternehmen, das die Schule oder die Jugendeinrichtung beliefert. Oft werden diese Mahlzeiten dann durch eigene Möglichkeiten ergänzt, bzw. es wird gelegentlich auch selbst gekocht. Die Gesundheitsbestimmungen lassen es allerdings oftmals nicht zu, dass in der Einrichtung gekocht wird. Das Cateringangebot wird auf Grund der Kosten von den Kindern und Jugendlichen nur zum Teil genutzt, was eine schwierige Situation entstehen lässt: Auf der einen Seite Kinder (Familien), die sich das Angebot leisten können, auf der anderen Seite solche, die dazu nicht in der Lage sind und im schlimmsten Fall hungrig bleiben (falls sie sich auch nicht von zu Hause etwas mitbringen).

Pädagogische Betreuung des Mittagessens, dessen Organisation von schulischer Seite übernommen wird

Beispiel aus der Studie

Die Übermittagbetreuung in der Jugendeinrichtung beinhaltet eine warme Mahlzeit. Die Organisation dieses Mittagessens wurde aber an den Förderverein abgetreten, die Einrichtung übernimmt lediglich die pädagogische Betreuung. Der Förderverein ist hierbei verantwortlich für die gesamte Logistik wie Einkauf, Speiseplanerstellung etc. Er zieht die Essensbeiträge der Eltern ein und arbeitet dabei kostendeckend. Der Beitrag für das Mittagessen beträgt 40 Euro monatlich. Es wird berichtet, dass eine kostendeckende Organisation von der Jugendeinrichtung selbst gar nicht zu leisten wäre, zumal die Einnahmen aus dem ÜMB-Budget abgeführt werden müssten. Für die Zubereitung der Mahlzeiten wurde eine Köchin auf Honorarbasis eingestellt. Diese ist zusammen mit der ersten Vorsitzenden des Fördervereins auch für die Gestaltung des Essensplans verantwortlich. Das Essen wird täglich frisch zubereitet, an besonderen Ereignissen wie z. B. Geburtstagen wird zudem Kuchen gebacken und gemeinsam gefeiert.

Bei dieser Variante bleibt die Jugendarbeit entlastet von der organisatorischen Gestaltung des Mittagessens, übernimmt aber weiterhin die pädagogische Betreuung, so dass Ernährung und das gemeinsame Essen ein zentrales Kooperationsthema bleiben.
Verbunden ist dieses Vorgehen mit einer konkreten Zielsetzung im Bereich Gesundheit und Ernährung, die sich auch in der Konzeption niederschlägt:

> „Bei einem betreuten Angebot über den Mittag sollten die Kinder während des langen Tages eine warme Mahlzeit bekommen. Die Einrichtung bietet daher ein Mittagessen zum Selbstkostenpreis an. Durch Fast-Food, alltägliche Hektik und Individualisierung verliert das gemeinsame Essen derzeit zunehmend an Qualität und damit auch seine kulturelle Bedeutung selbst. Wir wollen diesem Trend entgegensteuern, in dem wir den Kindern mit dem Mittagessen eine Form des gegenseitigen Erlebens bieten. Damit bieten wir den Kindern einen festen, ritualisierten Bezugspunkt im Tagesablauf, in dem sie Gemeinschaft kommunikativ (er)leben können und Essen nicht nur als Nahrungsaufnahme verstehen" (Konzeption der Einrichtung).

Zahlreiche Einrichtungen der Offenen Kinder- und Jugendarbeit lassen sich durch die Bundeszentrale für gesundheitliche Aufklärung im Rahmen des Projektes „Projekte im Bereich der Gesundheitsförderung" zertifizieren und verfolgen deshalb konzeptionell sehr deutliche Ziele im Bereich von Gesundheit und Ernährung. Vor diesem Hintergrund wird das Mittagessen nicht ausschließlich als organisatorische Aufgabe, sondern eher als pädagogischer Auftrag gesehen und entsprechend gestaltet.

Jugendeinrichtung gibt die Organisation und pädagogische Betreuung des Mittagessens an Schule ab

Beispiel aus der Studie

Das Mittagessen wird jetzt in der schuleigenen Mensa angeboten, zuvor wurde es in der Jugendeinrichtung eingenommen. Durch diese Umstellung konnte ein mit großem Aufwand verbundener Arbeitsbereich abgegeben werden. Die Organisation des Mittagessens war schwierig. Hinzu kam die schlechte Zahlungsmoral der Eltern, trotzt einer moderaten Preishöhe von unter zwei Euro pro Essen. Dies führte dazu, dass von 180 teilnehmenden Kindern lediglich etwa 50 das Essen bezahlten, aber bei deutlich mehr Kindern ein Bedarf bestand. Man ist dazu übergegangen, die Beiträge ausschließlich per Überweisung zu regeln. Zuvor konnten die Eltern bar zahlen, so dass Kinder die Beiträge oft mitbrachten. Dies sei aber zu stark in die pädagogische Arbeit eingeflossen. Frau M. plädiert dafür, dass die Beiträge an anderer Stelle geregelt werden sollten, die von der pädagogischen Arbeit abgekoppelt ist. Bei (muslimischen) Migrantenkindern kommt zusätzlich das Problem hinzu, dass die Eltern bezüglich der Zubereitung des Essens Zweifel haben (Verwendung von Schweinefleisch).

Bei dieser Variante ist die Organisation und Betreuung des Mittagessens meist nicht mit konkreten pädagogischen Zielen verbunden. Stattdessen geht es eher um die Bewältigung von Kooperationsproblemen mit der Schule, aber auch der Kommunikation mit Eltern, insbesondere bezüglich der Bezahlung.

Ernährungsangebote als Reaktion auf die Armut von Kindern und Jugendlichen

In vielen Beispielen der Über-Mittag-Betreuung im Rahmen der Kooperation von Jugendarbeit und Schule taucht immer wieder das Problem auf, dass Kinder und Jugendliche an der Betreuung teilnehmen, aber kein Mittagessen einnehmen können, weil dies von den Eltern nicht finanziert werden kann. Die gesellschaftliche Diskussion um die Notwendigkeit staatlicher Hilfen in diesem Bereich und die Frage, ob den Familien finanzielle Ressourcen zur Verfügung gestellt werden oder besser in eine kostenlose Schulverpflegung investiert werden sollten, hat in zahlreichen Kommunen zu kostenlosen Verpflegungsangeboten geführt. Dafür stehen zum Teil kommunale oder auch Landesprogramme zur Verfügung. Oftmals sind es dabei kommunale Organisationen, die etwa durch die Kooperation zwischen einer Jugendeinrichtung und der kommunalen „Tafel“ eine solche kostenlose Verpflegung erst möglich machen.

Folge der Armutsentwicklung ist auch eine zu beobachtende Ausdehnung des Verpflegungsangebotes auf ein Frühstück weil zunehmend Kinder und Jugendliche ohne Frühstück in die Schule kommen:

Beispiel aus der Studie

Es wird angestrebt, das Angebot für die Schule homogener und ganzheitlicher zu gestalten. Aktuell arbeitet man an einem Konzept, um bestimmte Schüler bereits vor Schulbeginn zu betreuen. Angedacht ist ein Frühstückstreff an drei Tagen der Woche von 6.30 bis 8.00 Uhr in der Einrichtung. Der Hintergrund ist, dass etliche Schüler bedingt durch Busverbindungen o.ä. sich lange vor dem Unterrichtbeginn in der Schule aufhalten und keinen festen Aufenthaltsort haben. Man hofft, mit diesem Angebot auch Lehrer anzusprechen, morgens dort z. B. einen Kaffee zu trinken.

Die Beobachtung vieler Lehrerinnen und Lehrer, dass eine wachsende Zahl von Kindern ohne Frühstück in die Schule kommen und dieser Umstand sich auch auf die Lernfähigkeit auswirkt, führt in der Kooperation dazu, dass Frühstückangebote eingerichtet werden (teilweise auch in Kooperation mit den örtlichen „Tafeln").

Schülercafé

Beispiel aus der Studie

Seit 1994 organisiert das Jugendzentrum ein Schülercafé an einer Hauptschule. Gemeinsam mit Schüler/innen und einigen Lehrern wurde ein ehemaliger Fahrradkeller zu einer Teestube umgebaut. Seitdem besteht das Angebot an fünf Tagen in der Woche in der Zeit von 12.30 bis 15.30 Uhr. Der Betrieb wird von zwei (pädagogischen) Honorarkräften geleitet, die die Jugendlichen auch in schulischen und außerschulischen Belangen beraten. Der Besuch des Schülercafés ist nicht verbindlich, so dass die Schüler/innen täglich entscheiden können, ob sie das Angebot in Anspruch nehmen. Viele nutzen das Café, um die Zeit zwischen dem Vormittags- und dem Nachmittagsunterricht zu überbrücken. Der Besucherdurchschnitt liegt bei ca. 30 Schüler/innen.

Eine sehr offene Form der Über-Mittag-Betreuung stellen die Schülercafés dar, die es fast ausschließlich im Bereich der Sekundarstufe I gibt. Hier wird ganz bewusst auf eine gemeinsame Ernährungssituation verzichtet. Die Jugendlichen können zum Teil individuell ihr Mittagessen einnehmen oder andere Angebote wahrnehmen. Dieses an Jugendliche gerichtete offene Angebot mit den Prinzipien der Jugendarbeit (Freiwilligkeit und Offenheit) schafft ein Angebot an Schulen, das einen non-formellen Bildungsraum zur Verfügung stellt, welches insbesondere durch die Selbstorganisation und Partizipation der Jugendlichen gekennzeichnet ist. Solche Schülercafés bilden auch eine Brücke zu weiteren Angeboten der Jugendarbeit.

Gestaltung der Ernährungssituation zwischen „Familien- und Mensamodell"

Die genannten Varianten und Beispiele zeigen ein breites Spektrum unterschiedlicher Gestaltungen der Verpflegungssituation über Mittag. So werden auch die Gestaltung und die Organisation des Mittagessens zu einem Kooperationsthema zwischen Jugendarbeit und Schule, das genau wie andere Themen entweder kooperativ oder durch einen Partner separat gestaltet wird. Interessant zeigen sich auch die sehr unterschiedlichen Einschätzungen aus Sicht der Jugendarbeit, die Über-Mittag-Betreuung entweder als reine Organisationsaufgabe betrachtet, oder damit sogar inhaltliche Bildungsziele verbindet. Das Mittagessen (gemeinsam gestaltet oder eher im Mensamodell) bildet auch den Übergang zu Nachmittagsangeboten bzw. zur fast immer vorhandenen Schulaufgabenbetreuung. Die beiden Elemente Hausaufgabenbetreuung und Mittagessen sind für die Kinder- und Jugendarbeit im Rahmen der Kooperation mit Schule inzwischen gängige Konzeptbausteine. Allerdings gehören sie nicht zum klassischen Konzeptspektrum der offenen Kinder und Jugendarbeit, sondern wurden erst seit Ende der 1980er Jahre aufgrund veränderter Lebensbedingungen von Kindern und Jugendlichen sowie aufgrund sich wandelnder Rahmenbedingungen der Jugendarbeit entwickelt.

Die in den Ganztagsangeboten für Grundschulkinder favorisierte Gestaltung der Ernährungssituation in eine familienähnliche Atmosphäre in einer Kleingruppe mit starken sozialen Bezügen könnte man als „Familienmodell" bezeichnen im Gegensatz zu einer im Bereich der Sek 1 verbreiteten Esskultur, in der einzelne Jugendliche oder Gruppen ihre Mahlzeit individuell einnehmen, die man als „Mensamodell" beschreiben kann. Das Setting des „Familienmodels" ermöglicht den Kindern viele soziale Erfahrungen und das gemeinsame Mittagessen wird von den Fachkräften als pädagogische Gestaltungsaufgabe aufgefasst. Überschaubare Gruppengröße, kontinuierliche Bezugspersonen, feste Zeit- und Raumstrukturen (bis hin zu Tischkarten und festen Plätzen) sind genau die Gestaltungselemente, die sich im „Mensamodell" (s.u.) nicht oder kaum umsetzen lassen. Die Gestaltung einer familienähnlichen Tischgemeinschaft zielt meist auf Kinder zwischen 6 und 12 Jahren und knüpft an Elemente der Jugendarbeit (Gruppenarbeit), aber auch an Erfahrungen aus der Hortarbeit an. Der Charakter und die Stärke dieses Modells liegen in Betonung der sozialen Situation der Nahrungsaufnahme als Tischgemeinschaft gegenüber dem Mensamodell, in dem es vorrangig um Bewältigung von Organisationsproblemen und der „reinen" Nahrungsaufnahme geht. Geeignet ist das Familienmodell nicht für größere Zahlen von Kindern und Jugendlichen (die aber gerade im Rahmen der Ganztagsschulentwicklung häufig entstehen) und auch nicht für Jugendliche im Sek I Bereich, denen offenere Formen eher entgegenkommen.

Wie die zitierte Studie zeigt, kooperieren viele Kinder- und Jugendeinrichtungen heute aber im Rahmen von Ganztagsangeboten mit weiterführenden Schulen im Bereich der Sekundarstufe I. Hier liegt in Nordrhein-Westfalen auch der Schwerpunkt der Gestaltung der Über-Mittag-Betreuung bzw. eines Mittagessens. Es stellt sich für viele Einrichtungen die Frage, wie die Über-

Mittag-Betreuung hier pädagogisch gestaltet werden kann und welches Setting den Kindern bzw. Jugendlichen dieser Altersstufe gerecht wird. Vor dem Hintergrund dieser Entwicklung versucht der dritte Teil verschiedene Variantender pädagogischen Gestaltung einer Über-Mittags-Situation zu diskutieren: Dabei werden Grundlagen einiger soziologischer Erkenntnisse zur Bedeutung des Essens mit einbezogen.
Viele Schulen stehen heute vor der großen organisatorischen Aufgabe, eine Über-Mittag-Betreuung zu gestalten, bezüglich derer sie kaum Erfahrungen besitzen. Da gerade die Jugendarbeit konzeptionelle und langjährige praktische Erfahrungen in der (pädagogischen) Gestaltung von offenen sozialen Settings hat, liegt es nahe, dass sich Schulen an diese als Kooperationspartner wenden.

Schulische Erwartungen und Ansprüche gerade im Bereich der Sekundarstufe I beziehen sich aber weniger auf die Gestaltung einer familienähnlichen Situation mit einer übersichtlichen Zahl von Kindern, sondern eher auf die Organisation eines rationellen Mensabetriebs für Viele. Dabei stehen Zeitfragen oft an vorderster Stelle, denn für das Essen steht nur ein bestimmtes Zeitbudget zur Verfügung. Mangelnde Räumlichkeiten sowie nicht vorhandener Platz schaffen zum Teil zusätzlich schwierige Ausgangsbedingungen. Die oft äußerst engen räumlichen und zeitlichen Vorgaben erinnern an die historische Entwicklung der Gemeinschaftsverpflegung in großen Institutionen. Die Essensituation muss sich hier völlig der dominanten Funktion der Organisation unterordnen. Ein Verweilen beim und nach dem Essen, ausufernde Gespräche, chaotisierende Tischordnungen und offene Zeiten/Endpunkte können die Funktionalität der zentralen Organisationsabläufe behindern. Auch wenn es hier um die Kooperation von Jugendarbeit und Schule inklusive der pädagogischen Ziele und nicht (nur) um die Organisation des Mittagessens in einer großen Institution geht, stehen doch organisatorische Aspekte immer wieder im Vordergrund. Es ist deshalb nicht verwunderlich, dass viele Jugendeinrichtungen in diesem Bereich kein geeignetes Thema für eine Kooperation sehen, sind sie doch selbst organisatorisch überfordert oder sehen keinen pädagogischen Sinn darin, sich an der nur funktionalen Gestaltung solcher Situationen zu beteiligen. Dennoch muss einschränkend gesagt werden, dass es in der Kooperation zwischen Jugendarbeit und Schule selten um Mensen an großen Ganztagsschulen geht, sondern die kleineren aber weit verbreiteten Formen von Ganztagsangeboten, in deren Gestaltung die Jugendarbeit viele Erfahrungen einbringen kann und die sie auch viel stärker aktiv für ihre pädagogischen Arbeitsprinzipien und Inhalte nutzen könnte.

Wie für die Jugendarbeit typisch, ist das Spektrum der konzeptionellen Varianten sehr breit gefächert und reicht vom Familien- bis zum Mensamodell. Je nach Altersstufe, der Zahl der Kinder und Jugendlichen, die an einer

Über-Mittag-Betreuung teilnehmen, den Räumlichkeiten etc. können unterschiedliche konzeptionelle Varianten entwickelt werden. Die vor Jahren geführte Diskussion, ob die Übernahme einer Mittagsverpflegung (ähnlich wie die Hausaufgabenbetreuung) familiäre Strukturen schwächt, kann zu Gunsten einer lebensweltorientierten Konzeptionierung überwunden werden, die von tatsächlichen Bedarfen ausgeht. Nicht nur in Kommunen mit einem hohen Anteil von Kindern und Jugendlichen, die von Armut betroffen sind, stellt sich die Frage einer kompensatorischen Leistung der Kinder- und Jugendarbeit fachlich nicht mehr. Sicherlich ist die Ernährung von Kindern und Jugendlichen keine genuine Aufgabe der Kinder- und Jugendarbeit. Organisiert sie jedoch in einer intensiven Kooperation mit Schule Ganztagsangebote, ist sie ohnehin bereits mit dem Thema konfrontiert. Dabei kann sie Kindern und Jugendlichen u. a. die sozialen Erfahrungen einer Tischgemeinschaft ermöglichen sowie ihre Kompetenzen im Umgang mit Ernährung und Gesundheit stärken.

Resümee

Zusammenfassend sollen Chancen und Probleme der Gestaltung der Ernährungssituation im Rahmen von Ganztagsangeboten in der Kooperation von Jugendeinrichtungen und Schule zusammengefasst werden:

- Sozialräumliche Gestaltung der Situation: Entscheidend für die Wirkung ist die Ausgestaltung des Settings, sowohl im Familien- als auch im Mensamodell. Inwieweit auch unter Beachtung der schwierigen Gesundheitsvorschriften die Herstellung eines attraktiven Settings möglich ist, hängt wesentlich von den räumlichen Voraussetzungen ab. Die in vielen Jugendeinrichtungen vorhandenen Küchen, aber auch die durch das Investitionsprogramm der Bundesregierung geschaffenen Mensen an Schulen schaffen hier zumindest eine räumliche Grundvoraussetzung. Deren Gestaltung stellt sich als Herausforderung ebenso dar, wie die zeitliche Konzeptionierung von Ganztagsangeboten, etwa auch unter dem Aspekt einer sinnvollen Abfolge von Ruhe und Bewegung. Es stellt sich z. B. die Frage, ob die in vielen Projekten übliche Abfolge, dass nach dem Mittagessen sofort die Schulaufgabenbetreuung beginnt, physiologisch sinnvoll ist.
- Beteiligung am Kochen und Essensgestaltung durch Kinder und Jugendliche wird zunehmend erschwert: Auch wenn die gemeinsame Zubereitung der Mahlzeiten aus hygienischen, aber auch organisatorischen

Gründen kaum möglich ist, werden Kinder und Jugendliche vielfach z.B. auch an der Ausgabe der Mahlzeiten beteiligt. Leider widerspricht die Vorschrift der Trennung der Räume für die Essenszubereitung dem gruppenpädagogischen Ziel, Zubereitung und Einnahme des Essens als gemeinsame Situation zu erleben und auch bewusst herzustellen.

- Verbindung von Ganztagsangeboten mit weiteren Angeboten der Kinder- und Jugendarbeit: Auch wenn die gemeinsame Zubereitung von Mahlzeiten innerhalb von Ganztagsangeboten eher (noch) unrealistisch erscheint, kann die Kinder- und Jugendarbeit mit ihrem breiten Repertoire von Kochgruppen an die Ganztagsangebote konzeptionell anschließen. Solche Projekte bilden eine Brücke zu den Angeboten der Jugendarbeit und bieten für Kinder und Jugendliche die Chance der Erweiterung von Kompetenzen. Diese non-formalen Bildungschancen stellen sich aber nur dann ein, wenn es der Kinder- und Jugendarbeit gelingt, ein entsprechendes Setting herzustellen, der Kinder und Jugendliche motiviert, sich die Grundbedürfnisse des Menschen nach Nahrungsaufnahme, aber auch nach kooperativer Nahrungserstellung (also etwa Einkaufen und Kochen) und nach auch sozialem Kontakt und Gemeinschaft beim Essen anzueignen.

Befreit vom schulischen Curriculum kann die Kinder- und Jugendarbeit hier ihre Konzepte entwickeln und ausgehend von den Interessen und Bedürfnissen der Zielgruppen weitergehende Projekte entwickeln. So kam es in z. B. in einer Einrichtung zur Entstehung einer Gartenbaugruppe: Anknüpfungspunkt war die Wahrnehmung der Kinder: „Tomaten kommen aus dem Supermarkt". Dabei konnten die Kinder zumindest exemplarisch den ganzen Zyklus der kooperativen Erzeugung von Nahrung, ihrer Verarbeitung zu genießbarem Essen, und der kulturellen Formung der gemeinsamen Essensituation und der Erzeugung der Tischgemeinschaft erfahren. Wenn die Voraussetzungen stimmen, kann die Gestaltung einer Ernährungssituation im Rahmen von Ganztagsangeboten genutzt werden, um das Essen als soziale Situation zu gestalten und für Kinder und Jugendliche nachhaltige Bildungserfahrungen zu ermöglichen.

Literatur

Barlösius, Eva (1999): Soziologie des Essens. Eine sozial- und kulturwissenschaftliche Einführung in die Ernährungsforschung, Weinheim und München

Deinet, Ulrich/Icking, Maria/Leifheit, Elisabeth/Dummann, Jörn (2010): „Jugendarbeit zeigt Profil in der Kooperation mit Schule", in der Reihe „Soziale Arbeit und Sozialer Raum" (Hrsg. Ulrich Deinet) Bd. 2, Barbara Budrich

Elias, Norbert (1981/1982): Über den Prozess der Zivilisation, Bd.1/2, 8. Aufl., Frankfurt a.M.

Internetquellen:

Altgeld, Thomas (2004a): Gesundheitsfördernde Settings – Modelle für integrative Gesundheitsförderung in benachteiligten Stadtteilen?, in: E und C Fachforum: Perspektive: Gesunder Stadtteil – gesundheitsfördernde Setting-Ansätze und Jugendhilfestrategien in E- und C-Gebieten, Dokumentation der Veranstaltung vom 26. bis 27. 01. 2004 in Berlin. http://www.gesundheit-nds.de/downloads/altgeld.settingexpertise.pdf, Zugriff 7.12.2012

Altgeld, Thomas (2004b): Expertise Gesundheitsfördernde Settingansätze in benachteiligten städtischen Quartieren, http://www.gesundheit-nds.de/downloads/altgeld.settingexpertise.pdf, Zugriff 7.12.2012

www.gutdrauf.net

www.staedtebaufoerderung.info

Ulrich Deinet

Offene Kinder- und Jugendarbeit und Schule[13]

Die Ganztagsschule als Herausforderung für die OKJA

Gesellschaftliche Veränderungen wie die demografische Entwicklung, der Wandel der Familie als Sozialisationsinstanz und die steigende Erwerbsbeteiligung von Frauen, aber vor allem auch erweiterte Kompetenzanforderungen haben zu neuen Anforderungen an das Schulsystem geführt. Die deutsche Halbtagsschule mit ihrer bildungsorientierten Fachdidaktik sieht sich nicht erst nach dem PISA-Schock zunehmend dem inneren Druck und äußeren Erwartungen gegenüber, nicht nur den Unterricht optimaler zu gestalten, sondern auch soziale Probleme lösen zu müssen, die traditionell anderen gesellschaftlichen Bereichen wie der Familie und der Jugendhilfe zugeordnet wurden. Vor diesem Hintergrund ist der Ausbau der Halbtags- zur Ganztagsschule eines der zentralen Themen der Bildungspolitik der letzten Jahre. Insbesondere angestoßen durch das Investitionsprogramm "Zukunft Bildung und Betreuung" (IZBB) des Bundes haben die Bundesländer deutliche Anstrengungen unternommen, die Schulen in diese Richtung zu entwickeln.

Nach der Definition der Kultusministerkonferenz (vgl. KMK 2011) sind Ganztagsschulen im Primar- wie im Sekundarbereich Schulen, die:

- ein ganztägiges Angebot von täglich mindestens sieben Zeitstunden an mindestens drei Tagen bereitstellen,
- an allen Tagen des Ganztagsschulbetriebs den teilnehmenden Schülerinnen und Schülern ein Mittagessen bereitstellen,
- das Ganztagsangebot unter der Aufsicht und Verantwortung der Schulleitung organisieren und in enger Kooperation mit der Schulleitung durchführen sowie in einem konzeptionellen Zusammenhang mit dem Unterricht stehen.

Ferner werden voll gebundene Formen (die für alle Schülerinnen und Schüler verpflichtet sind), teilweise gebundene Formen (die für einen Teil der Schülerinnen und Schüler verpflichtend sind) und offene Formen mit individueller

---

[13] Stark erweiterte Fassung des Beitrags: „Ganztag und OKJA", in: Deinet, Ulrich/ Sturzenhecker, Benedikt (Hrsg.) (2013): Handbuch Offene Kinder- und Jugendarbeit, 4., überarbeitete. und aktualisierte Auflage.

Teilnahme unterschieden. 2009 waren bundesweit rund 42 % aller Schulen in Deutschland Ganztagsschulen nach dieser Definition; rund 27 % aller Schülerinnen und Schüler nahmen 2009 bundesweit das Ganztagsangebot war, beide Werte variieren allerdings sehr stark je nach Bundesland (KMK 2011, S. 1 und S. 30).

Vor allem die mit der Einführung der Ganztagsschule geforderte Über-Mittag-Betreuung und die nachmittäglichen Angebote stellen die einzelnen Schulen vor organisatorisch und inhaltlich große Herausforderungen. Hier dürfte ein zentraler Grund dafür liegen, dass viele Schulen bei der Gestaltung des Ganztagsangebots mit außerschulischen Kooperationspartnern zusammenarbeiten. Bisherige empirische Untersuchungen zur Kooperation beziehen sich stark auf die Ganztagsschule. Zu nennen ist hier zum einen die von der Landesregierung in Nordrhein-Westfalen in Auftrag gegebene Studie zur Evaluation der Offenen Ganztagsschule im Primarbereich (OGS) und die bundesweite Studie zur Entwicklung von Ganztagsschulen (StEG), die ein länderübergreifendes Forschungsprogramm zu Ganztagsschulen und -angeboten durchgeführt hat. Beide Studien beschäftigen sich auch mit der Kooperation mit außerschulischen Partnern und insbesondere mit der Rolle der Jugendhilfe. Weitere Differenzierungen im Bereich der Jugendhilfe, d. h. in Bezug auf einzelne Felder der Jugendhilfe, nehmen diese beiden Studien nicht vor. In der StEG-Studie wird zu den Gründen für die Kooperation mit außerschulischen Partnern festgestellt: „Viele Schulen arbeiten bei der Gestaltung des Ganztagsangebots mit Kooperationspartnern zusammen. Dies hängt zum einen damit zusammen, dass sie auf Grund der Rahmenbedingungen nicht in der Lage sind die verlängerte Schulzeit aus eigener Kraft zu bestreiten. Zum anderen soll dadurch erreicht werden, dass andere lebensweltliche Bereiche der Schülerinnen und Schüler in den schulischen Ganztag einbezogen werden und somit die umfassenden Bildungs- und Erziehungsaufgaben besser bewältigt werden können" (Arnoldt 2007a, S. 86). Es wird deutlich, dass es sowohl pragmatische wie auch inhaltliche Gründe für die Kooperation gibt. Vor allem die mit der Einführung der Ganztagsschule geforderte Über-Mittag-Betreuung und die nachmittäglichen Angebote stellen die einzelnen Schulen vor organisatorisch und inhaltlich große Herausforderungen. In der Studie zur OGS in NRW wird in dem Zusammenhang aber auch positiv festgestellt: „Schule ist offener geworden nach außen: Der Ganztag hat die Schule „gezwungen" sich nach außen zu öffnen. Die Sensibilität für mehr Kooperation mit außerschulischen Partnern hat zugenommen, es gibt ein bewusstes Suchen nach neuen Kooperationsmöglichkeiten. Durch diese Offenheit hat sich in einigen Fällen auch das Bild der Schule in der Öffentlichkeit zum positiven hin verändert" (Beher u. a. 2005, S. 161). Die

Kooperation im Ganztag ist also nicht nur eine Herausforderung, sondern auch eine Chance für die Schule.
Darüber hinaus verändert die Ganztagsschule nicht nur die Schule als Organisation, sondern auch die Lehrer und Lehrerinnen in ihrer Rolle. Ein im Rahmen von StEG befragter Schulleiter drückt die Veränderungen so aus: „Ich esse mit den Kindern zusammen und ich muss sagen, ich habe eine ganz andere Berufszufriedenheit gewonnen hier an der OGS. Ich merke, die Kinder kommen zu mir, wollen von mir etwas wissen. Es ist einfach eine andere Kommunikationsstruktur zwischen Kindern und dem Schulleiter als es vorher war, als ich doch mehr Verwaltungsmensch war. Jetzt bin ich eigentlich, ich sag mal fast Mitmensch – beim Mittagessen, beim Spielen oder sonst irgendwo […]. Das macht mir zunehmend auch Spaß, mich mit den Kindern zu unterhalten und einfach deren kleinen Wehwehchen und die Zufriedenheit, die sie haben auch formuliert zu bekommen“ (Interview mit einer Schulleitung, in Beher u. a. 2005, S. 162).

Die Untersuchungen im Rahmen von StEG gehen von grundsätzlichen Strukturunterschieden zwischen den Systemen Schule und den außerschulischen Partnern aus. Es wird festgestellt, „dass bei der Kooperation von Schule und außerschulischen Partnern verschiedene Logiken und Selbstverständnisse aufeinander treffen, in denen ein jeweils anderes Bildungsverständnis vorherrscht, verschiedene Professionen mit unterschiedlichen Handlungsansätzen arbeiten und die Organisationsstrukturen anders aufgebaut sind“ (Arnoldt 2007b, S. 123). Insgesamt unterscheiden die Untersuchungen im Rahmen von StEG drei Gruppen von Kooperationspartnern: Erstens öffentliche Anbieter wie kommunale Einrichtungen, Polizei, Büchereien, Museen etc., zweitens freie gemeinnützige Anbieter, worunter Verbände, Vereine und Initiativen jenseits von Staat und Markt zusammengefasst werden. Als drittes kommen auch gewerbliche Anbieter in den Blick wie z. B. Unternehmen. Der Kooperationspartner „Jugendhilfe“ wird in dieser Aufteilung zwei Gruppen zugeordnet. Sie gehört sowohl zum Bereich der öffentlichen Anbieter (kommunale Einrichtungen etc.) wie auch zu den freien gemeinnützigen Anbietern, wenn es um die Angebote der freien Träger geht. Innerhalb der Jugendhilfe wird aber nicht weiter zwischen den einzelnen Bereichen der Jugendhilfe wie Jugendarbeit, Jugendsozialarbeit etc. unterschieden (vgl. Arnoldt 2007a, S. 87 ff).
Im Ergebnis der Studie wird deutlich, dass die Jugendhilfe ein vor allem konzeptionell gewichtiger Partner der Schule im Ganztag ist: Sie „macht vorerst nur ein Viertel der Kooperationspartner aus. Jedoch deckt sie mit einem ungefähr doppelt so hohen Stundenumfang Angebote ab, was ihre Bedeutung wiederum erhöht. Durch den hohen Wochenstundenumfang ist es nahe liegend, dass die Jugendhilfe auch mehr Angebote abdeckt als andere

Kooperationspartner. Dabei hat sie ihren Schwerpunkt auf der Förderung benachteiligter Kinder und Jugendlicher und bietet entsprechend mehr Angebote für spezielle Schülergruppen an. Von der Jugendhilfe werden mehr Sozialpädagoginnen und Sozialpädagogen an der Schule eingesetzt als von anderen Kooperationspartnern, was ihre Fachlichkeit unterstreicht. Dadurch werden auch höhere Erwartungen an eine konzeptionelle Abstimmung gerichtet. So nennt die Jugendhilfe beispielsweise das Entwickeln gemeinsamer Handlungsansätze mit der Schule signifikant häufiger als Beweggrund für die Kooperation als andere Partner der Schule“ (Arnoldt 2007a, S. 104). Aus den Befragungen der Kooperationspartner im Rahmen von StEG hat sich offensichtlich ergeben, dass die Jugendhilfe eine gleichberechtigtere Stellung als andere Kooperationspartner hat und z. B. durch Kooperationsverträge und Teilnahme in Schulgremien auch stärker in die Schule eingebunden ist. Im Vergleich zum Durchschnitt aller Kooperationspartner sieht sie sich auch selbst häufiger als gleichberechtigter Partner. Kooperationspartner der Jugendhilfe mit einer nachgeordneten Rolle sind dagegen eher unzufrieden mit der Zusammenarbeit. Daraus wird der Schluss gezogen, dass die Jugendhilfe auch eher den Anspruch der gleichberechtigten Partnerschaft erhebt als andere Kooperationspartner (Arnoldt 2007b, S. 125f). Obwohl die Jugendhilfe einerseits als wichtigster Partner der Schule beschrieben wird, zielt sie andererseits in ihren Angeboten nicht so stark auf den Unterricht. Der höhere Anspruch an die Kooperation muss sich also auch aus anderen Aspekten ergeben. Dieser könnte mit dem Bildungsverständnis der Jugendhilfe zusammenhängen, das über Unterricht und schulisches Lernen deutlich hinaus geht.

Über Kooperation von Jugendarbeit und Schule fehlen noch weitgehend empirische Befunde. Erste Ergebnisse finden sich in Untersuchungen zur Ganztagsschule, die seit 2004 bundesweit im Rahmen eines Forschungsverbunds durchgeführt werden. In drei Wellen (2005, 2007 und 2009) wurden Schulleitungen, pädagogisches Personal, Schüler/innen und Eltern einer repräsentativen Stichprobe von Schulen befragt (vgl. StEG Konsortium 2011). In einer Sonderauswertung der Befragungen der ersten Erhebungswelle 2005 zu den Kooperationspartnern wird Rolle und Bedeutung der Jugendhilfe und in dem Rahmen auch der Jugendarbeit genauer untersucht (vgl. Arnoldt/Züchner 2008). Im Ergebnis wird deutlich, dass die Jugendhilfe zumindest in diesem frühen Zeitpunkt des Ausbaus der Ganztagsschule nicht der Hauptkooperationspartner war. Die Kooperation mit Schule spielt dabei für die Jugendhilfeorganisationen eine größere Rolle als dies bei anderen Partnern der Fall ist. Sie ist stärker an strukturellen und konzeptionellen Aspekten der Kooperation interessiert, das Personal ist höher qualifiziert und häufiger hauptberuflich in der Ganztagsschule tätig. Die Kooperation mit der

Jugendhilfe scheint sich zudem eher positiv auf eine Öffnung der Schulen in den Sozialraum auszuwirken. Insgesamt bewerten die befragen Kooperationspartner aus der Jugendhilfe die Kooperation mit Schule positiv, sie sind aber auch kritischer, wenn es um „Kooperation auf Augenhöhe“ geht. Nicht zuletzt haben die Befragungen ergeben, dass die Organisationen der Jugendhilfe sich mehr als die anderen Partner durch neue Angebote und Arbeitsfelder verändert haben (vgl. Arnoldt/Züchner 2008).

Innerhalb der Jugendhilfe wird zwischen den Bereichen Jugendarbeit, Jugendsozialarbeit, Jugendämter und Beratung/Hilfen zur Erziehung/Jugendhilfestationen unterschieden. Zur Rolle und Bedeutung der Jugendarbeit zeigen die ersten StEG-Ergebnisse, dass sie im Vergleich zu den anderen Feldern der Jugendhilfe und gemessen an Angebotsbreite und zeitlichem Umfang eine eher geringe Bedeutung hat. Die StEG Studie betrachtet die Kooperation ausschließlich aus der Sicht der Schule, vor allem auch deshalb sind die Ergebnisse einer weiteren Studie interessant, die auf die Kinder- und Jugendarbeit fokussiert ist.

Ergebnisse einer Befragung von 200 Einrichtungen in NRW zum Stand der Kooperation mit Schule

Die Studie der Fachhochschule Düsseldorf basiert auf einer repräsentativen Befragung von 200 Einrichtungen der Offenen Kinder- und Jugendarbeit in NRW und ergänzenden Interviews mit zwölf ausgewählten Einrichtungen (vgl. Deinet et al. 2010). Gegenstand der Befragung sind Inhalte und Formen der Angebote von Einrichtungen, die sie in Kooperation mit Schulen im Schuljahr 2007/2008 durchgeführt haben. Der Gegenstandsbereich wurde nicht weitergehend definiert, damit nicht durch die Definition Angebote und Themen ausgeschlossen werden. Vor allem sollte vermieden werden, dass nur Kooperationen einbezogen werden, die auf festen und verbindlichen Verabredungen mit einzelnen Schulen basieren.

Im Rahmen der Untersuchung war die Unterscheidung zwischen Kooperationen innerhalb und außerhalb des Ganztags von Bedeutung, um das breite Spektrum der Kooperationsformen zwischen Jugendarbeit und Schule zu erfassen. Kooperation innerhalb des Ganztags heißt hier, sie ist eingebunden in die Ganztagsschule oder das Angebot ist als Ergänzung zur Halbtagsschule zu sehen.

Mit 47% haben fast die Hälfte der Einrichtungen im Schuljahr 2007/2008 Angebote sowohl im Ganztag wie auch außerhalb des Ganztags gemacht. Mit gut 20% ist der Anteil der Einrichtungen, die ausschließlich im Rahmen des Ganztags kooperieren, eher klein, andererseits sind es nur rund ein Drittel der Einrichtungen, die kein Angebot im Rahmen des Ganztags machen.

Insgesamt kooperierten 135 Einrichtungen (67,5%) im Rahmen des Ganztags. Sie wurden gefragt, im Rahmen welcher Strukturen bzw. welcher Förderprogramme sie diese Kooperation umsetzen. 76 Einrichtungen und damit mehr als die Hälfte waren Partner der Offenen Ganztagsschule im Primarbereich (OGS). Nur 14 Einrichtungen waren in diesem Zusammenhang Träger einer OGS, die Mehrheit arbeitete also als Kooperationspartner, der nicht für die gesamte Organisation der OGS verantwortlich ist, sondern ein oder mehrere Angebote machte.

Aus der nachfolgenden Tabelle (Abb. 2) lassen sich die inhaltlichen Angebote entnehmen. Weil die Einrichtungen im Rahmen der OGS (Primarstufe) überwiegend als Kooperationspartner tätig sind, ist es nachvollziehbar, dass Mittagessen und Hausaufgabenhilfe nur begrenzt Teil des Angebots ist, weil dies in der Regel vom Träger der OGS angeboten wird. Anders in der Sekundarstufe, hier bieten zwei Drittel der Einrichtungen im Rahmen des Ganztagsangebots auch ein Mittagessen an und mehr als 75% eine Unterstützung bei den Hausaufgaben. Der offene Bereich und das freie Spielen sind in beiden Bereichen ein wichtiges Angebot, das von den Einrichtungen gezielt auch als Ausgleich für die Anforderungen des Schulalltags angeboten wird. Ähnlich bedeutsam sind organisierte Sport- und Bewegungsangebote. Während in der Primarstufe das Angebot in den Ferien noch von größerer Bedeutung ist, sind es in der Sekundarstufe Angebote des sozialen Lernens.

Für die Mehrheit der befragten Einrichtungen ist die Kooperation mit Schule kein neues Gebiet, sondern eine seit fünf und mehr Jahren erprobte Arbeit. Zudem ist die Kooperation mehrheitlich in den Konzeptionen der Einrichtungen verankert. Die Kooperation scheint im Laufe der Zeit selbstverständlich geworden zu sein. Hinsichtlich der Anlässe der Kooperation zeigt sich ein differenziertes Bild. Die von den Einrichtungen aufgedeckten Bedarfe der Kinder und Jugendlichen sowie Anfragen aus Schulen stehen an oberster Stelle der Nennungen. Sie zeigen einerseits, dass es der Kinder- und Jugendarbeit gelingt, ihre Bedarfseinschätzungen und die daraus folgenden Maßnahmenplanungen in die Kooperation einzubringen, und andererseits, dass sie auch auf die Bedarfe der Schulen reagieren kann. Auf keinen Fall bestätigen aber die Ergebnisse eine verbreitete Meinung, dass Jugendarbeit nur Erfüllungsgehilfe von Schule sei.

Abb. 1: Inhaltliche Angebote im Ganztag nach Schulstufen

Angebote	**Primarstufe**	**Sekundarstufe**
	in % der Einrichtungen	**in % der Einrichtungen**
Mittagessen	27,3%	66,7%
Hausaufgabenbetreuung	33,0%	75,6%
offener Bereich/freies Spiel	63,6%	83,3%
Sport und Bewegung	60,2%	70,5%
musisch-künstlerische Angebote	46,6%	37,2%
neue Medien	30,7%	35,9%
technisch-naturwiss. Angebote	20,5%	17,9%
soziales Lernen	52,3%	66,7%
interkulturelles Lernen	30,7%	30,8%
geschlechtsspezifische Angebote	31,8%	41,0%
Angebote in den Ferien	64,8%	39,7%
Lern- und Sprachförderung	20,5%	23,1%
Sonstige Angebote	12,5%	7,7%
Summe Einrichtungen	88	78

Quelle: Eigene Darstellung in Anlehnung an Deinet et al. 2010

Die Befragungsergebnisse zu Formen und Inhalten der Kooperation verdeutlichen, dass die Kooperation zwischen Jugendarbeit und Schule nicht auf den Ganztag reduziert werden kann. Vielmehr kooperieren die Einrichtungen sowohl innerhalb als auch außerhalb des Ganztages in vielfältiger Weise. Der hohe Stellenwert der Kooperation im Rahmen der Offenen Ganztagsschule im Primarbereich zeigt, das auch die Jugendarbeit an diesem wichtigsten Feld der Veränderung der Schullandschaft in NRW beteiligt ist. Wichtig bleiben daneben die Angebote der Einrichtungen, die schon länger im Rahmen ihrer alltäglichen Arbeit laufen und sich vielfach an die Kinder – oft auch aus sozial schwachen Familien – richten, die nicht an der OGS teilnehmen. Bei den Angebotsformen außerhalb des Ganztages stehen Einzelveranstaltungen und Projektarbeit an oberster Stelle, die direkte Beteiligung am Unterricht spielt dagegen eine geringere Rolle. Andererseits sind fast die Hälfte der Angebote der Einrichtungen Teil des Unterrichts. Es gelingt den Einrichtungen so in hohem Maße, die typischen Arbeitsformen der Kinder- und Jugendarbeit mit der Verbindlichkeit des Schulrahmens in Einklang zu bringen. An den am häufigsten genannten Themen wird einerseits deutlich, dass die Einrichtungen die Schulen vor allem mit Fachkräften des sozialen Lernens unterstützen, aber auch zentrale Themen der Offenen Kinder- und Jugendarbeit, wie z.B. die geschlechtsspezifische Arbeit, können eingebracht werden.

Die Aussagen zu den Auswirkungen der Kooperation auf die Einrichtungen zeigen, dass die Kinder- und Jugendarbeit aus der Kooperation mit Schule Nutzen ziehen kann: Die Einrichtungen erreichen darüber weitere Zielgruppen, sie sind im Sozialraum stärker vernetzt und ihre Legitimationsbasis wird gestärkt. Die Befürchtung, dass durch eine stärkere Kooperation mit Schule die Öffnungszeiten im Offenen Bereich reduziert würden, konnte durch diese Befragung nicht belegt werden. An der abschließenden Frage zur Zufriedenheit mit dem bisherigen Verlauf der Kooperation zeigte sich eine eher ambivalente Einschätzung: Rund die Hälfte der Einrichtungen war zufrieden mit der Kooperation, die andere Hälfte war nur teilweise zufrieden oder nicht zufrieden. Einige Ergebnisse deuten auf ein durchaus vorhandenes Selbstbewusstsein hin, dass die Einrichtungen in die Kooperation einbringen, andererseits wurde vielfach beklagt, dass die Schule der Kooperation nicht genügend Wertschätzung und Anerkennung entgegenbringt. Und nicht zuletzt: Ein großer Teil wollte die Kooperation noch ausbauen.

Kooperationsformen

Im Rahmen der Studie wurden zusätzlich leitfadengestützte, mündliche Interviews mit Einrichtungen durchgeführt, um mit Hilfe von Fallstudien unterschiedlichen Kooperationstypen veranschaulichen zu können (vgl. Deinet et al. 2010, S. 69 ff). Mit Blick auf die Lernorte können dabei grob Kooperationsformen, die schulstandortbezogen sind und solche Formen, die überwiegend die eigenen Räume oder Räume außerhalb von Schule und Einrichtungen für die Kooperation nutzen, unterschieden werden.

Schulstandortbezogene Kooperationsformen

Schulstandortbezogene Kooperationsformen bieten für die Schule den Vorteil, dass das Bild der Schule nach innen und außen an Qualität gewinnt. Eine direkte örtliche und zeitliche Anbindung an die Schulen hat für die Jugendarbeit oft zur Folge, dass sie von der Schule eher wahrgenommen und aktiv unterstützt wird. Für die Kinder und Jugendlichen sind die Formen ein Gewinn, weil sie den Raum Schule in ihrer Freizeit erleben und anders kennen lernen können.

Innerhalb dieser Kooperationsform lassen sich wiederum zwei Formen unterscheiden. Bei der thematisch orientierten Projektkooperation geht es vor allem um Inhalte, für die der Jugendarbeit eine besondere Kompetenz zugeschrieben wird, wie z. B. soziales Lernen, Konfliktbearbeitung und geschlechtsspezifische Arbeit. Die Umsetzung erfolgt weniger im Rahmen des Ganztags, sondern kennzeichnet eher die Projektarbeit außerhalb des Ganztags. Oft finden solche Projekte innerhalb der Unterrichtszeit statt, zum Teil bewusst ohne Lehrerbeteiligung und ausschließlich in der Verantwortung der Fachkräfte der Jugendarbeit. Voraussetzung ist hierbei eine hohe Spezialisierung der Fachkräfte, meist erworben durch Zusatzqualifikationen, die von der Schule in der Regel auch hoch geschätzt werden. Eine weitere Kooperationsform hängt unmittelbar mit der neuen Ganztagsschule zusammen bzw. ist vor allem ein Ergebnis des starken Ausbaus der Ganztagsschule. Insbesondere die Offene Ganztagsschule im Primarbereich (OGS) ist zumindest in Nordrhein-Westfalen ein additives Konzept, dass neben der Schule einen Träger vorsieht, der für die gesamte Organisation des Nachmittags nach der Unterrichtszeit verantwortlich ist. Im Sekundarstufenbereich beauftragen Schulen außerschulische Einrichtungen mit der Umsetzung der Übermittagsbetreuung und setzen dafür eigene Mittel ein, die sie auf die Einrichtung übertragen. In der Regel findet das Nachmittagsangebot in der Schule statt, d. h. die Fachkräfte der Einrichtung arbeiten an der Schule.

Sozialräumlich orientierte Kooperationsformen

Neben stark auf den Ort Schule hin ausgerichteten Kooperationen, insbesondere im Rahmen der sich entwickelnden Ganztagsschule, spielen auch Kooperationsformen und Orte außerhalb von Schule eine wesentliche Rolle. So werden deutlich mehr als die Hälfte der Angebote nicht in der Schule, sondern am Ort der Jugendarbeit oder an anderen Orten wie Parks, Freiflächen, Sport- und Freizeitanlagen, Bibliotheken etc. durchgeführt (vgl. Deinet et al. 2010, S. 133).

Angebote in Einrichtungen der Offenen Kinder- und Jugendarbeit zeichnen sich aus durch:

- oftmals gut ausgestattete Räumlichkeiten;
- gute konzeptionelle Verbindungen zwischen offenen und geschlossenen Angeboten;
- oft langjährige Erfahrung in der Freizeit- und Erlebnispädagogik;
- Möglichkeiten, Kindern und Jugendlichen Raum zum Ansprechen sensibler Themen außerhalb der Schule zu bieten;
- Erreichbarkeit einer oft größeren und heterogenen Zielgruppe.

Zum einen lassen sich hier Kooperationsformen finden, die vor allem auf die Einrichtungen der Jugendarbeit als einen anderen, interessanteren Ort außerhalb von Schule zurückgreifen. Einrichtungen der Offenen Kinder- und Jugendarbeit haben eigene, zum Teil sehr unterschiedliche Räume, die über eine Qualität oder eine Ausstattung verfügen, die die Schule nicht bieten kann. Dies können Außengelände ebenso so sein wie beispielsweise ein Tonstudio. In bestimmten Kooperationsangeboten wird genau diese Qualität genutzt. Das Jugendzentrum kann aber auch einfach nur ein anderer Ort sein, der es erlaubt, zeitweise die gewohnte Umgebung der Schule verlassen zu können, um dort eine andere pädagogische Arbeit zu praktizieren.

Weitere Kooperationsformen sind eingebunden in eine jugendarbeitsübergreifende Stadtteilkooperation, die sich durch eine Zusammenarbeit auszeichnet zwischen einer sozialräumlich geöffneten Schule und einer Jugendarbeit, die sich ebenfalls sozialräumlich orientiert und nicht mehr auf eine Einrichtung bezogen ist. Kennzeichnend ist darüber hinaus die Integration weiterer Bereiche der Jugendhilfe, wie etwa mobile Arbeit, Schulsozialarbeit oder auch die Trägerschaft eines Horts.

Jugendarbeit als Brücke zu außerschulischen Lernorten

Im Rahmen einer Untersuchung der Kooperation von Einrichtungen der Offenen Kinder- und Jugendarbeit mit Schule in NRW konnten einige Beispiele für diese Qualität der Jugendarbeit als Brücke zu außerschulischen Lernorten herausgefunden werden (Deinet et al. 2010). Neben einer stark an den Ort der Schule orientierten Kooperation, insbesondere im Rahmen der sich entwickelnden Ganztagsschule, spielen Kooperationsformen und Orte außerhalb von Schule eine wesentliche Rolle. Deutlich mehr als die Hälfte der Angebote werden nicht in der Schule, sondern am Ort der Jugendarbeit oder an anderen Orten wie Parks, Freiflächen, Sport- und Freizeitanlagen, Bibliotheken etc. durchgeführt.

Beispiele aus der Studie

„Outdoor-Führerschein"

Ein großer Abenteuerspielplatz in einer Großstadt kooperiert etwa mit Grundschulen im Rahmen der OGS und mit Förderschulen. Vier Förderschulen kommen je Klasse ein bis zwei Mal wöchentlich für ca. zwei Stunden in die Einrichtung. Die Angebote finden während der Unterrichtszeit statt und werden von den Lehrern begleitet. Den Schulen wird ein Angebotsspektrum zur Auswahl gestellt, aus dem sie je nach Bedarf ein Angebot wählen können; z. B.: die Schüler bringen unterschiedliches Gemüse mit und bereiten gemeinsam einen Eintopf am Feuer vor. Das Angebot für Grundschulen ist der sogenannte „Outdoor-Führerschein", der von den teilnehmenden Schulkindern erworben werden kann. Die Prüfung umfasst sieben Elemente (z.B. Überwindung von Höhenangst, Überwindung von Angst vor Dunkelheit, Kooperation etc.), die in einem sehr lockeren Rahmen getestet werden. Die Abschlussprüfung wird vor Ort von den Mitarbeitern des Abenteuerspielplatzes begleitet und abgenommen. Vorbereitet werden die Kinder im Rahmen der OGS-Betreuung der jeweiligen Schule durch externe Fachkräfte (Sozial-, Sport-, Kunstpädagogen usw.). Die Vorbereitung kann ebenfalls auf dem Abenteuerspielplatz stattfinden, weiter entfernte Schulen kommen mit ihren Gruppen z. T. ausschließlich zu den beiden Prüfungsterminen in die Einrichtung, während die Vorbereitung in schulnahen Parks und Wäldern erfolgt. Im Schuljahr 2007/2008 nahmen insgesamt 13 Grundschulen an dem Projekt „Outdoor-Führerschein" teil. Der Abenteuerspielplatz bietet als eine spezifische Einrichtung der Offenen Kinder- und Jugendarbeit besondere Möglichkeiten des Erlebens der Natur im Rahmen erlebnispädagogischer Angebote und ökologischer Themenbearbeitung. Das Konzept ist so angelegt, dass die kooperierenden Schulen angeregt werden, an den eigenen Standorten Freiflächen für die Vorbereitung zu erkunden und zu nutzen.

„Betreute Caféteria"

Ein kommunales Jugendzentrum kooperiert mit einem Gymnasium und einer Gesamtschule aus dem angrenzenden Schulzentrum. Die Kooperation findet aktuell unter dem Namen „Betreute Caféteria" an drei Vormittagen in der Woche von 9 Uhr bis 12.30 Uhr statt. In dieser Zeit ist das Jugendzentrum für die Oberstufen der beiden Schulen geöffnet. Die Schüler/innen können dort ihre Pausen und Freistunden verbringen. Das Angebot basiert ausschließlich auf Freiwilligkeit und gestaltet sich nach dem Prinzip „Kommen und Gehen“. Die Besucher nutzen die Räumlichkeiten des Jugendzentrums um zu spielen, sich zu unterhalten und „abzuhängen“. Lehrer sind in dieser Kooperation nicht einbezogen. Das Jugendzentrum soll auch in diesem Angebot ganz bewusst unabhängig von Schule einen Freiraum bieten. Eine Besonderheit dieses Angebots ist es, dass die Jugendarbeit sich nicht konzeptionell und inhaltlich auf schulische Inhalte einstellen muss, sondern mit den Merkmalen der Jugendarbeit (Freiwilligkeit, Offenheit, Spielangebot etc.) den Jugendlichen der benachbarten Schulen die Möglichkeit gibt, Pausen und Freistunden sinnvoll zu verbringen.

„Tapetenwechsel“

Das Projekt „Tapetenwechsel“ bietet den umliegenden Schulen bzw. den Lehrer/innen die Möglichkeit, mit ihren Klassen nach kurzfristiger telefonischer Absprache in der Zeit von 9.00 Uhr bis 13.00 Uhr die Freizeiträume im Jugendzentrum zu nutzen. So können dort in Begleitung von Lehrern Freistunden verbracht werden oder die Schule kann einfach mal einen Lernortwechsel machen. Der Name „Tapetenwechsel“ in diesem Beispiel drückt die Angebotsintention direkt aus. Die Jugendeinrichtung stellt ihre Räume unbürokratisch zur Verfügung, damit Schüler/innen und Lehrer/innen sie im Rahmen der der Unterrichtsgestaltung und in Freistunden nutzen können. Anders als im Schülercafé im zweiten Beispiel übernimmt die Schule hier die Regie.

Die genannten Kooperationsangebote basieren vor allem auf der Nutzung der besonderen Qualitäten des Raums. Das Angebot kann durchaus auch inhaltlich durch die Schule bestimmt werden, wie beim Outdoor-Führerschein oder bei „Tapetenwechsel“, dennoch kann es nur an den spezifischen Orten und nicht an der Schule durchgeführt werden.

Zwischenfazit

Die Ergebnisse der Studie zeigen ein differenziertes Bild der Kooperation der Jugendarbeit mit der neuen Ganztagsschule, aber auch außerhalb von Ganztagsangeboten. Für die Mehrheit der befragten Einrichtungen ist die Kooperation mit Schule ein Bereich, aus dem sie Nutzen ziehen kann: Sie erreichen darüber weitere Zielgruppen, sind im Sozialraum stärker vernetzt und ihre

Legitimationsbasis wird gestärkt. Insbesondere im Hinblick auf die Bedeutung der Kooperation mit Schule und die Einschätzungen der Einrichtungen dazu zeigen sich vielfach Übereinstimmungen mit den Ergebnissen der StEG-Studie. Die Ergebnisse der o. g. Studien und die vorgestellten Kooperationsformen verweisen aber auch auf eine Gefahr, die mit der zu engen Kooperation zwischen Jugendarbeit und Ganztagsschule verbunden ist: Auf Grund der wenig verbreiteten Öffnung von Schule und der Konzentration schulischer Themen auf den Schulstandort (insbesondere im Rahmen des Ausbaus der Ganztagsschule, die Schule vor große organisatorische Probleme stellt) ist Jugendarbeit in der Kooperation mit der Ganztagsschule sehr oft in der Rolle des Dienstleisters tätig und kann ihre Qualität als außerschulischer Ort oft nur unzureichend einbringen, weil sie sozusagen dem Diktat der Schule unterworfen ist.

Die sozialräumliche Öffnung von Schule und Jugendarbeit auf der Grundlage eines breiten Bildungsbegriffs

Erst mit einer weiter geöffneten Ganztagsschule, die auch eine vollständige Rhythmisierung in einem integrativen Konzept (im Gegensatz zum verbreiteten additiven Konzept zur Zeit) vollzieht, lässt sich eine eigenständige und gleichberechtigte Kooperationsgestaltung zwischen Jugendarbeit und Schule denken. Insbesondere die Stärkung informeller Bildungsprozesse, auch im öffentlichen Raum, die von der Jugendarbeit nachhaltig unterstützt werden können, hat zurzeit im Konzept der Ganztagsschule noch wenig Platz! Ein erweiterter Bildungsbegriff ist deshalb die Grundlage für eine sozialräumliche Öffnung und eine erweiterte Kooperation zwischen Jugendarbeit und Schule. „Bildung ist mehr als Schule“: Mit dieser plakativen Aussage soll verdeutlicht werden, dass Bildung mehr ist als formelle (schulische) Bildung, sie ist ebenfalls nicht-formelle Bildung, worunter „jede Form organisierter Bildung und Erziehung zu verstehen ist, die generell freiwilliger Natur ist und Angebotscharakter hat“ (Bundesjugendkuratorium 2001, S. 5). Und nicht zuletzt ist Bildung informelle Bildung, darunter werden „ungeplante und nicht-intendierte Bildungsprozesse verstanden, die sich im Alltag von Familie, Nachbarschaft, Arbeit und Freizeit ergeben, aber auch fehlen können. Sie sind zugleich unverzichtbare Voraussetzung und ‚Grundton‘, auf dem formelle und nicht-formelle Bildungsprozesse aufbauen (Bundesjugendkuratorium ebd.).

Auch der Zwölfte Kinder- und Jugendbericht macht darauf aufmerksam, dass die Berücksichtigung informeller Bildungsprozesse einen Blick auf

Lernwelten jenseits formaler Bildungsinstitutionen werfen muss. Es geht um „die Wahrnehmung beiläufiger, nicht-intendierter Lernprozesse" (BMFSFJ 2005, S. 533); gefordert wird daher ein Zusammenspiel von Bildungsorten und Lernwelten. „Dabei kommen Schule und Jugendhilfe als öffentlichen Bildungs-, Betreuungs- und Erziehungsinstitutionen gestaltende und vermittelnde Funktionen zu" (BMFSFJ 2005, S. 534). Entscheidend ist in diesem Zusammenhang, dass diese Lernprozesse nicht durch Unterricht und ähnliche zielgerichtete Bildungsprozesse ermöglicht werden können, sondern durch direkte Begegnungen und Auseinandersetzungen mit der Umwelt. An anderer Stelle wird dafür der Begriff „Aneignung" verwendet und Bildung als Aneignung von Welt auch in einer sozialräumlichen Dimension definiert (BMFSFJ 2005, S. 105 ff.). In einem breiten Spektrum zwischen formellen und informellen Bildungsprozessen sowie zwischen formalen und non-formalen Settings wird im diesem Kinder- und Jugendbericht die Gleichrangigkeit unterschiedlicher Bildungsprozesse an unterschiedlichen Orten beschrieben. Dabei stehen auch informelle Bildungsprozesse in non-formalen Settings, etwa die Aktivitäten im Jugendzentrum oder die in der Clique im Fokus. Mit der Bezugnahme auf informelle Bildungsorte kommt zudem der öffentliche Raum in den Blick: Kinder und Jugendliche lernen und bilden sich auch in ihren jeweiligen Lebenswelten, Nahräumen, Dörfern, Stadtteilen; diese Orte der informellen Bildung prägen die intentionalen Bildungsprozesse wesentlich mit. Die Entwicklung sozialer Kompetenz im Umgang mit fremden Bezugspersonen in neuen Situationen, die Erweiterung des Handlungsraums und damit des Verhaltensrepertoires fördern dabei die Fähigkeit für den Erwerb von Kompetenzen wie Sprachkenntnisse etc.

Damit gerät die alltägliche Lebensumwelt von Kindern und Jugendlichen in die nähere Betrachtung, deren Bedeutung in der ökologischen Sozialisationsforschung schon in den 1970er und 1980er Jahren betont wurde (vgl. Bronfenbrenner 1989). Aber auch die neuere Bildungsforschung versucht, alltägliche Lebenswelten und ihre Bildungswirkungen zu fassen. So spricht etwa Thomas Rauschenbach von der „Alltagsbildung" (vgl. Rauschenbach 2009), die als aktive Erschließung der Welt verstanden werden kann und sich insbesondere auf informelle Bildungsprozesse bezieht. In seinem Konzept einer Kooperation zwischen Jugendhilfe und Schule auf einer sozialräumlichen Grundlage geht auch Thomas Coelen auf die Bedeutung der lokalen Öffentlichkeit für Bildungsprozesse ein und spricht deshalb von „kommunaler Jugendbildung" (Coelen 2002). Darüber hinaus schlägt er vor, besonders die Chancen der Zusammenarbeit von Jugendarbeit und Schule „in doppelter Abgrenzung zur formell dominierenden Ganztagsschule als auch zu einer durch familiäre Betreuungsmängel induzierten Ganztagsbetreuung" (Coelen et al. 2004, S. 84) unter dem Begriff der „Ganztagsbildung" zu fassen.

Schule als Lebensort von Kindern und Jugendlichen

Auch die Schule ist ein Sozialraum, in dem informelle Bildungs- und Aneignungsprozesse möglich sind. Allerdings ist hier die Vermittlung von Wissen über Welt zumindest aus gesellschaftlicher Sicht die zentrale Funktion. Aber auch dieses Wissen muss selbsttätig von den Kindern und Jugendlichen angeeignet werden, wobei nicht zuletzt die durch Aneignungsprozesse in der Lebenswelt erworbenen sozialen und personellen Kompetenzen als grundlegende Schlüsselkompetenzen von Bedeutung sind. Mack et al. kommen in ihrer vergleichenden Untersuchung „Schule, Stadtteil, Lebenswelt" von Schulen in sechs Regionen zu der Einschätzung: „Schule kann außerschulisch erworbene Kompetenzen nicht mehr ignorieren." Aus einer sozialräumlich orientierten Perspektive folgern sie, „dass auch die Aneignungsqualität des schulischen Raums betrachtet werden und danach gefragt werden muss, ob und in welcher Form schulische Räume selbstbestimmtes Aneignungshandeln von Kindern und Jugendlichen zulassen" (Mack et al. 2003, S. 215). Schule und besonders die Ganztagsschule ist also selbst auch Ort der informellen Bildung; „Aneignung" als subjektive Seite der informellen Bildung findet auch am Ort der Schule statt. Insofern müssen beide Funktionen, die Vermittlungs- und die Aneignungsfunktion zusammen betrachtet werden. Die Wissensvermittlung als gesellschaftliche Funktionszuschreibung von Schule und anderen Institutionen steht der Aneignungsfunktion, die in der Schule einen Teil der subjektiven Lebenswelt und des Sozialraum darstellt, gegenüber. Mack et al. betonen ebenfalls die soziale Funktion der Schule und konstatieren, „dass Schule auch über den Unterricht hinaus als Aufenthalts-, Arbeits- und Lebensraum von Schülerinnen und Schülern nachgefragt ist" (Mack et al. 2003, S. 224). Auf der Grundlage dieser Einschätzung empfehlen die Autoren eine intensivere Nutzung der Räume.

Die skizzierten Aspekte machen deutlich, dass insbesondere die Ganztagsschule ein sozialer Ort ist, an dem Kinder und Jugendliche einen großen Teil ihres Tages verbringen. Vor allem deshalb spielen die genannten Aspekte für die Gestaltung der Ganztagsschule als Lebensort eine große Rolle. Eine solche Gestaltung einschließlich der der Öffnung funktioniert nur mit Kooperationspartnern, die dafür die Konzepte und die Professionalität mitbringen. Hierbei gilt es zu zeigen, dass die Jugendarbeit ein besonders interessanter Partner für informelle Bildungsprozesse und für die Gestaltung von Settings, auch im öffentlichen Raum ist. Auch im schulischen Bereich ist so etwas wie eine Sozialraumorientierung zu verzeichnen, auch wenn der Begriff dort kaum genutzt wird. Programme und Stichworte wie „Kommunalisierung von Schule", „selbstständige Schule", „Öffnung von Schule" bezeichnen Prozesse, wo sich die einzelne Schule u.a. stärker an ihrem sozialen Umfeld orientiert. Dahinter steht auch die Einsicht, dass sich soziale Strukturen, Lebensräume von Kindern und Jugendlichen, familiäre Strukturen etc. auf die jeweilige Schule auswirken und berücksichtigt werden müssen. Auch die in zahlreichen Bundesländern begonnene Schulprogrammentwicklung zeigt die Tendenz, die Konzeption der Einzelschule stärker als bisher zu betonen. Dafür kann die gemeinsame Orientierung an den sozialräumlichen Bedingungen und die Kooperation zwischen Jugendhilfe und Schule eine gute Grundlage schaffen. Der Begriff der Sozialraumorientierung wird allerdings sehr unterschiedlich gebraucht und verstanden: Schon die zwischen Jugendhilfe und Schule meist differierende Definition von Sozialräumen als Planungsräumen ist problematisch auch für die Zusammenarbeit von Einrichtungen der Jugendhilfe und Schulen. Wenn Schulbezirke anders zugeschnitten sind als die Planungsräume der Jugendhilfe, wird eine gemeinsame Orientierung erschwert.

Sozialraumorientierung und die „Öffnung von Schule" sind mit einem grundsätzlichen Perspektivwandel im schulischen Bereich verbunden. Mack u.a. betonen in ihrer Untersuchung (Mack et al. 2004) unterschiedliche Formen sozialräumlicher Öffnung von Schule: „Die Schule mit stadtteilorientiertem Schulprogramm, die gemeinwesenorientierte (offene) Schule und die Stadtteilschule" (Mack et al. 2004, S. 214 ff.). In Anlehnung an Mack können wir folgende Varianten einer schulischen Sozialraumorientierung beschreiben:

- Die Schule mit stadtteilorientiertem Schulprogramm ist eine teilweise geöffnete Schule, die sich zunehmend auch an außerschulischen im Sozialraum liegenden Themen, Problemen, Institutionen orientiert und in ihrem Schulprogramm entsprechend berücksichtigt. Im Vordergrund des Interesses von Schule stehen hier Institutionen die (am Schulstandort) als Kooperationspartner Hilfestellung etc. übernehmen können. Der Sozialraum und seine Institutionen werden im Wesentlichen (noch) mit dem Fokus wahrgenommen: Welche Institutionen, Initiativen etc. können im schulischen Leben eine Rolle spielen und als Kooperationspartner genutzt werden.

- Die gemeinwesenorientierte (offene) Schule versteht sich selbst als Bestandteil des Sozialraumes und bietet Initiativen, Gruppierungen, Institutionen Platz, auch Themen in die Schule hineinzutragen, die sich nicht nur auf Unterricht und Schulleben direkt beziehen. Eine gemeinwesenorientierte Schule ist nicht nur institutionell vernetzt, sondern ist selbst Ressource des Sozialraums, d. h. es gibt ein Hin und Her von Nutzungen, Funktionen, die nur zum Teil mit dem klassischen

Schulalltag in Verbindung zu bringen sind. Als Spielräume geöffnete Schulhöfe, die Nutzung von Räumen durch Initiativen etc. am Nachmittag und am Abend sind typische Anzeichen und Formen gemeinwesenorientierter Öffnung von Schule.

Die Stadtteilschule, so wie sie u. a. von Gaby Grimm als Zukunftsschule im Wohnquartier beschrieben wird (s. u.), ist mehr als Schule und beherbergt stadtteilorientierte Institutionen. Gemeint sind damit Bildungseinrichtungen im Sozialraum, die auch andere Institutionen integrieren, die bis heute getrennt arbeiten. Unter der Überschrift „Von der Kooperation zur Integration von Schule und Jugendhilfe" (Grimm/Konietzka 2007, S. 174) entwickelt Gaby Grimm ein Bild einer integrierten Sozial- und Bildungseinrichtung mit veränderter Personalstruktur sowie innovativen Finanzierungs- und Betriebsmodellen mit verschiedenen Modulen von der Kindertagesstätte über die Grundschule, die Offene Kinder- und Jugendarbeit, Familienbildung, Erziehungsberatung, Weiterbildung und Fortbildung bis hin zu Seniorenarbeit sowie interkulturelle Arbeit, Kunst, Kultur und Sport – all das unter dem Dach der Zukunftsschule als Stadtteil- und Begegnungszentrum. Auch wenn diese Überlegungen noch sehr zukunftsorientiert sind und auch nicht unbedingt den Erwartungen und Einschätzungen der Jugendhilfe entsprechen, die nicht unbedingt aufgelöst und in Schule integriert werden will, besticht diese Zukunftsvision jedoch durch eine über bisherige Vernetzungsformen weit hinaus gehende Intensität einer Bildungsarbeit, die auch auf der Grundlage eines breiten Bildungsbegriffes Schule aus ihrer Isolation befreit und die Grenzen bisheriger institutioneller Kooperation weit hinter sich lässt. Es stellt sich die Frage, ob etwa die Entwicklung eines integrierten Budgets und integrierter Teams so schnell möglich werden. Allerdings zeigen insbesondere die unter dem Aspekt der demographischen Veränderungen schon beginnenden Entwicklungen in manchen Stadtteilen Tendenzen auf, die vielleicht sogar früher als erwartet zu solchen integrativen Einrichtungsformen führt, da die Existenz der bisher getrennten Institutionen nicht mehr zu rechtfertigen ist.

Eine geöffnete sozialräumlich orientierte Schule hat nicht nur viele Kooperationspartner im Sozialraum, sondern ist selbst Motor sozialräumlicher Vernetzung, d. h. begreift sich als Plattform, Initiator, Ort sehr unterschiedlicher und nur zum Teil direkt auf Schule bezogene Aktivitäten im Sozialraum. Die Sozialraumorientierung in der Kooperation von Jugendarbeit und Schule ist mit der großen Chance verbunden, Schule als Institution zu öffnen, sie als Lebensort von Kindern und Jugendlichen zu thematisieren und stärker auf die sehr differenzierten Lebenswelten von Kindern und Jugendlichen zu beziehen. Dies ist aber auch eine große Herausforderung, die weit über verbreitete Definition von schulischer sozialer Arbeit als „Klimaanlage" von Schule hinausgeht. Eine sozialräumliche Orientierung wird nur dort Erfolg haben, wo sich die Schule als Institution bereits geöffnet hat und ein Verständnis für die „Herstellung des Sozialen“ und die konkrete Kooperation mit außerschulischen Partnern gewonnen hat. Dabei ist Schule auf die Kooperationspartner der Jugendhilfe angewiesen, weil diese tendenziell sozialraumorientiert sind und die Lebenswelten von Kindern und Jugendlichen im Blick haben.

Mit einem aneignungsorientierten Blick auf die Lebenswelten von Kindern und Jugendlichen kann auch der Lebensort Schule anders gesehen werden. In dieser Perspektive werden auch Schul-Räume als Teile sozialer Lebenswelten verstanden, die sich durch die individuellen Aneignungsprozesse von Kindern und Jugendlichen erschließen. Schulen sind dabei wesentliche Bestandteile öffentlicher Räume und ihre Bedeutung geht dabei weit über den Unterricht hinaus. Schulen sind auch Treffpunkte von Cliquen und Orte des informellen Lernens. Der Ort Schule bestimmt dabei durch seine architektonischen und strukturellen Gegebenheiten, in welchem Umfang informelle Bildungsprozesse und Aneignungsprozesse möglich sind.

Literatur

Arnoldt, Bettina (2007a): Öffnung von Ganztagsschule. In H.G. Holtappels,

Arnoldt, Bettina (2007b): Kooperationsformen – Bedingungen für gelingende Zusammenarbeit? In G. Holtappels, E. Klieme, T. Rauschenbach & L. Stecher (Hrsg.). Ganztagsschule in Deutschland. Ergebnisse der Ausgangserhebung der »Studie zur Entwicklung von Ganztagsschulen« (StEG). Weinheim und München

Arnoldt, Bettina; Züchner, Ivo (2008): Expertise: Kooperation von Jugendhilfe und Ganztagsschule. Eine empirische Bestandsaufnahme im Prozess des Ausbaus der Ganztagsschulen in Deutschland. Berlin. Herausgegeben von der AGJ

Beher, Karin u.a. (2005): Offene Ganztagsschule im Primarbereich. Begleitstudie zur Einführung, Zielsetzungen und Umsetzungsprozesse in Nordrhein-Westfalen, Weinheim und München

Beher, Karin u.a. (2007): Die offene Ganztagsschule in der Entwicklung. Empirische Befunde zum Primarbereich in Nordrhein-Westfalen, Weinheim und München

BMFSFJ (Hrsg.) (2005). Zwölfter Kinder und Jugendbericht: Bildung, Betreuung und Erziehung vor und neben der Schule. Berlin: Bundesministerium für Familie, Senioren, Frauen und Jugend.

Braun, Karl-Heinz/Wetzel, Konstanze (2000): Sozialpädagogisches Handeln in der Schule. Neuwied

Bundesjugendkuratorium (2002): Zukunftsfähigkeit sichern! Für ein neues Verhältnis von Bildung und Jugendhilfe. In: Neue Praxis 32. Jahrg. S. 3-9

Coelen, Thomas (2000): Kommunale Jugendbildung. Raumbezogene Identitätsbildung zwischen Schule und Jugendarbeit. Frankfurt. a.M.

Coelen, Thomas/Hetz, Heidi/Wolf, Stefan (2004): Wer bildet die „Offene Ganztagsschule"? Bildungsanspruch und Bildungspraxis in der Kooperation von Grundschule und Jugendhilfeträger. In: Sturzenhecker, Benedikt/Lindner, Werner (Hrsg.): Bildung in der Kinder- und Jugendarbeit. Vom Bildungsanspruch zur Bildungspraxis, Weinheim, S. 77- 93

Deinet, Ulrich (Hrsg.) (2005): "Sozialräumliche Jugendarbeit. Grundlagen, Methoden, Praxiskonzepte", 2., völlig überarbeitete Auflage, Wiesbaden

Deinet Ulrich/Icking, Maria (Hrsg.) (2006): „Jugendhilfe und Schule Jugendhilfe und Schule – Analysen und Konzepte für die kommunale Kooperation", Verlag Barbara Budrich, Leverkusen

Deinet, Ulrich (Hrsg.) (2009): „Methodenbuch Sozialraum", VS-Verlag, Wiesbaden

Deinet, Ulrich/Icking, Maria/Leifheit, Elisabeth/Dummann, Jörn (2010): „Jugendarbeit zeigt Profil in der Kooperation mit Schule", in der Reihe „Soziale Arbeit und Sozialer Raum" (Hrsg. Ulrich Deinet) Bd. 2, Barbara Budrich

Deinet, Ulrich/Okroy, Heike/Dodt, Georg/Wüsthof, Angela (Hrsg.) (2009): Betreten erlaubt! Projekte gegen die Verdrängung Jugendlicher aus dem öffentlichen Raum, soziale Arbeit und sozialer Raum Bd. I, Verlag Barbara Budrich, Opladen und Farmington Hills

Deutsches Jugendinstitut (2002): Schule und soziale Netzwerke, erste Ergebnisse der Befragung von Schulleitern zur Zusammenarbeit allgemeinbildender Schulen mit anderen Einrichtungen und Personen, Zwischenbericht. München

Deutsches Jugendinstitut (2003): Schule und soziale Netzwerke, erste Ergebnisse der Befragung von Kooperationspartnern allgemeinbildender Schulen, Zwischenbericht. München

Eisnach, K. (2011): Ganztagsschulentwicklung in einer kommunalen Bildungslandschaft. Möglichkeiten und Grenzen von Unterstützungsstrukturen, Wiesbaden VS

Grimm, G., Konietzka, K. (2007): Von der Kooperation zur Integration. Jugendhilfe und Bildung unter einem Dach: die Zukunftsschule Mülheim Eppinghofen. In: Blätter der Wohlfahrtspflege, Heft 5, 174–177

Klieme E., T. Rauschenbach & L. Stecher (Hrsg.) (2008): Ganztagsschule in Deutschland. Ergebnisse der Ausgangserhebung der »Studie zur Entwicklung von Ganztagsschulen« (StEG). Weinheim und München

KMK 2011: Allgemein bildende Schulen in Ganztagsform in den Ländern in der Bundesrepublik Deutschland - Statistik 2005 bis 2009

Krisch, Richard (2001): Über die pädagogische Aufschließung des Stadtraumes: Sozialräumliche Perspektiven von Jugendarbeit. In: Liegle Ludwig/Thiersch Hans/Treptow Rainer (Hrsg.): Zur Neubestimmung des Bildungsbegriffs in der Pädagogik der frühen Kindheit und in der Sozialpädagogik. Freiburg im Breisgau

Krisch, Richard/Scherr, Albert (2004): Politische Bildungspraxis in der offenen Jugendarbeit. Ideen, Konzepte und Erfahrungen. In: Sturzenhecker, B., Lindner, W. (Hrsg.): Vom Bildungsanspruch zur Bildungspraxis in der Kinder- und Jugendarbeit. Weinheim/ München, 149-166

Mack, Wolfgang/Raab, Erich/Rademacker, Hermann (2003): Schule, Stadtteil, Lebenswelt. Eine empirische Untersuchung. Opladen

Oehme, A., Beran, Ch. M., u. Krisch, R (2007): Neue Wege in der Bildungs- und Beschäftigungsförderung. Wissenschaftliche Reihe des Vereins Wiener Jugendzentren. Band 4. Wien

Olk, Thomas/Bathke, Gustav-Wilhelm/Hartnuss, Birger (2000): Jugendhilfe und Schule - Empirische Befunde und theoretische Reflexion zur Schulsozialarbeit. Weinheim und München

Österreichisches Institut für Schul- und Sportstättenbau (ÖISS) (2004): Prinzipien der Schulfreiraumgestaltung", Prinz-Eugen-Str. 12, A-1040 Wien

Rauschenbach, T. (2009): Zukunftschance Bildung, Familie, Jugendhilfe und Schule in neuer Allianz. Weinheim und München: Juventa

Rauschenbach, T. (2010): Kinder- und Jugendarbeit in neuer Umgebung. Ambivalenzen, Herausforderungen und Perspektiven, in: Leshwange, M./Liebig, R. (Hrsg.) (2010): Aufwachsen offensiv mitgestalten. Impulse für die Kinder- und Jugendarbeit, Essen, S. 17-50

Sturzenhecker, Benedikt/Lindner, Werner (Hrsg.) (2004): Bildung in der Kinder- und Jugendarbeit. Vom Bildungsanspruch zur Bildungspraxis. Weinheim und München

Internetquellen:

Bundesjugendkuratorium (2001): Zukunftsfähigkeit sichern! Für ein neues Verhältnis von Bildung und Jugendhilfe. www.bundesjugendkuratorium.de/pdf/1999-2002/bjk_2001_ stellungnahme_zukunftsfaehigkeit_sichern.pdf (Zugriff 21.10.2012)

StEG Konsortium (2011): Ganztagsschule: Entwicklung und Wirkungen. www.quip-lat.com/files/pk101111/Ergebnisbroschuere_StEG_2010-11-11.pdf (Zugriff 21.10.2012)

www.sozialraum.de/methodenkoffer

Ulrich Deinet

Offene Kinder- und Jugendarbeit in der Bildungslandschaft[14]

Bildungslandschaften: Definitionen und Kritik

Nach einer anfänglich eher institutionell und schulbezogen geführten Diskussion um die Bildungslandschaften als Erweiterung bestehender Schullandschaften hat insbesondere der Deutsche Verein durch seine Stellungnahme aus dem Jahr 2009 sowie die Aachener Erklärung des Deutschen Städtetags (2007) dazu geführt, dass Bildungslandschaften jetzt auf der Grundlage eines breiteren Bildungsbegriffs diskutiert werden. In Hinblick auf eine bessere Vernetzung vorhandener Bildungsinstitutionen verweist der Deutsche Verein für öffentliche und private Fürsorge auch auf die informelle Bildung. „Denn Bildungsförderung kann nur dann für alle erfolgreich sein, wenn sie über die Schule hinaus den Blick auf die Vielfalt der non-formalen und informellen außerschulischen Bildungsorte öffnet und diese einbezieht" (Deutscher Verein 2009, S. 1). Damit kommen auch Bereiche und Institutionen in den Blick, die weniger das schulische Lernen in den Vordergrund ihrer Aktivitäten stellen: „Eine gut ausgebaute, konzeptionell aufeinander bezogene und verlässlich miteinander verknüpfte Bildungsinfrastruktur, die über die formalen Bildungsinstitutionen des Lernens hinaus (z. B. Kindertageseinrichtungen, Schule, Ausbildung, Universität) auch die Familie, Cliquen, Jugendclubs, den Umgang mit neuen Medien, freiwilliges Engagement in Vereinen und Verbänden, Weiterbildungsangebote, Musikschulen, Bibliotheken, Jugendkunstschulen, Museen als Orte kultureller Bildung etc. einbezieht, kann zur gesellschaftlichen Teilhabe der Bürger/innen eines Gemeinwesens und zu mehr Chancengerechtigkeit beitragen" (Deutscher Verein 2009, S. 1).

Die Heterogenität der Bildungsorte passt nicht zu dem weit verbreiteten statischen Verständnis einer Bildungslandschaft, so wie sie von Reutlinger kritisiert wird (Reutlinger 2009). Er beklagt nicht nur die „unkritisch-harmonische Tradition" des verwendeten Begriffs der Landschaft in diesem Zusammenhang, mit der häufig Harmonie, Schönheit und Ganzheit verbunden wird. Entscheidend sind seine raumtheoretischen Einwände gegen die

---

14 Stark erweiterte Fassung des Beitrags: „OKJA als Bestandteil einer Bildungslandschaft", in: Deinet, Ulrich/Sturzenhecker, Benedikt (Hrsg.) (2013): Handbuch Offene Kinder- und Jugendarbeit, 4., überarbeitete und aktualisierte Auflage.

Bildungslandschaftsdiskussion. Ein zentraler Begriff ist hier der Bildungsort. Die Kinder und Jugendlichen bewegen sich zwischen Orten, die in erster Linie geografisch verstanden werden. Hier werden sie in zeitlichen Abfolgen beschult, beraten, betreut oder erzogen. Im Konzept der Bildungslandschaften sollen die Orte systematisch zusammengeführt werden. In dieser Diskussion wird ausgeblendet, dass es nicht nur territorial unterschiedliche Bildungsorte gibt, sondern dass diese in einem hierarchischen Sinne auch unterschiedlich positioniert sein können. So steht die Schule als Bildungsort immer noch im Zentrum, während die außerschulischen Bildungsorte häufig auf eine Zulieferfunktion reduziert werden. Reutlinger folgend baut die Verkürzung des Bildungsorts auf einen territorial definierten Raum auf einem banalen Raumverständnis auf, in dem Räume als Behälter oder Container verstanden werden, die mehr oder weniger geschlossen sind. Notwendig ist dagegen ein flexibles Verständnis von Räumen als sich „ständig (re)produzierte Gewebe sozialer Praktiken" (Reutlinger 2009), d. h. ein Raum, der sozial konstruiert wird. Mit diesem Raumverständnis gerät bezogen auf die Bildungslandschaften die unterschiedliche Raumqualität in den Blick. Welche Ressourcen beinhalten sie, wie viel Handlungsoptionen sind möglich?

Der immanenten Kritik an der zu engen Diskussion um Bildungslandschaften des Deutschen Vereins schließt sich auch Werner Lindner an: „Die bisherigen Überlegungen zu Bildungslandschaften sind institutionell verengt; bislang kommen nur die anerkannten und bekannten Institutionen vor: Kita, Schulen, Bibliotheken, Museen, Jugendkunstschulen etc. Es ist aber typisches Kriterium gerade der informellen Bildung, dass sie ohne Pädagogen/innen stattfindet. Vielleicht könnte es ab einem bestimmten Punkt auch darauf ankommen, die „Bildungslandschaft" nicht flächendeckend und lückenlos zu pädagogisieren, sondern auch noch „unpädagogische" Freiräume zu erhalten. Vor diesem Hintergrund wäre es wichtig, die eigenen Informationen und Erkenntnisse über die jugendlichen Adressaten permanent zu qualifizieren und als Hintergrundwissen in das eigene Bildungsverständnis zu integrieren" (Lindner 2008, S. 9).

Varianten und Dimensionen von Bildungslandschaften

In ihrer Studie zur Entwicklung der Bildungslandschaft in Ulm formuliert Eisnach (2011) die Intention wie folgt: Bildung wird nicht mehr der Institution Schule überlassen, sondern es bilden sich Verantwortungsgemeinschaften und integrierte Handlungs- und Planungskonzepte, die versuchen, kinder- und familienfreundliche Rahmenbedingungen zu entwickeln. Beispiele sind eine integrierte Schulentwicklungs- und Jugendhilfeplanung sowie die Entstehung von Bildungsberichten. Im Vergleich zu den weit verbreiteten Kooperationsmodellen entstehen offene Netzwerke (vgl. Eisnach 2011, S. 38 ff). Als zentrale Strukturmerkmale kommunaler Bildungslandschaften (a.a.O. S. 50 ff.) benennt Eisnach vor allen Dingen die Zusammenlegung von Zuständigkeiten, die Bildung von kommunalen Netzwerken, den Aufbau eines kommunalen Bildungsmonitorings, die Entwicklung einer neuen Kommunikations- und Beteiligungskultur sowie die Gestaltung von Politik als Chefsache: „Regionalisierungs- und Kommunalisierungsprozesse stehen am Beginn einer langfristigen Umstrukturierung des Bildungssystems. Die lokale politische Steuerung orientiert sich zunehmend in Richtung einer Aushandlungs- und Partizipationskultur“ (a.a.O. S. 55). Für die Frage der Beteiligung der Jugendarbeit und der Jugendhilfe sind die von Eisnach beschriebenen Modelltypen einer Bildungslandschaft sehr interessant (a.a.O., S. 39 ff.): „Die schulzentrierte Entwicklungsvariante (...) beruht auf der Idee, die Bildungslandschaft müsse aus der Entwicklung einer Schullandschaft heraus entstehen. Daher liegt die Schwerpunktsetzung auf Aktivitäten im schulischen Bereich und der Schulentwicklung“ (a.a.O., S. 39). Bezüge zu dieser Variante existieren insbesondere in dem Projekt „Selbstständige Schule“ und der Etablierung weiterer Schulentwicklungsmaßnahmen sowie des Einholens von Unterstützungsleistungen durch andere Institutionen. Die Grundlage einer solchen Bildungslandschaft ist eine entwickelte Schullandschaft, in die dann systematisch weitere Bildungsakteure integriert werden. Daneben steht die „kooperationszentrierte Entwicklungsvariante: Diese bauen auf der Kooperation von Jugendhilfe und Schule als den Kerninstanzen öffentlich verantworteter Bildung, Betreuung und Erziehung auf (...). Weitere Institutionen und Einrichtungen fungieren lediglich als mögliche Kooperationspartner, nicht jedoch als mögliche Impulsgeber für die Entstehung kommunaler Bildungslandschaften“ (ebd.). Diese Entwicklungsvariante geht wesentlich von der Kooperation zwischen Schulverwaltungs- und Jugendämtern aus, auch die Ausschüsse arbeiten zusammen sowie die politischen Gremien etc.: „In Qualifizierungslandschaften (...) steht nicht die schulische Grundbildung sondern berufliche Aus- und Weiterbildung im Vordergrund. Die Idee des lebenslangen Lernens wird in den Mittelpunkt kommunaler Entwicklung gestellt“ (a.a.O. S. 40). Unter anderem das BMBF unterstützt diese Variante durch das Aktionsprogramm „Lebensbegleitendes Lernen“ aus dem Jahre 2001. Es geht wesentlich um innovative Angebote sowie Maßnahmen und Aktivitäten zur Qualifizierung und Förderung von Beschäftigungsfähigkeit im regionalen Raum. „Multidimensionale Bildungslandschaften als vierter Typus von Bildungslandschaften setzen an einem umfassenden Bildungsbegriff an. Sie umfassen das gesamte Spektrum an Bildungsmöglichkeiten eines Bildungsraumes. Die Kommune, nicht die Schule oder Jugendhilfe bildet das Zentrum der Entwicklung kommunaler Bildungslandschaften“ (ebd.). Hier liegt ein ganzheitliches Bildungsverständnis zugrunde (vgl. Deutscher Verein 2009). „Im Rahmen dieses ganzheitlichen Bildungsverständnisses gilt es die Eltern, Kindertageseinrichtungen, Jugendhilfe, Schule, Wirtschaft sowie weitere an der Bildung beteiligte Institutionen zu vernetzen“ (Eisnach 2011, S. 40).

Für die Frage, wie sich die OKJA an den entstehenden Bildungslandschaften beteiligen kann, ist das jeweilige Muster der Bildungslandschaft sehr bedeutend. Die Typisierung von Eisnach ist gut geeignet, um die sehr unterschiedlichen Orientierungen und damit auch die Beteiligungsmöglichkeiten für die Jugendarbeit deutlich zu machen (s.u.). Eine der ersten Studien, die über die Untersuchung einer Bildungslandschaft hinausgeht (vgl. Eisnach 2011) ist das große Forschungsprojekt des Deutschen Jugendinstituts „Lokale Bildungslandschaften in Kooperation von Jugendhilfe und Schule“ (2011). Für die Analyse und Gestaltung kommunaler Bildungslandschaften erscheinen die von den Autoren des Deutschen Jugendinstituts (Bradna u.a. 2010) formulierten Ebenen besonders interessant:

- „Planungsdimension (Politik und Verwaltung): Bildungsplanung und -Berichterstattung, Stadtentwicklungspolitik
- Zivilgesellschaftliche Dimension (Freie Träger, Stiftungen…): Schaffung eines öffentlich verantworteten Bildungsnetzwerkes bei Einräumung starker Mitspracherechte für die involvierten nichtstaatlichen Akteure.
- Aneignungsdimension (Kinder, Jugendliche, Eltern): Gestaltung anregender Lern- und Lebensumgebungen, die auch ein Lernen außerhalb pädagogisch angeleiteter Angebots- und Unterrichtsformen erlauben.
- Professionsdimension (Fachkräfte, Leitungsebenen): Fortbildung von Leitungs- u. Fachkräften, die zwischen den beteiligten Institutionen (Schule, Kinder- Jugendhilfe, Vereine) abgestimmt ist“ (Bradna u.a. 2010).

In der Auswertung des Projektes beklagen die Autoren unter anderem, dass in den untersuchten lokalen Bildungslandschaften gerade die hier skizzierte Perspektive von informeller und non-formaler Bildung nicht ausreichend thematisiert wird, so „… muss aus Sicht der Forscher/innen die Vernachlässigung der Subjekt- und Aneignungsperspektive als wichtigstes Desiderat der Gestaltung lokaler Bildungslandschaften benannt werden. Dies steht in scharfem Kontrast zur institutions- und regionsübergreifend konsensuellen Benennung der Leitperspektive eines „ganzheitlichen“ Lern- und Bildungsverständnisses. Untermauert wird dieser – gemessen an den vor Ort und im Diskurs deklarierten Zielperspektiven kritisch zu sehende – Befund durch die Tatsache, dass es in den Modellregionen bislang nicht zur verlässlichen und erwartbaren Beteiligung von Kindern und Jugendlichen bei allen sie unmittelbar betreffenden Angelegenheiten kommt" (Bradna u.a. 2010, S. 7). Die Anerkennung von Möglichkeiten eines ganzheitlichen Lernens in einem lokalen Rahmen mit seinen unterschiedlichen Orten und Protagonisten scheint in den vom DJI untersuchten lokalen Bildungslandschaften keine große Rolle zu spielen: „Ungeachtet der damit verbundenen Betonung der Bedeutung von „Selbstbildung" und (ko-) konstruktivistischer Lerntheorie, schlägt sich diese Gestaltungsdimension nur wenig in den organisationalen Aktivitätsstrukturen nieder; dies gilt ganz speziell auch im Hinblick auf die Leitlinie einer konsequenten, erwartbaren und verlässlich gestalteten Implementierung beteiligungsorientierter Planungsverfahren" (Bradna u.a. 2010, S. 10). Die Vernachlässigung der Aneignungs- und Beteiligungsfunktion in den existierenden lokalen Bildungslandschaften verweist zum einen auf die oben skizzierte Engführung in der Entwicklung der Bildungslandschaften, zum anderen ergibt sich aus diesen Befunden auch die Chance für die Kinder- und Jugendarbeit, mit ihrem Ansatz zu einer Verbreiterung der Entwicklung der Bildungslandschaften beizutragen.

Breiter Bildungsbegriff als Grundlage der Konzipierung „sozialräumlicher" Bildungslandschaften

Mit der Bezugnahme auf informelle Bildungsorte kommt auch der öffentliche Raum in den Blick: Kinder und Jugendliche lernen und bilden sich also nicht nur in Institutionen oder in der Schule, sondern insbesondere auch in ihren jeweiligen Lebenswelten, Nahräumen, Dörfern, Stadtteilen und nicht zuletzt auch im öffentlichen Raum. Diese Orte der informellen Bildung prägen die intentionalen Bildungsprozesse wesentlich mit. Die Entwicklung sozialer Kompetenz im Umgang mit fremden Bezugspersonen in neuen Situationen, die Erweiterung des Handlungsraumes und damit des Verhaltensrepertoires fördern dabei die Fähigkeit für den Erwerb von Sprachkenntnissen und folglich auch Bildungsabschlüssen. In Bezug zu den entstehenden Bildungslandschaften, die sich zunächst sehr stark an den Institutionen der formellen Bildung wie Schule, Musikschule etc. ausrichten, stellt sich die Frage, ob und in welcher Form die Bereiche der informellen Bildung und damit auch der öffentliche Raum Bestandteile einer Bildungslandschaft darstellen können. Der Jugendarbeit könnte dabei an der Schnittstelle zur informeller Bildung und den öffentlichen Räumen der Jugendlichen eine besondere Rolle zukommen. In die nähere Betrachtung gerät damit auch die alltägliche Lebensumwelt von Kindern und Jugendlichen, deren Bedeutung in der ökologischen Sozialisationsforschung (vgl.: Bronfenbrenner 1989) schon in den 70er und 80er Jahren betont wurde. Aber auch die neuere Bildungsforschung versucht, alltägliche Lebenswelten und ihre Bildungswirkungen zu fassen, so spricht etwa Thomas Rauschenbach von der „Alltagsbildung“ (Rauschenbach 2009), die als aktive Erschließung der Welt verstanden werden kann und sich insbesondere auf informelle Bildungsprozesse bezieht. Den sozialökologischen Ansätzen folgend beschrieb Wolfgang Zacharias schon 1983 die Lebenswelt als Lernumwelt in einem zeiträumlichen Raster (siehe Abb. 1).

Zacharias unterschied in seiner Skizze einer subjektiven Bildungslandschaft pädagogisch veranstaltete Situationen und Milieus von natürlichen, funktionellen Situationen. Die Skizze zeigt eine bunte Mischung institutioneller Bildungsorte und – so wie man heute sagen würde – Orte der nonformalen und der informellen Bildung. Aus heutiger Sicht könnte man die Skizze auch als eine Beschreibung einer subjektiven Bildungslandschaft verstehen, die ausgesprochen anregungsreiche, variable Bildungsorte im direkten Umfeld eines Kindes oder Jugendlichen bietet. Von der Eisdiele als Treffpunkt einer Clique über den Saxophonkurs in der Volkshochschule bis hin zur Spielaktion zeigt die Skizze ein breites Bild sehr unterschiedlicher Settings, in denen Bildung stattfinden kann.

Zwischen dieser Skizze und dem Schaubild aus dem 12. Kinder- und Jugendbericht zu unterschiedlichen Bildungsprozessen und Settings (Abb. 2) ergibt sich eine direkte Parallele. In einem breiten Spektrum zwischen formellen und informellen Bildungsprozessen sowie formalen und nonformalen Settings zeigt diese Skizze die Gleichrangigkeit unterschiedlicher Bildungsprozesse an unterschiedlichen Orten. Auch hier gibt es einen deutlichen Hinweis auf informelle Bildungsprozesse in nonformalen Settings, etwa die Aktivitäten im Jugendzentrum oder in der Clique. Für die Konzipierung kommunaler bzw. regionaler Bildungslandschaften ergeben sich aus einem solchen breiten Bildungsverständnis Konsequenzen: Es geht um die Erweiterung des Verständnisses einer Bildungslandschaft über die alleinige Verknüpfung von Institutionen hinaus, in Richtung der Einbeziehung informeller Bildungsprozesse an Bildungsorten im öffentlichen Raum, in non-formalen Settings etc. Verbunden mit der Erweiterung sind jedoch Probleme bei der Konzipierung einer Bildungslandschaft in einer Kommune oder in einem Kreis: Z.B. die planerische und konzeptionelle Frage, wie die Orte der informellen Bildung überhaupt einbezogen werden und wie sie entwickelt und geplant werden können.

Abb. 1.: „Lebenswelt als Lernumwelt"

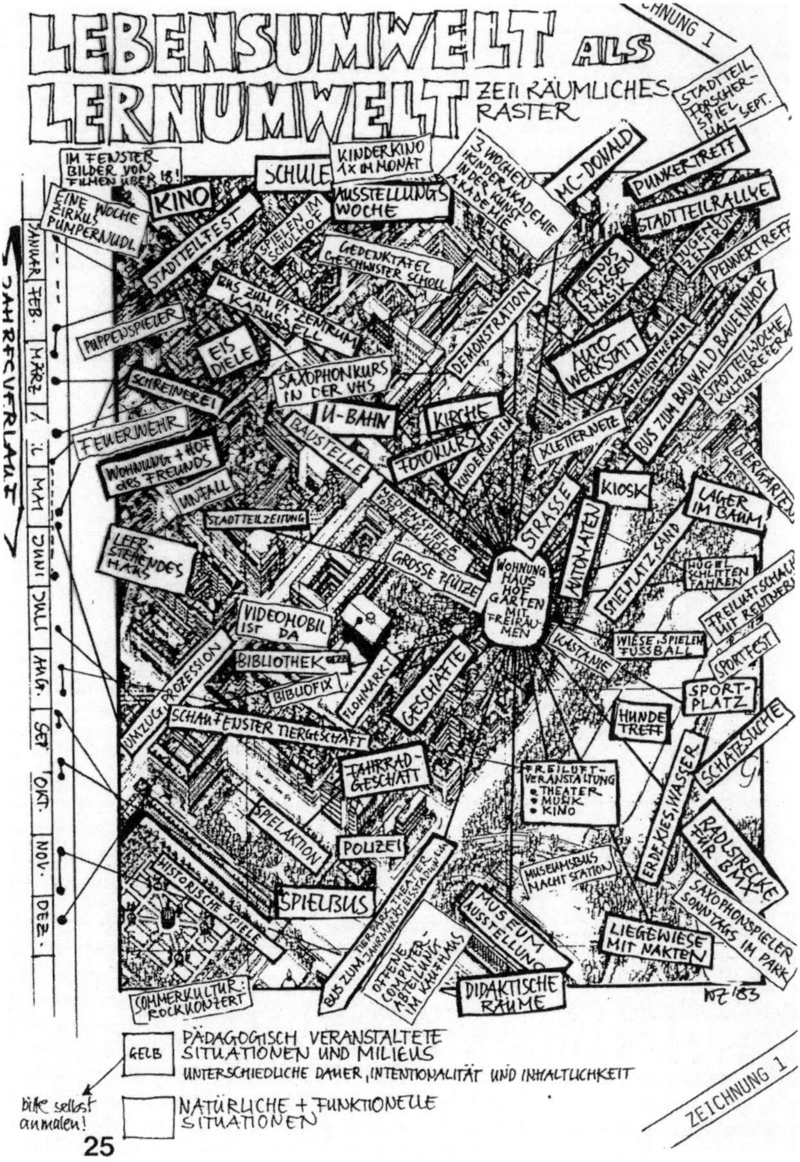

Quelle: Pädagogische Aktion 1984, S. 25

Abb. 2.: Bildungsprozesse und -settings

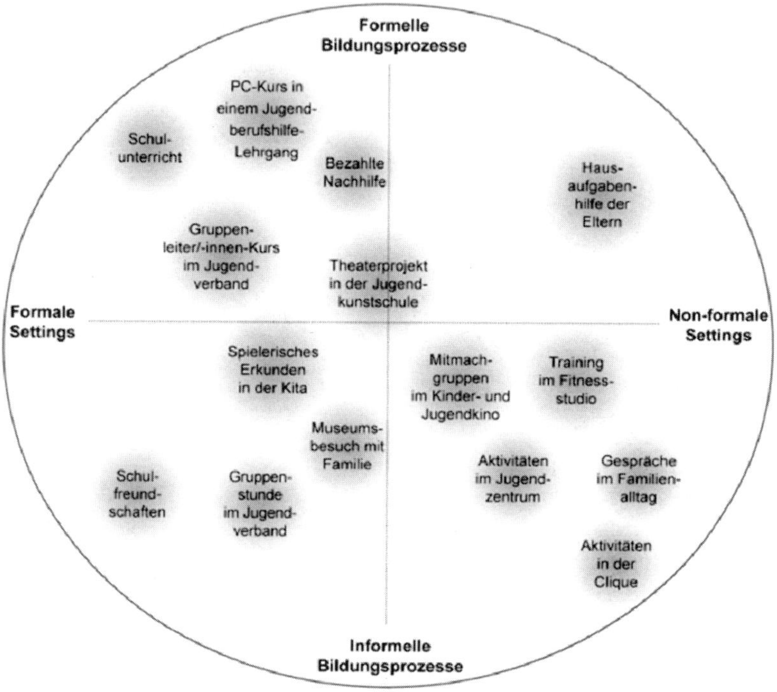

Quelle: BMFSFJ 12. Kinder- und Jugendbericht 2005, S. 130

Dass dies in der Praxis nur schwer umsetzbar ist, ergibt sich aus der Tatsache, dass informelle Prozesse nicht planbar sind und sich insofern einer Bildungsplanung weitgehend entziehen. Es entsteht ein Paradoxon in der Weise, dass einerseits die Bedeutung informeller Bildungsprozesse und deren Orte gesehen und diese in die Konzipierung von Bildungslandschaften einbezogen werden sollten. Andererseits können im Rahmen der Entwicklung einer Bildungslandschaft solche Orte nicht wirklich durchgeplant werden, da dann keine informelle Bildung mehr stattfinden kann!

Die Einbeziehung informeller Bildungsorte und die Anerkennung informeller Prozesse (besonders im öffentlichen Raum) in die Entwicklung einer Bildungslandschaft könnte bedeuten, neben der Vernetzung der Bildungsinstitutionen vielfältige Gelegenheiten (Settings, s.u.) für informelle Bildungsprozesse zu schaffen. Der Deutsche Verein bezieht in diesem Zusammenhang auch Aspekte der Stadtplanung mit ein und spricht von einer breiten Nutzung des kommunalen Raums: „Kommunale Bildungslandschaften sind nicht dazu da, den Alltag von Kindern und Jugendlichen curricular zu verplanen. Sie finden ihren gültigen Ausdruck vielmehr in einer umfassenden Nutzung und Gestaltung des kommunalen Raums als einer vielfältig vernetzten, anregenden Lern- und Lebensumgebung – auch für das ungeplante, in Alltagsvollzüge eingebundene informelle Lernen“ (Deutscher Verein 2009, S. 16).

In Hinblick auf die entstehenden Bildungslandschaften, die sich zunächst sehr stark an den Institutionen der formellen Bildung ausrichten, stellt sich die Frage, ob und in welcher Form die Bereiche der informellen Bildung und damit auch der öffentliche Raum deren Bestandteile darstellen können. Der Offenen Jugendarbeit könnte dabei eine besondere Rolle als Schnittstelle zukommen.

Informelle Bildungsräume als Bestandteile von Bildungslandschaften

Die Grundlagen für die Einbeziehung informeller Bildungsprozesse und damit auch deren Orte in die entstehenden Bildungslandschaften sind gelegt. Wie kann aber die Dynamik solcher Prozesse in ein Konzept einer „Landschaft“ einbezogen werden, das doch eher statisch wirkt?

Die Kritik Reutlingers (2009) am Begriff der Bildungslandschaften und die zumindest konzeptionelle Berücksichtigung von Lernwelten, die als Erweiterung des Begriffs des Bildungsortes verstanden werden können, geben Anlass, auch solche Bildungsräume in den Blick zu nehmen, die weniger funktionale Bildungsorte sondern vielmehr „Ermöglichungsräume“ (Reutlinger) für Bildung sind. So wie in der Skizze von Wolfgang Zacharias aus den 80er Jahren auch informelle Orte in der anregenden Lern- und Lebensumgebung eines Kindes nachgezeichnet wurden, sollten auch kommunale Bildungslandschaften ungeplante und in Alltagsvollzüge eingebundene informelle Lernprozesse in den Blick nehmen, die weit über die Bildungsinstitutionen hinausgehen. Auch wenn der Deutsche Verein noch keine konkreten Vorschläge macht, wie die Einbeziehung solcher Bereiche aussehen kann, deuten die Empfehlungen doch sehr stark auf eine Ausweitung des Spektrums der in einer Bildungslandschaft handelnden Akteure hin: „Kommunale Bildungslandschaften sind daher immer auch Landschaften im konkret räumlichen Sinne und von daher Teil einer integrierten Raumentwicklungsplanung. Zumindest perspektivisch sind daher beispielsweise auch Akteure im Bereich der Wohnungswirtschaft, aber eben auch aus den bereits genannten weiteren für Bildung wichtigen kommunalen Bereichen einzubinden. Auch für diese Gestaltungsperspektiven gibt es bereits erste Ansätze gelingender Praxis“ (Deutscher Verein 2009, S. 15).

Für die Beantwortung der Frage, wie die für Kinder und Jugendliche als Bildungsorte bedeutsamen Bereiche des öffentlichen Raums in die Bildungslandschaften einbezogen werden können, sind Ansätze der Raumsoziologie hilfreich. Einen interessanten Beitrag zur Interpretation des öffentlichen Raums leistet die moderne Raumsoziologie – insbesondere der von Martina Löw entwickelte dynamische Raumbegriff, der die vielfach tradierte Trennung von Subjekt und Raum überwindet: „Meine These ist, dass nur, wenn nicht länger zwei verschiedene Realitäten – auf der einen Seite der Raum, auf der anderen die sozialen Güter, Menschen und ihr Handeln – unterstellt werden, sondern stattdessen Raum aus der Struktur der Menschen und sozialen Güter heraus abgeleitet wird, nur dann können die Veränderungen der Raumphänomene erfasst werden" (Löw 2001, S. 264). Räume entstehen danach durch die Interaktion von Menschen und können für diese unterschiedlich gestaltet sein. Insofern geht Löw davon aus, „dass an einem bestimmten Ort (als eindeutig bestimmbare sozialgeografische Lokalisierung, eine bestimmte Stelle unserer Erdoberfläche) unterschiedliche Räume entstehen können, je nachdem, welche Bedeutungen, Veränderungen Menschen den Orten verleihen. Raum ist eine relationale (An-)Ordnung von Lebewesen und sozialen Gütern an Orten” (Löw 2001, S. 271).

Damit ist die Grundlage für ein breites Verständnis des öffentlichen Raums gelegt, das sich auch auf Bildungslandschaften beziehen lässt. Der dynamische Raumbegriff von Martina Löw ist gut geeignet, um unterschiedliche Qualitäten von Räumen für verschiedene Zielgruppen zu beschreiben und die rein funktionalistische Definition von Räumen zu überwinden. Dabei ist es notwendig zu wissen, wie Kinder und Jugendliche den öffentlichen Raum nutzen, wie dabei verschiedene Raumqualitäten entstehen und mit welchen Interventionen Aneignungsprozesse unterstützt werden können. Mit dem Konzept der Raumaneignung und der Operationalisierung des Aneignungsbegriffs lassen sich im öffentlichen Raum unterschiedliche Raumqualitäten aus Sicht von Kindern und Jugendlichen interpretieren (vgl. Deinet 2005).

Auch virtuelle Räume spielen für Jugendliche heute eine besondere Rolle und sind teilweise als Bestandteil des öffentlichen Raumes zu interpretieren. Insbesondere Chatrooms und soziale Netzwerkportale wie z.B. „Facebook“ werden von Jugendlichen intensiv genutzt und bieten Kommunikationsmöglichkeiten, die vergleichbar sind mit denen an gegenständlichen Orten in ihrer Umwelt. So stellt etwa die Studie von Wagner (2008) zum Medienverhalten von Jugendlichen deutlich heraus, wie aktiv Jugendliche virtuelle Räume nutzen und welche Aneignungsmöglichkeiten damit verbunden sind. Einen weitergehenden Aspekt in der Nutzung virtueller und gegenständlicher Räume durch Jugendliche stellt die Dimension der „Verknüpfung von Räumen" (Löw 2001) und der damit intendierten Verbindung von virtueller und direkter face to face-Kommunikation dar. Wagner bezeichnet virtuelle Welten, auch im Sinne eines ständigen Wechsels der Kommunikationsräume, als Dorfplätze. Mit diesem Begriff bezieht sie sich insbesondere auf die vielfältigen Möglichkeiten, sich in virtuellen Welten zu vernetzen: „Die Befragten treten in Kommunikation miteinander, vereinbaren gemeinsame Aktivitäten, die dann sowohl online, als auch offline realisiert werden. In den quantitativen Ergebnissen wird deutlich, dass diese kommunikativen Tätigkeiten viel Raum im Gebrauch multifunktionaler Medien einnehmen" (Wagner 2008, S. 209).

Auf der Grundlage eines dynamischen Raumbegriffes müssen Bildungslandschaften deshalb weiter gefasst werden und können sich nicht nur auf die Vernetzung von Bildungsinstitutionen beziehen. Die Einbeziehung weiterer Bildungsorte – insbesondere im öffentlichen Raum – machen eine interdisziplinäre Sichtweise erforderlich, in der z. B. die Stadtplanung viel stärker ins Spiel kommt. Die Planung von Spielräumen, Spielplätzen, öffentlichen Räumen bis hin zur Umnutzung und Zwischennutzung von Räumen kann die Grundlage für die Entwicklung einer Bildungslandschaft sein, die vielgestaltig ist, vielfältige Settings unterscheidet und die Förderung formeller, nonformaler und informeller Bildungsprozesse zum Ziel hat.

Der Beitrag der Jugendarbeit: Settings für informelle Bildungsprozesse schaffen!

Die Paradoxie der Unplanbarkeit informeller Bildungsprozesse ist nicht aufzuheben. Aber mit dem Begriff des Settings bzw. der Schaffung von bildungsfördernden Settings kann eine Brücke zur Konzipierung von Bildungslandschaften insofern gebaut werden, dass günstige Rahmenbedingungen geschaffen werden, die informelle Bildungsprozesse möglich machen. Der Settingansatz kommt aus der Gesundheitsförderung und beschreibt Strategien, wie die Lebenswelten von Menschen so gestaltet werden können, dass sie gesundheitsfördernd wirken: „Der Setting-Ansatz ermöglicht es zudem, Individuen und umweltbezogene Maßnahmen (z. B. Freiräume in städtischen Wohngebieten oder Schulhofgestaltung) miteinander zu verbinden" (Altgeld 2004, S. 27). Die alltägliche Lebensumwelt, die sich subjektiv als Lebenswelt gestaltet, wird in diesem Ansatz als zentrale Rahmenbedingung für die Entwicklung der Menschen begriffen und damit auch für die Gesundheitsförderung. „Der Setting-Ansatz stellt eine Kernstrategie zur Umsetzung der Gesundheitsförderung dar. Ihr liegt die Idee zugrunde, dass Gesundheit kein abstraktes Ziel ist sondern im Alltag hergestellt und aufrecht erhalten wird. Gesundheitsförderung muss in diesem Lebensalltag ansetzen. Die Fokussierung auf definierte Sozialräume, sei es das Quartier, der Betrieb, die Schule oder das Krankenhaus, ermöglicht es, die Zielgruppen und Akteure genauer zu bestimmen, adäquate Zugangswege zu definieren und die vorhandenen Ressourcen zu nutzen“ (Altgeld, ebd.).

Mit Hilfe des Settingansatzes können im Rahmen der Konzipierung einer Bildungslandschaft sowohl Bildungsprozesse als auch Orte in den Blick kommen, die jenseits der institutionalisierten Bildungsbereiche informelle und non-formelle Bildung zulassen. Der Settingansatz sieht es vor, öffentliche Räume (z. B. Spielplätze) so zu gestalten, dass sie Rahmenbedingungen für informelle Bildungsprozesse möglich machen. Damit gerät auch der öffentliche Raum in den Blick der Bildungslandschaften, mit der Frage, wie diese konzipiert werden können.

Die Jugendarbeit ist durch ihre institutionellen Rahmenbedingungen – insbesondere durch das Prinzip der Offenheit und der konkreten Gestaltung der Einrichtungen mit ihren Offenen Bereichen – für Jugendliche ein wesentlicher Teil des öffentlichen Raumes. Viele Einrichtungen arbeiten dort institutionsübergreifend, etwa durch die Unterstützung von Cliquen in Parks etc. oder durch den Aufbau von Treffmöglichkeiten (s. u.). Eine sozialräumliche Jugendarbeit versteht subjektive Bildungsprozesse insbesondere als sozialräumliche Aneignungsprozesse, die in den gesellschaftlichen Räumen eingelagert sind bzw. in den Räumen, die Kinder und Jugendliche entstehen. Diese stehen oft im Gegensatz zu den offiziell institutionalisierten Bildungsräumen und -orten, so wie sie derzeit in der Diskussion um die lokalen Bildungslandschaften vorrangig diskutiert werden. Der Beitrag der OKJA kann auf der Grundlage des Aneignungskonzeptes darin bestehen, Bildungsorte mehrdimensional zu denken und für die Diskussion von kommunalen/regionalen/lokalen Bildungslandschaften nutzbar zu machen. Das „wilde Lernen“ (Böhnisch 2002), die aneignungstheoretisch besonders wichtige Funktion der Veränderung von Situationen und Räumen kann so in die Diskussion eingebracht werden. Der öffentliche Raum ist mit einzubeziehen, weil dieser als Aneignungs- und Bildungsraum zu verstehen ist! Stadtentwicklung und Stadtplanung als Hauptgestalter/innen dieses Raumes sind deshalb in diese Diskussion zu integrieren. Was Lindner für die verbandliche Kinder- und Jugendarbeit fordert, gilt in gleicher Weise für die OKJA: „Wenn die (verbandliche) Kinder- und Jugendarbeit in diesen Bildungslandschaften eine maßgebliche Rolle spielen will, müsste sie diese frühzeitig mit aufbauen helfen und sich einmischen in die relevanten kommunalen Politikfelder. Dies bedeutet: Jugendverbandsarbeit muss wirksame kommunale Präsenz zeigen (können) und hätte dabei zu vergegenwärtigen, dass die kommunale Ebene so vielfältig und heterogen ist wie es Städte und Landkreise gibt" (Lindner 2008, S. 8).

Mit dem Begriff der Raumaneignung wird eine Programmatik sozialpädagogischen Handelns verbunden in Form von Aktionen, die Kinder und Jugendliche in neue Handlungssituationen bringen, um sie sicherer im Umgang mit fremden Menschen und für sie neuen Räumen zu machen. Erlebnispädagogische Projekte bieten dazu ein geeignetes Medium. Die Förderung sozialräumlicher Aneignung bezieht sich aber nicht nur auf die Möglichkeiten der Erlebnispädagogik im engeren Sinne ihrer eigenen Räume und Angebote. Vielmehr bietet sie die Chance einer sozialräumlich, aneignungs- und bildungsorientierten Arbeit mit Kindern und Jugendlichen, die sich für die Revitalisierung öffentlicher Räume und die Schaffung jugendkultureller Räume einsetzt. Eine solche Mandatsfunktion kann die Kinder- und Jugendarbeit besonders dann übernehmen, wenn sie sich nicht nur an Besucher/innen und Mitgliedern orientiert, sondern an den Kindern und Jugendlichen eines Sozialraums insgesamt. So kann die Kinder- und Jugendarbeit durch Schaffung von Settings für unterschiedliche Gelegenheiten im öffentlichen Raum z. B. Treffmöglichkeiten schaffen und Verknüpfungsmöglichkeiten zwischen verschiedenen Szenen und Cliquen herstellen. Besonders die Mobile Jugendarbeit im öffentlichen Raum kann dabei Aneignungs- und Bildungsmöglichkeiten auf sehr unterschiedlichen Ebenen ermöglichen. Hierbei geht es etwa um die Beteiligung der Jugendlichen bei der Suche nach geeigneten Plätzen für die Errichtung von Treffs, sowie deren konkrete Gestaltung und Nutzung durch unterschiedliche Gruppierungen.

Das folgende Beispiel zeigt ein solches Setting. Hierbei geht es in erster Linie um die Beteiligung der Jugendlichen bei der Suche nach geeigneten Plätzen für die Errichtung von überdachten Treffs im öffentlichen Raum (vgl. Deinet u.a. 2009).

Praxisprojekt: „Betreten erlaubt"

In dem städteübergreifenden Projekt „Betreten Erlaubt" wurde in zwei Evaluationsrunden die Beteiligung von Jugendlichen bei der Errichtung von Treffpunkten begleitet. Zusätzlich standen die Chancen und Probleme der Intervention der Fachkräfte im Fokus, die zwischen Stadtverwaltungen, Politik, Polizei, Anwohnern und den betroffenen Jugendlichen agieren müssen. In den untersuchten Projekten konnten Aneignungs- und Bildungsmöglichkeiten auf unterschiedlichen Ebenen beschrieben werden.

In den eher an der praktischen Umsetzung orientierten Projekten fanden Aneignungsprozesse durch physische Arbeiten am Ort und die Auseinandersetzung um gestalterische Aspekte statt. Hierbei standen motorische, gegenständliche und gestalterische Aneignungsformen im Vordergrund. In den vorrangig planungsorientierten Projekten fanden Aneignungsprozesse insbesondere in Zusammenhang mit der Auswahl der möglichen Standorte statt. Über einen intensiven Diskurs (inkl. Präsentationen der eigenen Ideen) konkretisierten die Jugendlichen ihre Vorstellungen von einem eigenen Treffpunkt und waren so in die Entscheidungsprozesse involviert.

Aneignungsprozesse waren häufig auf der kognitiven Ebene zu beobachten, also besonders im Bereich der sozialen und kulturellen Kompetenzen. Dies reicht bis hin zum Bereich der politischen Bildung, in dem Jugendliche nachhaltige Erfahrungen auch in der Kommunalpolitik machen. In einem der Projektstandorte zeigten die Jugendlichen angeregt durch das Projekt verstärktes Interesse am städtischen Geschehen und fingen an, Berichte in der Tageszeitung zu lesen. Die stark auf konkrete Gestaltung bezogenen Projekte entwickelten sich dabei weniger als Beteiligungsprojekte, sondern hatten mehr den Charakter eines pädagogischen Angebots. Dies erschließt ebenfalls Aneignungsmöglichkeiten, macht aber keine weiterführenden Beteiligungserfahrungen möglich.

Ausblick: Jugendarbeit zwischen „schulzentrierter" und „multidimensionaler" Bildungslandschaft

Die Frage der Beteiligung der Jugendarbeit an den sich entwickelnden Bildungslandschaften wird wesentlich davon abhängen, ob diese eher schulzentriert oder eher kooperations- bzw. mehrdimensional gestaltet werden (Eisnach 2001, S. 39 f.) und sich tatsächlich so etwas wie eine lokale Bildungspolitik etablieren kann, in der dann auch lokale Bildungsbereiche und Institutionen wie die Jugendarbeit eine entsprechende Bedeutung erlangen können.

Die Kinder- und Jugendhilfe kann ihre Qualitäten in jeder Variante der Bildungslandschaft einbringen; ob sie jedoch als eigenständiger Bildungsraum Anerkennung findet und damit auch ein souveräner Teil einer Bildungslandschaft (und nicht nur der Dienstleister von Schule) sein kann, hängt wesentlich von der jeweiligen Orientierung der Bildungslandschaft ab.

Literatur

Böhnisch, L. (2002): Lebensbewältigung. Ein sozialpädagogisch inspiriertes Paradigma für die Soziale Arbeit. In: Thole, W. (Hg.): Grundriss Soziale Arbeit, Opladen, S. 199-213

Bradna, M., Meinecke, A., Schalkhausser, S., Stolz, H.-J., Täubig, V. & Thomas, F. (2010): Lokale Bildungslandschaften in Kooperation von Ganztagsschule und Jugendhilfe. Abschlussbericht (unveröffentlicht). München: Deutsches Jugendinstitut e.V.

Bronfenbrenner, Urie (1989): Die Ökologie der menschlichen Entwicklung. Natürliche und geplante Experimente, Frankfurt a.M.

BMFSFJ (2005): Zwölfter Kinder und Jugendbericht: Bildung, Betreuung und Erziehung vor und neben der Schule. Berlin

Deinet, U. (Hrsg.) (2005): Sozialräumliche Jugendarbeit. Grundlagen, Methoden, Praxiskonzepte (2., völlig überarbeitete Auflage). Wiesbaden: Verlag für Sozialwissenschaften

Deinet, U. & Reutlinger, C. (Hrsg.) (2004): "Aneignung" als Bildungskonzept der Sozialpädagogik. Beiträge zur Pädagogik des Jugendalters in Zeiten entgrenzter Lernorte. Wiesbaden: Verlag für Sozialwissenschaften

Deinet, U., Okroy, H., Dodt, G. & Wüsthof, A. (Hrsg.) (2009): Betreten erlaubt! Projekte gegen die Verdrängung Jugendlicher aus dem öffentlichen Raum, soziale Arbeit und sozialer Raum Bd. I. Opladen und Farmington Hills: Barbara Budrich

Deinet, U., Icking, M., Leifheit, E. & Dummann, J. (2010): Jugendarbeit zeigt Profil in der Kooperation mit Schule, in der Reihe „Soziale Arbeit und Sozialer Raum“ (Hrsg. Ulrich Deinet) Bd. 2, Opladen und Farmington Hills: Barbara Budrich

Eisnach, K. (2011): Ganztagsschulentwicklung in einer kommunalen Bildungslandschaft. Möglichkeiten und Grenzen von Unterstützungsstrukturen, Wiesbaden VS

Lindner, W. (2008): Visionen einer vernetzten Bildungslandschaft. Skript des Vortrags vom 19. April 2008 beim Landesjugendring Rheinland-Pfalz, http://www.ljrrlp.de/cms/upload/pdf/SKRIPT_Visionen_einer_vernetzten_Bildungslandschaft.pdf

Löw, Martina (2001): „Raumsoziologie“, Frankfurt a.M.

Pädagogische Aktion (1984): Kulturpädagogisches Lesebuch

Rauschenbach, Thomas (2009): Zukunftschance Bildung, Familie, Jugendhilfe und Schule in neuer Allianz, Weinheim und München

Reutlinger, Christian (2009): Bildungslandschaften - raumtheoretisch betrachtet, in: Böhme, J. (Hrsg): Schularchitektur im interdisziplinären Diskurs. Territorialisierungskrise und Gestaltungsperspektiven des schulischen Bildungsraums, Wiesbaden

Reutlinger, Christian (2002): Unsichtbare Bewältigungskarten von Jugendlichen in gespaltenen Städten. Sozialpädagogik des Jugendraums aus sozialgeografischer Perspektive, Opladen

Wagner, Ulrike (Hrsg.) (2008): Medienhandeln in Hauptschulmilieus – mediale Interaktion und Produktion als Bildungsressource, München

Internetquellen:

Altgeld, Thomas. (2004): Gesundheitsfördernde Settings – Modelle für integrative Gesundheitsförderung in benachteiligten Stadtteilen?, in: E und C Fachforum: Perspektive: Gesunder Stadtteil – gesundheitsfördernde Setting-Ansätze und Jugendhilfestrategien in E- und C-Gebieten, Dokumentation der Veranstaltung vom 26.-27.01.2004 in Berlin. www.gesundheitnds.de/downloads/altgeld.settingexpertise.pdf (Zugriff 7.12.2012)

Deinet, U. (2010): Von der schulzentrierten zur sozialräumlichen Bildungslandschaft, www.sozialraum.de, Ausgabe 1/2010 erschienen (Zugriff 7.12.2012)

Deutsches Jugendinstitut: Lokale Bildungslandschaften in Kooperation von Jugendhilfe und Schule Sofie Schalkhaußer, Franziska Thomas http://www.dji.de/bibs/2011_06_08_Lokale_Bildungslandschaften_in_Kooperation_von_Jugendhilfe_und_Schule.pdf (Zugriff 7.12.2012)

Deutscher Städtetag (2007): Aachener Erklärung des Deutschen Städtetags anlässlich des Kongresses „Bildung in der Stadt" am 22./23.11.2007, www.staedtetag.de/imperia/md/content/veranstalt/2007/58.pdf (Zugriff 7.12.2012)

Deutscher Verein für öffentliche und private Fürsorge e.V. (2009): Empfehlungen des Deutschen Vereins zur Weiterentwicklung Kommunaler Bildungslandschaften. Zugriff am 14. Februar 2011 http://www.deutscher-verein.de/05-empfehlungen/empfehlungen_archiv/2009/pdf/DV%2019-09.pdf (Zugriff 7.12.2012)

Ulrich Deinet

Qualitätsentwicklung als Konzeptentwicklung auf der Einrichtungsebene[15]

Die Qualitätsentwicklung auf Einrichtungsebene in der OKJA besitzt zwei unterschiedliche theoretische Hintergründe: Zum einen geht es um die in der Sozialen Arbeit insbesondere von Hiltrud von Spiegel (vgl. auch Galuske 2002, Schilling 2004) diskutierten Fragen nach Konzepten, Methoden, Bausteinen etc. für die pädagogische Arbeit, die sich insbesondere aus der Didaktik und der Methodenlehre der Sozialen Arbeit speisen und hier im Vordergrund stehen. Der zweite Bereich ist die moderne Qualitätsentwicklung, oder auch Qualitätsmanagement, die insbesondere durch den Transfer betriebswirtschaftlicher Verfahren in den Bereich der sozialen Arbeit gekennzeichnet ist. Ausgangspunkte dieses Beitrages sind nicht die betriebswirtschaftlichen Verfahren (etwa die ISO-Normen etc.), sondern das didaktisch-methodische Handeln in der Profession der sozialen Arbeit. Dieses hat durch die Diskussion zum Transfer moderner Methoden (etwa des Controllings) erhebliche Anstöße bekommen in Hinblick auf eine evaluations- und wirkungsorientierte Konzeptionierung der eigenen Arbeit. Die wissenschaftliche Debatte der Jugendarbeit sah darin aber auch Chancen, die Professionalität und Leistungsfähigkeit der OKJA durch die Entwicklung von Instrumenten der Qualitätsentwicklung zu steigern. Dazu wurden verschiedene Verfahren entwickelt und diskutiert: z. B. ein Konzept der professionellen Selbstbewertung auf der Basis vorgegebener Standards (Projektgruppe WANJA 2000), oder ein „Handbuch Qualitätsmanagement“ (Senatsverwaltung Berlin 2006), das für die Berliner Offenen Jugendeinrichtungen Standards von Kernaktivitäten definiert.

Die Frage der Konzeptentwicklung und Konzeptevaluation wird als eine zentrale Herausforderung der OKJA verstanden, insbesondere in der Kooperation mit anderen Institutionen, z. B. Schulen oder den Hilfen zur Erziehung. Im ersten Teil des Beitrags werden deshalb zunächst unterschiedliche Ebenen und Formen der Konzeptentwicklung beschrieben, vor dem Hintergrund die Konzepte in sehr unterschiedlichen Formen Anwendung finden, etwa zur Planung eines einzelnen Projektes oder als langfristiger Rahmen für die pädagogische Arbeit. Die zentrale Bedeutung der Formulierung und

---

15 Der Beitrag bezieht sich sehr deutlich auf das Buch von Hiltrud von Spiegel (Hrsg.) (2000). Jugendarbeit mit Erfolg. Arbeitshilfen und Erfahrungsberichte zur Qualitätsentwicklung und Selbstevaluation. Münster: Votum.

Operationalisierung von Zielen wird im zweiten Teil dieses Beitrags aufgenommen. Die von Hiltrud von Spiegel entwickelte Differenzierung zwischen Wirkungs- und Handlungszielen kann in eine sehr sinnvolle Verbindung mit der aus der Qualitätsentwicklung stammenden Differenzierung zwischen der Ergebnis-, Prozess- und Strukturebene gebracht werden. Die Operationalisierung der Handlungsziele auf den drei Ebenen bis hin zu überprüfbaren, einschätzbaren und bewertbaren Indikatoren als Anzeichen des Erfolgs/Misserfolgs der pädagogischen Arbeit ist ein wichtiger Schritt in der Qualitätsarbeit: Weg von den abstrakten und wenig praxisnahen Ziele alter Konzepte, hin zu einer ergebnis- und wirkungsorientierten Qualitätsarbeit. Eine praxisorientierte Ergänzung der beschriebenen deduktiven Operationalisierung von Zielen besteht in der Formulierung von Schlüsselsituationen und Prozessen für die Gestaltung der pädagogischen Arbeit in der OKJA. Dieses auch von Hiltrud von Spiegel entwickelte Instrument stellt sozusagen eine Qualitätsarbeit von unten dar, die von konkreten, in der Praxis immer wiederkehrenden Situationen und Prozessen und deren qualitativer Bewältigung ausgeht. Einzelnen Situationen und Prozessen werden Ziele und Arbeitsprinzipien zugeordnet, so dass ein Katalog einer Qualitätsarbeit entstehen kann, der sehr praxisleitend ist. Dass diese Verfahren keine technokratischen Abläufe, sondern die Praxis prägende Muster sind, wird zum Schluss unter dem Titel „Arbeits- und Handlungsprinzipien als Grundlage für die Entwicklung von Angeboten und Methoden“ beschrieben.

Qualitätsentwicklung als Konzeptentwicklung

Heute steht die Konzeptentwicklung nicht mehr in der Tradition lyrischer Beschreibungen der eigenen Arbeit mit wenig Aussagewert und vor allem kaum einschätzbaren Wirkungen. Moderne Konzeptentwicklung versteht sich auch als ständige Evaluation der eigenen Arbeit, als wirkungsorientierte Überprüfung der Ziele und einer damit verbundenen immanenten Suche nach Weiterentwicklungen für die Konzeption. Während Konzepte früher eher nach ihrer legitimatorischen Funktion eingeschätzt wurden, spielen sie heute eine wichtige Rolle, etwa in der Kooperation mit Schule, wenn es darum geht, Ziele, Schritte und Methoden des eigenen Arbeitsfeldes darzustellen und die vielbeschworene Augenhöhe herzustellen. Genauso wie Schulen über ihr Schulprogramm verfügen, muss die OKJA über eigene Konzepte verfügen, die ihre Arbeit qualitativ hochwertig beschreiben können.

Ein zweiter Aspekt für eine aktuelle Konzeptentwicklung besteht in der überall zunehmenden Projektförderung sowie der Notwendigkeit zur Akquise zusätzlicher Mittel über Sponsoren. Hier gilt: nur, wer klar beschreiben kann, was, wozu, wie und mit wem getan werden soll, wer seine Ziele formulieren, operationalisieren und evaluieren kann, ist in der Lage, seine sozialpädagogische Arbeit auf einem so hohen fachlichen Standard zu beschreiben, dass diese auch für Zuschussgeber von Interesse ist. Und hierbei geht es auch nicht nur um das gute „Verkaufen“, sondern im wahrsten Sinne des Wortes um die Belebung der eigenen Konzeption. Der Hinweis auf die Bedeutung der Entwicklung von Konzepten wurde auch schon im Jahr 2000 von Hiltrud von Spiegel betont: „Im Unterschied zur Zeit vor der Qualitätsdebatte scheint es sich allerdings jetzt zu lohnen, die Konzeption zu überarbeiten, denn sie hat heute die Chance, tatsächlich zur Grundlage der pädagogischen Arbeit zu werden“ (von Spiegel 2000, S. 32).

Konzeptebenen

1. *Lokale, kommunale Ebene:*

   Hier werden z. B. Konzepte für Kinder- und Jugendarbeit für einen Kreis bzw. eine Kommune oder im Bereich eines Trägers definiert (Gesamtkonzept, Leitbild).

2. *Einrichtungsbezogene Konzepte:*

   Hier geht es um ein konkretes Konzept der Kinder- und Jugendarbeit an einer bestimmten Schule, in einer konkreten Schulform, an einem konkreten Ort (in Deutschland oft auch im Zusammenhang mit dem jeweiligen Schulprogramm).

3. *Projekt- und zielgruppenspezifische Konzepte:*

   Hier geht es darum, z. B. gemeinsame Projekte von Kinder- und Jugendarbeit in Kooperation mit anderen Institutionen zu planen und konzeptionell festzulegen.

Auf der ersten Ebene werden Konzepte zwischen Institutionen in einem lokalen Raum verhandelt, die man auch als Rahmenkonzepte bezeichnen könnte, weil sie sich nicht auf einen ganz konkreten Ort oder ein spezielles Projekt beziehen, sondern für einen lokalen Bereich Ziele, Methoden etc. beschreiben. Ein Beispiel dafür sind die Konzeptionen des Kreisjugendring München-Stadt als größter Trägers der öffentlichen OKJA in München (Rahmenkonzept der Offenen Kinder- und Jugendarbeit in München, März 2011).

Rahmenkonzepte beschreiben in allgemeiner Form die Zielsetzungen, Methoden, Handlungsformen etc. und geben damit einen Grundlage für die konkreten Einzelkonzeptionen der Einrichtungen und Projekte. Vergleichbar mit diesen übergreifenden kommunalen Konzepten sind auch trägerspezifische Konzepte, z. B. innerhalb eines kirchlichen Bezirks oder des Bereiches eines Wohlfahrtsverbands, der Träger von Einrichtungen der OKJA ist. Auch für diese Konzeptebene ist es typisch, dass sie sich noch nicht auf die konkrete Einrichtung bezieht, sondern einen allgemeinen Rahmen beschreibt, in dem sich dann die spezifischen Einzelkonzeptionen bewegen können. Der Vorteil der Rahmenkonzeptionen besteht darin, dass sie das Feld meist schon sehr gut beschreiben, so dass vor Ort nicht immer wieder alles wiederholt werden muss. Solche Rahmenkonzepte sind auch vergleichbar mit Leitbildern, so wie sie z. B. bei vielen größeren Trägern der sozialen Arbeit bestehen. Auch bei Leitbildern geht es nicht um konkrete Einzelkonzepte sondern allgemeine und für die ganze Organisation geltende Zielsetzungen, Methoden, Arbeitsweisen etc. Solche allgemeinen Konzepte beschreiben oft auch ein Verfahren der Qualitätsentwicklung bzw. ein Kontraktmanagement von Zielvereinbarungen zwischen Trägern und Kommunen. Die konkreten Konzepte der Kinder- und Jugendarbeit werden in jährlichen Reflexionsgesprächen mit Trägervertretern sowie den Fachkräften vor Ort evaluiert und reflektiert; daraus entstehen neue Zielsetzungen für das darauf folgende Jahr, die dann entsprechend in die konkreten Konzepte integriert werden und so etwas wie eine Zielvereinbarung darstellen. Solche Zielvereinbarungsgespräche sind oft auch Elemente eines Kontraktmanagements bzw. der Vereinbarungen zwischen Auftraggebern und Auftragnehmern, d. h. in häufig zwischen Stadt und freien Trägern.

Auf der zweiten Ebene geht es um die konkreten Konzepte der Kinder- und Jugendarbeit mit ihren spezifischen Schwerpunkten etc. Auf dem Hintergrund der o. g. Rahmenkonzepte beziehen sich diese einrichtungsspezifischen Konzepte auf die ganz konkreten Bedingungen vor Ort, nehmen also vor allem auch sozialräumliche Bedingungen (Einzugsbereiche, Stadtteile) und die sich daraus ergebenden Themen, Bedarfe und Probleme auf. In solchen Konzepten werden spezifische Themen der einzelnen Einrichtung beschrieben, ebenso wie konkrete Arbeitsformen, z. B. im Bereich von Streitschlichtung oder Mediation. Auf der breiten Grundlage der Rahmenkonzepte können die Einzelkonzepte der Einrichtungen auch Schwerpunkte enthalten, die so vielleicht an anderen Standorten nicht gewählt werden (z. B. Schwerpunkt im Bereich des Übergangs zwischen Schule und Beruf oder der Schwerpunkt Erlebnispädagogik).

Die dritte Ebene der zielgruppenspezifischen Konzepte bezieht sich auf Projekte, die im Bereich von Kinder- und Jugendarbeit, aber auch in der

Kooperation zwischen Jugendarbeit und Schule formuliert werden und die spezifische Zielsetzungen, Methoden, Handlungsschritte etc. beschreiben, die auf einer Projektebene erreicht werden sollen. Hier geht es um die konkrete Planung und Gestaltung von Angeboten mit einzelnen Zielgruppen (Mädchen, Jungen) etwa erlebnispädagogische Angebote, Medienbildung etc. Gerade für die Kooperation von Jugendarbeit und weiteren Partnern ist es sehr sinnvoll, die unterschiedlichen Rollen, Funktionen und Handlungsbereiche in einem gemeinsamen Konzept zu beschreiben. Oft dienen diese Konzepte der Fixierung einer gemeinsamen Entwicklung, haben so etwas wie einen Vereinbarungscharakter und sind oftmals auch Grundlage für eine zusätzliche Finanzierung. Dies ist oft die Hauptfunktion der Verschriftlichung solcher Konzepte, denn sie sind notwendig, um bei externen Zuschussgebern (Stiftungen) Zuschüsse für die Durchführung gemeinsamer Projekte zu erhalten. Mittelgeber wie z. B. die „Aktion Mensch“ arbeiten inzwischen mit Onlineverfahren, in denen schriftliche Konzepte eingereicht werden können, die in einer übersichtlichen und kurzen Form wesentliche Ziele, Methoden, Handlungsschritte bis hin zur Evaluation beschreiben können. Die Qualität der eingereichten Konzepte ist ausschlaggebend für die Entscheidung über eine Förderung.

Funktionen von Konzepten

Da Kinder- und Jugendarbeiter/innen sehr oft auf Kooperationen mit anderen Institutionen angewiesen sind, haben verschriftlichte Konzeptionen auch die Funktion von Vereinbarungen, in denen neben Zielen und Methoden vor allem auch die unterschiedlichen Anteile der beteiligten Personen und Institutionen beschrieben werden. Die Legitimationsfunktion von Konzepten ist deshalb bedeutsam, weil sie Transparenz über die sehr unterschiedlichen Arbeitsbereiche der Kinder- und Jugendarbeit herstellt, die von Außenstehenden (auch Politikern) kaum differenziert wahrgenommen werden. Konzeptionen sind oftmals auch die Grundlage für Jahresberichte, die quasi rückblickend die Konzeption beschreiben und damit die Leistungen dokumentieren und zu deren Legitimation beitragen.

Die Evaluationsfunktion von Konzepten ist insofern von Bedeutung, als es heute in vielen Bereichen etablierte Verfahren gibt, die im Bereich von Controlling, Monitoring, Evaluation angesiedelt sind und sich vor allen Dingen mit den Wirkungen der Kinder- und Jugendarbeit beschäftigen. Verschriftlichte Konzeptionen, die quantitative und qualitative Daten enthalten, bieten oftmals eine sinnvolle Grundlage für die Bedienung solcher Instrumente und können entsprechend verwendet werden. Konzepte haben aber auch die Funktion einer Selbstvergewisserung im Sinne einer fachlichen Ethik, insbesondere für Fachkräfte, die in einem Terrain tätig sind, das nicht definitiv von sozialpädagogischen Paradigmen geleitet wird, etwa Soziale Arbeit in großen Institutionen wie dem Strafvollzug, im Krankenhaus, in Betrieben usw.. Hierbei geht es nicht mehr nur um eine Abgrenzung zwischen sozialer Arbeit, Kinder- und Jugendarbeit und Schule, sondern um eine Vergewisserung der fachlichen Grundlagen, die sich auch in der Gestaltung konkreter Projekte und Angebote ausdrücken.

Konzepte werden lebendig durch das Arbeiten mit Zielen

Im Rahmen der Qualitätsentwicklung der Sozialen Arbeit, aber auch im Bereich der Schule nimmt die Formulierung und Operationalisierung von Zielen eine zentrale Stellung ein. Oft geht es um die Suche nach Schnittmengen zwischen zwei sehr unterschiedlichen Institutionen. Dafür ist es auch bedeutsam, die eigenen Zielsetzungen deutlicher als bisher beschreiben zu können. Dabei ist es wichtig zu unterscheiden zwischen institutionellen Zielen und sogenannten Wirkungszielen, die sich auf angestrebte Zustände bei den Zielgruppen beziehen, z. B. Kindern, Jugendlichen oder Eltern. Oft bleiben gerade diese Wirkungsziele unklar oder werden gar nicht formuliert mit den Folgen, dass dies im Verlauf gemeinsamer Projekte zu Störungen führt, weil der einen oder anderen Seite klar wird, dass sie eigentlich ganz etwas anderes erreichen will. Oft werden in der Praxis Ziele formuliert, die sich weniger auf die bei den Zielgruppen erhofften Wirkungen beziehen, sondern auf die Institution selbst. So werden etwa als Ziele die Verbesserung der Öffentlichkeitsarbeit oder die deutlichere Wahrnehmung der Einrichtung im Stadtteil genannt. Solche Ziele geben aber keine Anhaltspunkte für die zu erreichenden Zustände bei den Zielgruppen, z. B. in der gemeinsamen Arbeit mit Kindern und Jugendlichen oder Eltern, die eigentlich im Vordergrund steht.

Hiltrud von Spiegel (2000) hat die Differenzierung zwischen Wirkungs- und Handlungszielen in die Diskussion gebracht:

„Wirkungsziele:

bezeichnen Vorstellungen über wünschenswerte Zustände, Fähigkeiten und Verhaltensweisen, deren Erreichung durch pädagogische Bemühungen unterstützt werden soll. Daher sollten sie auf die Zielgruppe, hier also die Kinder und Jugendlichen, bezogen sein. Wirkungsziele geben eher die große Richtung des ganzen Unterfangens an und insofern haben sie eine orientierende

Funktion. Sie begründen die Wahl von Handlungszielen und rechtfertigen diese.

Handlungsziele:

bezeichnen Vorstellungen über pädagogische Arrangements, also förderliche Bedingungen, an deren Berücksichtigung die Fachkräfte arbeiten und die – so die Vorannahme – das Erreichen der Wirkungsziele wahrscheinlicher machen. Das kann z. B. eine gewisse Atmosphäre sein, die durch die Herrichtung von Räumen ein zielförderliches Verhalten der Fachkräfte und anderer Personen innerhalb und außerhalb der Einrichtung gestaltet wird. Handlungsziele beziehen sich auch, aber nicht in erster Linie, auf die Kinder und Jugendlichen, sondern vielmehr auf die Herstellung von zielfördernden Zuständen in der Einrichtung, im Zusammenhang der Institution (freier Träger, Jugendamt) und im Umfeld der Einrichtung (Stadtteil, andere soziale Dienste). Handlungsziele sollten daher einen plausiblen Bezug zu Wirkungszielen aufweisen" (von Spiegel, 2000, S. 175 ff.).

Ein weiterer Aspekt in der Arbeit mit Zielen besteht in der Operationalisierung, d. h. dem „Herunterbuchstabieren" der weitgesteckten Wirkungsziele auf einzelne Bereiche bis hin zur Bildung von Indikatoren (Anzeichen), die die Zielerreichung erkennbar bzw. einschätzbar machen. Die Formulierung von Indikatoren bildet auch den Übergang zur Evaluation, d.h. zur Bewertung der Zielerreichung. Zielformulierungen, Operationalisierungen von Zielen sowie die Bildung von Indikatoren sind Grundlage für eine fachlich reflektierte Vorgehensweise nach dem Motto: „Wissen was man tut".

Sinnvoll ist auch die Differenzierung zwischen Struktur-, Prozess- und Ergebnisebene. Wenn Ziele und Indikatoren auch auf diesen Ebenen formuliert werden, können wesentliche Ebenen der Projektentwicklung mit einbezogen werden:

- Auf der Strukturebene geht es im Wesentlichen um Ressourcen, um so wichtige Dinge wie Räume, Geld und Ressourcen aller Art;
- Auf der Prozessebene geht es um die Fragen des „Wie", also besonders die Themen der methodischen Gestaltung eines Projektes, der Art der Kommunikation, der Beziehungen zwischen den Teilnehmern etc.;
- Auf der Ergebnisebene geht es um die Formulierung von Zielen und die Bildung von Indikatoren, die die Wirkungen eines Projektes in Bezug auf unterschiedliche Zielgruppen erfassen sollen.

Fragen für eine Operationalisierung auf den drei Ebenen nach Hiltrud von Spiegel

Wirkungsziel „Was wollen wir langfristig bei den Adressat/innen bewirken?“		
Ergebnisbezogene Operationalisierung Indikatoren zur Zielerreichung formulieren: woran können wir erkennen, dass das Ziel erreicht wird? Indikatoren sind zählbare und bewertbare Anzeichen! Achtung: keine neuen Ziele formulieren!	**Prozessbezogene Operationalisierung** Mit welchen Haltungen, wie müssen die entsprechenden Prozesse gestaltet werden, mit welchen Handlungsprinzipien? Achtung: Haltungen und Arbeitsprinzipien sind keine Methoden.	**Strukturbezogene Operationalisierung** Welche Ressourcen sind erforderlich: Räume, Material, Zeit, Geld, Kooperationspartner…?

(Spiegel, H. von 2000, S. 89-105)

Arbeits- bzw. Handlungsprinzipien als Grundlage für die Entwicklung von Angeboten und Methoden

Der Begriff der Arbeitsprinzipien findet sich in der Methodenlehre der Sozialen Arbeit, etwa bei Hiltrud von Spiegel (von Spiegel 2000/2004). Sie beschreibt Arbeitsprinzipien in folgender Weise: „Arbeitsprinzipien enthalten grundlegende und umfassende Aussagen über das Selbstverständnis und die zentralen Orientierungen einzelner Fachkräfte und/oder Organisationen. Sie beziehen sich meist auf gemeinsam geteilte Werte der Profession und sind teilweise arbeitsfeldübergreifend, teilweise arbeitsfeld- und problemspezifisch formuliert, ohne jedoch eine konkrete besondere Situation im Blick zu haben. Die Aussagen sind überwiegend als wertgeleitete Aufforderungen zum Handeln, als Handlungsimperativ (tue dieses, unterlasse jenes) oder als Motto gefasst. Sie vermitteln den Fachkräften in dieser abstrakten Form jenseits aktueller Konzeptionsänderungen und institutioneller Anforderungen eine gewisse berufliche Identität, ohne das schon genauer festgelegt würde, wie in spezifischen Situationen zu Handeln sei“ (von Spiegel 2000, S. 176).

Haltungen und Arbeitsprinzipien müssen also einerseits allgemein sein, aber auch konkretisiert werden: „Wenn Arbeitsprinzipien direkt als Leitlinien für das berufliche Handeln in spezifischen Situationen dienen sollen, müssen sie konkretisiert werden. Dabei wird sich herausstellen, dass die auf der abstrakten Ebene kaum in Frage gestellten Aussagen der Arbeitsprinzipien sehr unterschiedlich ausgedeutet werden (was genau heißt Hilfe zur Selbsthilfe in einer speziellen Situation) – eben vor dem Hintergrund der persönlichen Werte der Fachkräfte" (von Spiegel 2000, S. 177).

Der Begriff der Haltung ist gut geeignet, um die persönliche Seite des Akteurs (des handelnden Sozialpädagogen) zu beschreiben, die/der mit einer gewissen Grundeinstellung z. B. an einen Hausbesuch heran geht. Auf der Grundlage einer persönlichen Haltung (etwa in dem die Menschen in ihrem direkten Umfeld als die Experten ihrer Lebenswelten wahrgenommen werden) benötigt man dann eine Operationalisierung als praktische Umsetzung und für die Beantwortung der Frage, wie die jeweilige Haltung das Handeln bestimmt. Arbeitsprinzipien betonen eher die methodische Seite, in der es darum geht, Haltungen handhabbar zu machen, also auch zu fragen, wie können bestimmte Haltungen etwa in der Praxis eines Hausbesuchs umgesetzt werden.

Resümee

Die Qualitätsentwicklung auf Einrichtungsebene kommt nur dann produktiv zustande, wenn Leitung und Träger diese auch nachhaltig unterstützen. Fort- und Weiterbildungsangebote sind notwendig, um die jeweiligen Grundlagen zu schaffen (etwa zur Durchführung einer Selbstevaluation), externe Fachberatung und fachliche Förderung sichern die Qualität der Qualitätsentwicklung und machen die Kooperation zwischen Einrichtungen möglich. Verfahren der Qualitätsentwicklung haben meist auch den Effekt, einen Blick über den eigenen Tellerrand zu erreichen, des strukturierten Austausch mit Fachkolleg/innen. Eine Qualitätsentwicklung, die nur im Rahmen einer Einrichtung bleibt, ist deshalb nur sehr begrenzt sinnvoll. Damit ist man auf der kommunalen Ebene und der Ebene des Zuschussgebers bzw. des öffentlichen Trägers, der durch seine politische Steuerung und die Setzung von Rahmenbedingungen Qualitätsentwicklung zu einer gemeinsamen Aufgabe der OKJA machen kann.

Literatur

Deinet, Ulrich/Szlapka, Marco/Witte, Wolfgang (2007): Qualität durch Dialog, Bausteine kommunaler Qualitäts- und Wirksamkeitsdialoge, Wiesbaden

Galuske, M. (2002): Methoden der Sozialen Arbeit, Juventa, Weinheim

Projektgruppe WANJA (Hrsg.) (2000): Handbuch zum Wirksamkeitsdialog in der Offenen Kinder- und Jugendarbeit. Qualität sichern, entwickeln und verhandeln, Münster

Schilling, J. (2004): Didaktik/Methodik Sozialer Arbeit, Luchterhand, Neuwied

Spiegel, H. von (Hrsg.) (2000): Kinder- und Jugendarbeit mit Erfolg. Arbeitshilfen und Erfahrungen zur Qualitätsentwicklung und Selbstevaluation. Votum, Münster

Spiegel, H. von (2004): Methodisches Handeln in der Sozialen Arbeit. Grundlagen und Arbeitshilfen für die Praxis, UTB, Stuttgart

Spiegel, H. von (2007): So macht man Konzeptentwicklung – eine praktische Anleitung, in: Sturzenhecker, B./Deinet, U. (Hrsg.) Konzeptentwicklung in der Kinder- und Kinder- und Jugendarbeit, Reflexionen und Arbeitshilfen für die Praxis, Weinheim, S. 51-95

Internetquellen:

Landeshauptstadt München (2011): Rahmenkonzept der Offenen Kinder- und Jugendarbeit in München, März 2011, www.ris-muenchen.de/RII2/RII/DOK/SITZUNGSVORLAGE/ 2339661.pdf

Senatsverwaltung für Bildung, Jugend und Sport (Hrsg.) (2006): „Handbuch Qualitätsmanagement der Berliner Jugendfreizeitstätten“, 2. Auflage, www.berlin.de/imperia/md/content/sen-jugend/bildung_in_der_freizeit/ qm_handbuch.pdf

Ulrich Deinet

Qualitätsentwicklung in der Kommune – Wirksamkeitsdialog und Gesamtkonzept der Kinder- und Jugendförderung[16]

Seit Mitte der 1990er Jahre wurde die öffentlich geförderte OKJA stark beeinflusst durch die Entwicklungen um die Einführung des Neuen Steuerungsmodels (NSM), die Übertragung betriebswirtschaftlicher Verfahren auf die Kinder- und Jugendhilfe sowie immer wieder durch Kritik von Politik an ihrer mangelnden Leistungsfähigkeit. In vielen Kommunen wurden auf Anregung der kommunalen Spitzenverbände Verfahren eingeführt, die (nach einer anfänglichen Euphorie und einer entsprechenden Abkühlung) das Handeln völlig anders ausgerichtet haben als in Zeiten eines kammeralistischen Verwaltungshandelns, das vor allen Dingen inputorientiert war. So wurden auch in vielen Bereichen der Jugendhilfe Controlling-Verfahren eingeführt, insbesondere auch Formen eines einheitlichen Berichtswesens, welche die Daten für eine bessere Steuerung liefern sollen. Ein wichtiges Element ist auch das sogenannte Kontraktmanagement, also Leistungsvereinbarungen über zu erreichende Ziele etc., die heute in der Jugendhilfe zwischen Zuschussgebern, Trägern und Einrichtungen üblich sind (s.u.). Mit dem Begriff des Wirksamkeitsdialoges verbunden ist ein Kreislaufmodell zwischen politischer Steuerung und Praxis, das mehrere Verfahren, aber auch kommunale Entscheidungsebenen miteinander verknüpft (etwa ein kommunales Berichtswesen zur OKJA mit quantitativen und qualitativen Daten).

Auch wenn die Qualitätsentwicklung auf einrichtungs- und auf kommunaler Ebene im Rahmen des Wirksamkeitsdialogs nicht voneinander getrennt, sondern in einen sinnvollen Zusammenhang (ein Kreislaufmodell) gebracht wird, so geht die Einführung solcher Bausteine meist von dem Jugendamt und nicht von einzelnen Einrichtungen aus. Dazu zählt insbesondere ein einheitliches Berichtswesen, zumindest für den Bereich einer Kommune, in einigen Bundesländern auch darüber hinaus, nämlich dann, wenn auch das Land mit eigenen Mitteln die OKJA fördert und entsprechende Ansprüche stellt.

[16] Kurzfassung des Buches: Deinet, Ulrich/Szlapka, Marco/Witte, Wolfgang (2007): Qualität durch Dialog. Bausteine kommunaler Qualitäts- und Wirksamkeitsdialoge, Wiesbaden

Einheitliches Berichtswesen als Datengrundlage

In zahlreichen Kommunen in Deutschland gehört inzwischen ein Berichtswesen für die Offene Kinder- und Jugendarbeit zum Qualitätsstandard. Es gibt dabei zwei Varianten:

- Klare Trennung von quantitativen und qualitativen Berichten: Hier wurde ein quantitatives Berichtswesen aufgebaut, das neben dem Qualitäts- oder Sachbericht steht. Oft gab es schon vor Einführung eines Berichtswesens Qualitätsberichte, Jahresberichte etc., die entsprechend weitergeführt wurden und um quantitative Daten ergänzt wurden.
- Eine Kombination von quantitativen und qualitativen Berichten: Der Qualitätsbericht als Instrument zur Integration qualitativer und quantitativer Daten wird von zahlreichen Kommunen genutzt. Der Begriff hat sich allerdings nicht durchgesetzt, so dass viele von einem um quantitative Daten ergänzten Sachbericht sprechen.

Für beide Varianten gilt, dass in einer Gesamtauswertung qualitative und quantitative Daten verglichen werden, die in vielen Kommunen zu interessanten Diskussionen auch über die Inhalte führen, die sich auch aus der Auswertung des quantitativen Berichtswesens ergeben haben. Auf der Ebene von Einrichtungen und Projekten kann man konstatieren, dass der früher weit verbreitete Widerstand z. B. gegenüber Zählung von Besuchern weitgehend abgebaut ist. Viele Fachkräfte haben akzeptiert, dass auch quantitative Daten die Qualitäten der Offenen Kinder- und Jugendarbeit darstellen. Sicherlich hatte die Einführung des quantitativen Berichtswesens auf Landesebene eine wichtige Funktion für die anschließende intensive Konzeptionierung von Instrumenten für das kommunale Berichtswesen. Die große Akzeptanz bei den Jugendämtern hinsichtlich der Einführung ist besonders vor dem Hintergrund der starken Beteiligung der freien Träger und der Kommunen in der Erprobungsphase zu sehen.

In den meisten Jugendamtsbezirken werden die Ergebnisse des Berichtswesens bzw. der Sach- und Qualitätsberichte in zwei Richtungen zusammengefasst: Zum einen stellen viele Jugendämter konzentrierte Berichte „nach oben“, d.h. für Politik, besonders für Jugendhilfeausschüsse zur Verfügung. In der anderen Richtung geht es darum, die Daten in einer zusammengefassten Form wieder „nach unten“ auf die Einrichtungsebene zu bringen, um diese für die weitere konzeptionelle Planung zu nutzen oder auch als Grundlage eines Kontraktmanagements mit Einrichtungen und Trägern zu nutzen. Bei den Fachkräften führt dieses Verfahren auch zu dem positiven Effekt, dass sie nicht mehr das Gefühl haben, Daten zu produzieren, die dann nicht mehr verfügbar oder unkontrollierbar sind. An vielen Stellen ergeben sich auch über die quantitative Darstellung und Interpretation von Daten zur OKJA aus dem Berichtswesen fachliche Diskurse über Inhalt und Konzepte der Offenen Kinder- und Jugendarbeit ergeben.

Qualitätsentwicklung auf kommunaler Ebene: Qualitäts- und Wirksamkeitsdialoge für die OKJA

Qualitäts- und Wirksamkeitsdialoge verbinden unterschiedliche Bausteine der Qualitätsentwicklung, Planung, Steuerung und Konzeptentwicklung in einem kommunikativen Prozess der beteiligten Akteure. Aus Sicht der Jugendhilfeplanung sind Qualitäts- und Wirksamkeitsdialoge (WD) Instrumente, um die OKJA über die auf kommunaler Ebene zu entwickeln und bedarfsorientiert auszurichten. In zahlreichen kommunalen Qualitäts- und Wirksamkeitsdialogen ist es Aufgabe der Jugendhilfeplanung, die Einrichtungen, Träger und Fachkräfte mit den sozialstrukturellen Daten sowie Veränderungen zu versorgen, die oftmals dann auch Anstöße für Konzeptentwicklungen sind.

Kommunale Qualitäts- und Wirksamkeitsdialoge bieten die Möglichkeit, das gesamte Feld der OKJA transparenter darzustellen, zu legitimieren und zu steuern. Eine wichtige Grundlage dafür ist ein entwickeltes Berichtswesen, das die notwendigen Daten für eine einrichtungsübergreifende, kommunale Darstellung von Tätigkeitsfeldern, Besucherzahlen etc. zur Verfügung stellt (Mühlmann 2013 i. E.). In Bezug auf die Konzeptionsentwicklung der einzelnen Einrichtungen bieten kommunale Qualitäts- und Wirksamkeitsdialoge die gute Möglichkeit des Austausches zwischen unterschiedlichen Einrichtungen und Trägern sowie für eine (sozialräumlich)orientierte Gestaltung von Schwerpunkten und konzeptionellen Ausrichtungen, die eine einzelne Einrichtung für sich alleine kaum realisieren kann. Konzepte zu entwickeln macht in einem sozialräumlichen Ansatz nur dann Sinn, wenn Bedarfe und konzeptionelle Differenzierungen miteinander korrespondieren.

Kommunale Qualitäts- und Wirksamkeitsdialoge haben deshalb als Hauptthema, den Dialog zwischen Einrichtungen, Trägern, dem Jugendamt und der jugendpolitischen Steuerung, um gemeinsam die Wirkungen und die Ausrichtung der OKJA zu entwickeln. Kommunale Qualitäts- und Wirksamkeitsdialoge stellen deshalb eine Klammer dar für die beschriebenen Bausteine der Konzeptentwicklung des Berichtswesens und der Kooperation mit der Jugendhilfeplanung.

Der Wirksamkeitsdialog für die Offene Kinder- und Jugendarbeit in Nordrhein-Westfalen

Die Grundidee des vom Land Nordrhein-Westfalen (NRW) initiierten Wirksamkeitsdialoges in der Offenen Kinder- und Jugendarbeit besteht darin, gemeinsam mit den Einrichtungen, Trägern und Kommunen einen Dialog über Effekte und Wirkungen der OKJA zu führen. Damit sollte einerseits der Einsatz der Landesmittel überprüft und andererseits dieses Feld weiterentwickelt und zu qualifiziert werden. Ein solcher Wirksamkeits-/Qualitätsdialog geht über die Qualitätsentwicklung der einzelnen Einrichtungen hinaus und verbindet alle Einrichtungen und Projekte (sowohl in kommunaler als auch in freier Trägerschaft) in einem kommunalen Rahmen, so dass eine trägerübergreifende Kommunikation über Leistungen und Wirkungen möglich wird. Dies ist ein entscheidender Schritt, der über die schon geführten Qualitätsdebatten innerhalb der Trägergruppen und beim öffentlichen Träger hinausgeht. Insofern ist ein solcher Wirksamkeits- und Qualitätsdialog auch ein Motor der Zusammenarbeit unterschiedlichster Einrichtungen und Projekte in einer Kommune.

Mit dem Wirksamkeitsdialog verbunden sind grundsätzliche Anforderungen hinsichtlich der Dialogbereitschaft und Transparenz, die nur erfüllt werden können, wenn Einrichtungen und Projekte bereits auf ihrer Ebene Schritte zur Qualitätsentwicklung vollzogen haben. Um dies zu unterstützen, haben zahlreiche Kommunen ein solches Berichtswesen eingeführt, dessen Nutzung ein weiterer Schritt der Entwicklung eines Dialogs auf kommunaler Ebene darstellt.

Ein Spezifikum der Qualitäts- und Wirksamkeitsdialoge ist, dass sie auf unterschiedlichen Ebenen geführt werden:

- Zwischen Einrichtungen in einzelnen Kommunen bzw. Sozialräumen (etwa in Großstädten, wo die Zahl der Einrichtungen so groß ist, dass ein Dialog sozialräumlich gegliedert werden muss),
- zwischen Vertretern der Träger und des Jugendamtes,
- zwischen Politik und Fachebene.

Diese Dialoge müssen gut organisiert sein, d. h. die Organisation und die Entwicklung von Qualitäts- und Wirksamkeitsdialogen sind eine herausragende Aufgabe, insbesondere für den öffentlichen Träger als planungsverantwortlicher Organisation. Ein weiteres Element von Qualitäts- und Wirksamkeitsdialogen ist die Integration von Prozessen, die man als „top down“ bzw. „bottom up“ gesteuert bezeichnen kann. Sowohl von den Einrichtungen als auch von der Politik ausgehend werden auf den unterschiedlichen Ebenen Dialoge geführt, die aber nicht einseitig sind, sondern in alle Bereiche, d.h. insbesondere in Richtung Politik und auf die Einrichtungsebene zurückgeführt werden müssen. Dies erzeugt nicht selten Spannungen, wenn etwa die Einrichtungen von der politischen Ebene die Formulierung langfristiger Zielsetzungen erwarten, die auch fachlich umgesetzt werden können. Ebenso wird von Einrichtungen und Trägern oft (finanzielle) Planungssicherheit von Einrichtungen über einen längeren Zeitraum erwartet, zu der die Politik aber nicht bereit oder in der Lage ist.

Eine gewisse Spannung im Qualitäts- und Wirksamkeitsdialog entsteht auch dann, wenn eine wirksame Steuerung dieses Feldes und das gleichzeitig hohe Maß an Beteiligung von Einrichtungen und Trägern in einen Widerspruch geraten. So haben Wirksamkeitsdialoge zum Teil einen leicht strukturkonservativen Anstrich, wenn sie zwar Transparenz in das Feld bringen, die gewonnenen Daten und Informationen aber sehr stark legitimatorisch genutzt werden und weniger zu Steuerungs- und Planungsprozessen. Demgegenüber stehen Wirksamkeits- und Qualitätsdialoge, die (in der Regel vom öffentlichen Träger ausgehend) mehr die Planungs- und Steuerungsaspekte betonen und deshalb auch eher zur Steuerung des Feldes geeignet sind. Insbesondere dann, wenn der Steuerungsaspekt auch die Ressourcensteuerung beinhaltet, werden weitere Spannungen erzeugt. Deshalb verzichten einige Kommunen zunächst auf eine finanzielle Steuerung durch den Wirksamkeitsdialog durch die Herstellung finanzieller Sicherheit über mehrere Jahre (z. B. durch die Garantie des bestehenden Fördervolumens für die freien Träger). Damit sorgen sie dafür, dass sich fachliche Grundlagen in Hinblick auf Struktur und Transparenz des Feldes entwickeln können. Ein solches Vorgehen können sich aber immer weniger Kommunen leisten, so dass die Ressourcenfrage meist eine wichtige Rolle in den Dialogen spielt.

Der Wirksamkeitsdialog in NRW wurde bundesweit mit großem Interesse verfolgt. Damit ist die hiesige Offene Kinder- und Jugendarbeit nicht nur in der fachpolitischen Diskussion aus einer gewissen Talsohle gekommen, sie findet damit auch Anschluss an Qualitätsentwicklungsprozesse, wie sie in anderen Feldern der sozialen Arbeit schon länger eingeführt sind. Allerdings ist es in NRW nur begrenzt gelungen, die Ergebnisse des Wirksamkeitsdialoges auf Landesebene für die politische Steuerung des Feldes nutzbar zu machen. Deshalb werden in den folgenden Ausführungen landespolitische Perspektiven des Wirksamkeitsdialoges keine wesentliche Rolle spielen, zumal dieser zurzeit auf Landesebene eher stagniert bzw. nicht erkennbar weitergeführt wird. Für den Transfer in andere Bundesländer ist die kommunale Ebene deshalb von größerem Interesse. Zahlreiche Kommunen und Kreise in NRW haben unabhängig von der Landespolitik kommunale Wirksamkeitsdialoge eingeführt und diese auch weitergeführt, weil sie das Feld der Offenen Kinder- und Jugendarbeit nachhaltig positiv beeinflussen wollen.

Ebenen und Elemente kommunaler Qualitäts- und Wirksamkeitsdialoge

Die Qualitäts- und Wirksamkeitsdialoge werden in den Kommunen vielfach in einem Kreislaufmodell beschrieben. Ausgehend von dem Berichtswesen der Einrichtungen und Projekte, den sich anschließenden Diskussionsprozessen bis hin zur politischen Steuerungsebene vollzieht sich der Dialog idealerweise als wiederkehrender Prozess, wobei die Rückmeldungen auf Einrichtungsebene wiederrum zu Veränderungen führen. Diesem Modell folgend werden die jeweiligen Wirksamkeitsdialoge auf folgenden Ebenen beschrieben:

- Die Ebene der Einrichtungen und Projekte (Berichtswesen, Selbstevaluation, Zielbeschreibung);
- Die Dialogebene (Rückmeldungen an Einrichtungen und Träger; Moderation bzw. Steuerung des Gesamtprozesses, Rolle und Funktion der Jugendhilfeplanung/Fachabteilung);
- Die kommunale Ebene (Gesamtbericht, Rolle des Jugendhilfeausschusses und der AG §78, politische Steuerung).

Städte mittlerer Größe erscheinen besonders geeignet, um dynamische Qualitäts- und Wirksamkeitsdialoge zu entwickeln. Anders als in kleinen Kommunen gibt es für einen Dialog und einen Vergleich eine ausreichend große Zahl von Einrichtungen, die aber auch nicht – wie in den Großstädten – zu groß und damit nicht mehr handhabbar ist. Auch wenn es gerade in den Mittelstädten große Unterschiede in Bezug auf Trägerlandschaften und jugendpolitische Rahmenbedingungen gibt, liegen dort auch deshalb die meisten Erfahrungen mit kommunalen Qualitäts- und Wirksamkeitsdialogen vor, weil Personalressourcen dafür vorhanden sind. So gibt es überall eigene Abteilungen für Jugendarbeit bzw. Jugendförderung, die freien Träger verfügen über entsprechende Strukturen und außerdem ist eine fachlich gut ausgebaute Jugendhilfeplanung in der Regel vorhanden. Nur in wenigen Städten ist der Baustein der Selbstevaluation besonders entwickelt.

Abb.1: Schaubild des Wirksamkeitsdialoges im Kreis Gütersloh

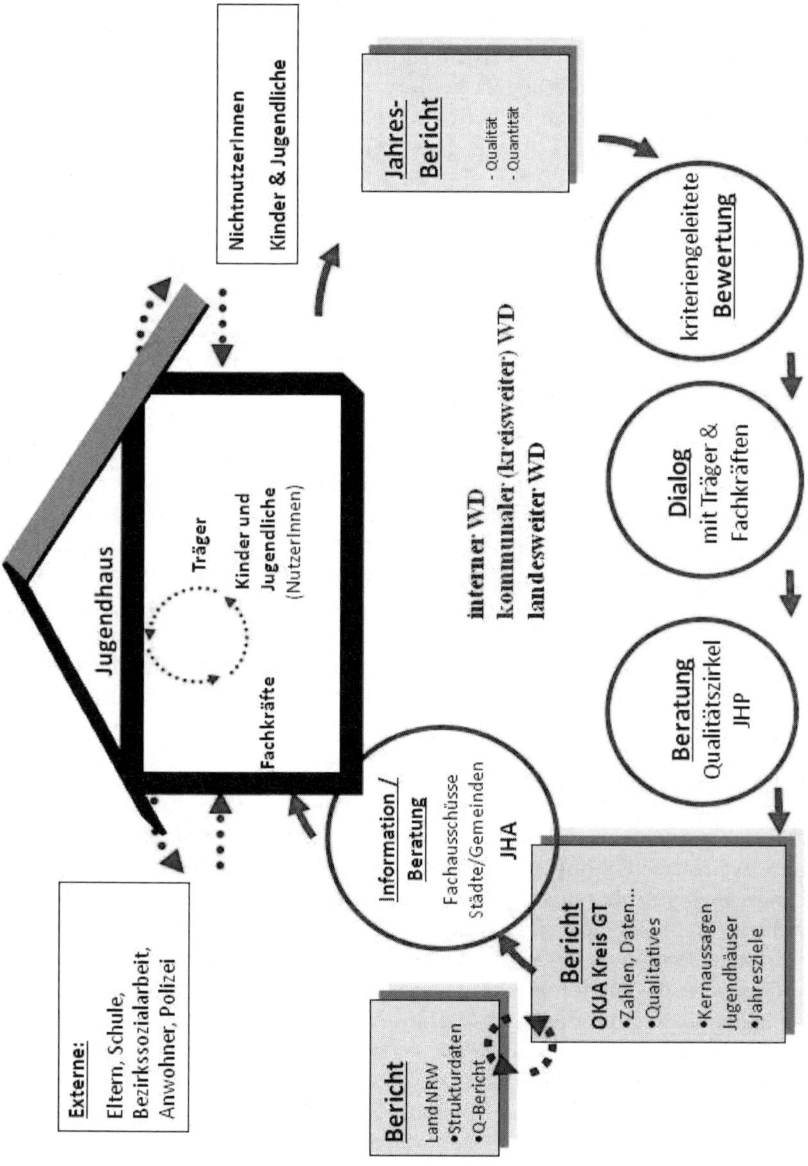

Quelle: Michael Trödel, Jugendpfleger im Kreis Gütersloh

In allen Mittelstädten sind Rückmelde- oder Planungsgespräche mit den Einrichtungen ein entscheidender Baustein des kommunalen Qualitäts- bzw. Wirksamkeitsdialoges. Auf der Grundlage eines entwickelten Berichtswesens (quantitativ und qualitativ) werden zum Teil schon mehrere Jahre lang Gespräche mit den Einrichtungen geführt, die das Ziel haben, sowohl einen zurückliegenden Zeitraum zu reflektieren, als auch Schwerpunkte und Ziele für das folgende Jahr zu planen. Diese Gespräche werden zum großen Teil durch den öffentlichen Träger, aber auch durch Mitglieder der Moderationsgruppe geführt. Die Gespräche sind oft Teil eines Kontraktmanagements und die Ergebnisse werden als Zielvereinbarungen festgehalten. Je nach Gesamtausrichtung des Dialoges sind diese Gespräche eher einrichtungs- und qualitätsorientiert oder eher steuerungsorientiert (s. u.). Nach Anlaufschwierigkeiten und einer ersten Phase des Misstrauens sind diese Gespräche heute zentraler Bestandteil der Wirksamkeitsdialoge in den mittelgroßen Kommunen. Erst wenn das Berichtswesen im Sinne des Dialoges an die Einrichtungen zurückgekoppelt wird, kann man überhaupt von einem dynamischen Gesamtprozess sprechen. Die Fachkräfte der Einrichtungen sprechen in der Regel davon, dass diese Rückmeldegespräche ausgesprochen wichtig sind, auch für die Wahrnehmung der Einrichtung durch die höheren Ebenen. Der früher weit verbreitete Effekt, dass mit der Abgabe von Jahresberichten keine weitere Wirkung verbunden war, hat sich durch die Einführung von Wirksamkeitsdialogen überholt, da das Berichtswesen direkt an ein Rückmeldegespräch durch den öffentlichen Träger bzw. die Moderationsgruppe gekoppelt ist. Damit verbunden sind notwendige Entwicklungen auf Einrichtungsebene, insbesondere in Bezug auf die Zielformulierung, d. h. die Formulierung von Jahreszielen und Schwerpunkten.

Die überschaubare Zahl von Einrichtungen in Städten mittlerer Größe ermöglicht es, die Gesamtheit der Offenen Kinder- und Jugendarbeit in einem Gesamtbericht an den Jugendhilfeausschuss transparent zu machen und zu würdigen. Andererseits können und sollen im Jugendhilfeausschuss keine Details zu einzelnen Einrichtungen besprochen werden. Dazu dient in Einzelfällen ein Untergremium des Jugendhilfeausschusses, in dem fachlich diskutiert wird und oberhalb der Bezirksebene die Steuerungsinteressen in Bezug auf die Gesamtstadt erhalten bleiben. Diese Perspektive zu erhalten, ist eine große Chance der Städte dieser Größe. Im Vergleich dazu ist es in Großstädten kaum möglich, bei der großen Zahl der Einrichtungen eine Übersicht zu behalten. In Großstädten existieren meinst auch unterhalb der Ebene der Gesamtstadt Stadtbezirke mit Bezirksversammlungen und Bezirksvorsteher/innen und damit eine weitere, wenngleich weniger eigenständige kommunalpolitische Ebene, die für die Gestaltung von Qualitäts- und Wirksamkeitsdialogen von Bedeutung ist. Während der gesamtstädtische

Jugendhilfeausschuss die große Richtung der Jugendhilfe bestimmt, liegt die Chance der Bezirke darin, eine noch direktere Verbindung zwischen Kommunalpolitik und Einrichtung herzustellen.

Steuerung oder Qualitätssicherung?

Der Vergleich der Städte zeigte große Unterschiede in Bezug auf die jeweilige Grundorientierung. So ist der Wirksamkeitsdialog in einer NRW-Kommune geprägt durch eine hohe Beteiligung freier Träger und Fachkräfte auf allen Ebenen. Ein solcher Wirksamkeitsdialog ist stark einrichtungsbezogen, Qualität sichernd und in gewisser Weise strukturkonservativ, weil der Fokus stark auf Weiterentwicklung der bestehenden Einrichtungen liegt. In einem stark einrichtungsbezogenen Dialog ist es kaum möglich, die Existenz einzelner Einrichtungen in Frage zu stellen oder neue Bedarfe und Entwicklungen, etwa durch die Jugendhilfeplanung eingebracht, unabhängig von der vorhandenen Struktur zu diskutieren. Der Vorteil einrichtungsbezogener Wirksamkeitsdialoge liegt in der großen Akzeptanz durch die Einrichtungen und in der motivierenden Funktion für die Fachkräfte. Er basiert auf jugendpolitischen Rahmenbedingungen, die so gestaltet sind, dass der Bestand der Einrichtungen nicht gefährdet ist.

In anderen Kommunen hat der Wirksamkeitsdialog eine stärker steuernde Orientierung. Ein Strukturkonservatismus im Sinne einer reinen Qualitätssicherung des Bestehenden ist dort nicht zu unterstellen, weil eine deutliche Trennung zwischen den Aufgaben der Moderationsgruppe und den Aufgaben des Jugendamtes existiert. Zwar hat die Moderationsgruppe hier auch eine zentrale Stellung, der öffentliche Träger nimmt jedoch seine Planungsverantwortung deutlicher wahr und so werden die Bewertungen des Berichtswesens der Einrichtungen vom öffentlichen Träger vorgenommen und nicht in der Moderationsgruppe. Ebenso führt dieser die Rückmeldegespräche mit den Einrichtungen durch und hat so mehr Möglichkeiten, neue Bedarfe u. ä. einzubringen.

Ein wichtiger Unterschied zwischen dem einrichtungs- und planungsorientiertem Dialog besteht darin, dass die Bedeutung einer Moderationsgruppe im planungsorientierten Dialog weniger groß ist und z. B. die Berichte aus Einrichtungen dort nicht diskutiert werden. Die Abteilung Jugendförderung ist dann ganz eindeutig führend im Verfahren. Die Steuerung der Einrichtungen über Fachleistungsstunden, Kontrakte, oder sozialraumbezogene Leistungen werden stringenter planungsorientiert vorgenommen. Neue Bedarfe können über Jahresgespräche an die Einrichtungen vermittelt werden und deren Ergebnisse sind Bestandteile der Kontrakte mit den Einrichtungen. Welche Orientierung eines Wirksamkeitsdialogs eher vorherrscht, hängt u. a. mit der Verteilung der Zuständigkeiten auf Stadt- bzw. Stadtbezirksebene zusammen. Die grundsätzlich positiv beschriebene Möglichkeit der Diskussion auf der kommunalen Bezirksebene muss unter Steuerungsaspekten auch kritisch interpretiert werden. Der Wirksamkeitsdialog in einer untersuchten Kommune zeigt deutlich, dass die Bezirksebene dort zu stark und die gesamtstädtische Ebene zu schwach im Wirksamkeitsdialog vertreten ist. Für das Jugendamt und für den Jugendhilfeausschuss ergeben sich so kaum Steuerungsmöglichkeiten, weil die Ergebnisse und Themen zu kleinteilig bezirksorientiert diskutiert werden. Es entsteht hier auch keine Transparenz über die Bezirke hinaus, gesamtstädtische Veränderungsnotwendigkeiten durch veränderte Bedarfe können in diesem System kaum berücksichtigt werden.

Für eine eher steuerungs- und bedarfsorientierte Ausrichtung des Wirksamkeitsdialogs scheint die Mitwirkung der Jugendhilfeplanung ein wichtiger Faktor zu sein. Das Fehlen bzw. die mangelnde Mitarbeit der Jugendhilfeplanung in zahlreichen Kommunen führt z. B. auch zu einer Überforderung der Fachabteilung, die nicht gleichzeitig (auch weil sie selbst Anbieterin ist) den Steuerungsaspekt in den Wirksamkeitsdialog hineinbringen kann. Dafür fehlen ihr die fachliche Grundlage und die erforderlichen Daten, mit denen gezeigt werden könnte, welche Bedarfe es gibt und inwieweit diese noch nicht beantwortet werden. Die Abteilung versteht sich oft eher als Managerin des Gesamtprozesses des Wirksamkeitsdialoges; Der Steuerungsaspekt müsste in einer anderen Rolle, insbesondere durch die Jugendhilfeplanung eingebracht werden. Der Zusammenhang von Wirksamkeitsdialog und Fachdebatte in der Offenen Kinder- und Jugendarbeit zeigt sich dort, wo die Einführung der Wirksamkeitsdialoge die inhaltlichen Debatten anregen kann und diese nicht nur als formales Verfahren beschrieben werden. Aus den Wirksamkeitsdialogen ergibt sich so etwas wie eine Prozessqualität, wenn z. B. die Auswertung der Qualitätsberichte und die Rückmeldegespräche mit den Einrichtungen zur Planung und Durchführung von Fachtagungen und Fortbildungsangeboten führen. Die Auswertung zeigt, dass in unterschiedlichen Varianten immer wieder die gleichen Probleme und Themen in den Einrichtungen auftreten, unabhängig davon, ob sie in kommunaler oder in freier Trägerschaft geführt werden. Das Wirkungsverständnis des Wirksamkeitsdialogs in NRW zeigt sich eher eingeschränkt: Es geht nicht um die Frage, mit welchen finanziellen Mitteln (des Landes und der Kommunen) welche Wirkungen in der Offenen Kinder- und Jugendarbeit erreicht wurden, und auch nicht um (die sicher sehr wichtige) Frage, welche Wirkungen bei Kindern und Jugendlichen erreicht werden. Vielmehr geht es um einen landesweiten Überblick über die Gestaltung des Feldes.

Dennoch kann man Effekte erfolgreicher Wirksamkeitsdialoge beschreiben, die sich in folgenden Themenbereichen zeigen:

- Verbesserte Zusammenarbeit zwischen den öffentlichen und den freien Trägern: In zahlreichen Kommunen hat der Wirksamkeitsdialog zur Einsetzung von Steuerungsgruppen geführt, die sich trägerübergreifend auf das gesamte Feld der OKJA beziehen. Damit wurden durch den Wirksamkeitsdialog überkommene träger- und jugendamtspezifische Distanzierungen und mangelnde Formen der Zusammenarbeit überwunden, so dass das Feld insgesamt besser aufgestellt ist.

- Es gibt kommunale Beispiele dafür, wie die durch den Wirksamkeitsdialog geschaffene Transparenz zu nachhaltigerer Unterstützung durch Politik führt, die bis hin zur besseren finanziellen Ausstattung reicht.

- Insbesondere dann, wenn es im kommunalen Bereich gelingt, die vorhandenen Daten in den Fachdiskurs von Einrichtungen und Trägern einzuspeisen, konnten vorhandene Gremien aktiviert und eine deutlich verbesserte fachliche Reflexion des Feldes erreicht werden.

- Es geht für viele Kommunen nicht darum, mit den erhobenen Daten nur das Landesberichtswesen zu bedienen, sondern Vergleiche zwischen Einrichtungen und Sozialräumen herstellen zu können, die gewonnenen Daten fachlich zu interpretieren und sowohl mit Einrichtungen (Rückmeldegespräche), mit Trägergruppen und stadtweit zu diskutieren, bis hin zu Workshops mit Jugendhilfeausschussmitgliedern etc.

Man besitzt heute also nicht nur neue Daten, sondern die Qualität der Daten ist auch geeignet für eine fachliche Weiterentwicklung. In einer Kommune hat der Wirksamkeitsdialog etwa dazu geführt, dass auf der Grundlage der Berichterstattung und der vorliegenden Daten nun für jede Einrichtung ein spezieller Schwerpunkt gesucht wurde. Der Qualitätsgewinn durch den Wirksamkeitsdialog liegt in zahlreichen Kommunen darin, dass das gesamte Feld der Offenen Kinder- und Jugendarbeit in den Blick genommen wird und es eine fachliche Kommunikation zwischen Einrichtungen gibt (sozialraumbezogen, trägerübergreifend und stadtweit), bis hin zur Diskussion mit der Kommunalpolitik. Die Offene Kinder- und Jugendarbeit kann damit als ein wichtiges Feld der Förderung von Kindern und Jugendlichen darstellt werden, das auch an die Qualitätsentwicklung anderer Felder der Kinder- und Jugendhilfe Anschluss gewonnen hat.

Schnittstellen zur Politik, Wirkungen eines dialogischen Prozesses

In vielen Jugendamtsbezirken werden trotz zum Teil schwieriger finanzieller Situation positive Reaktionen der Politik, insbesondere auf die durch das Berichtswesen entstandene Transparenz, berichtet. Offene Kinder- und Jugendarbeit kommt nicht mehr nur dann ins Visier der politischen Gremien wenn es erhebliche Probleme in Einrichtungen etc. gibt, sondern es wird regelmäßig über die Entwicklung des Feldes informiert in Form transparenter Daten und einrichtungsbezogener Entwicklungen. Die Wirkung in zahlreichen Kommunen ist die, dass die Politik „zufriedener" ist mit dem Bereich der Offenen Kinder- und Jugendarbeit und dessen Darstellung, auch im Vergleich zu anderen Feldern der Jugendhilfe, die seit langem über Instrumente der Qualitätsentwicklung verfügen. Auch wenn dies nicht repräsentativ belegt werden kann, so berichten zahlreiche Kommunen und Kreise über Beschlüsse zur mittel- und langfristigen, auch finanziellen Stabilisierung der Offenen Kinder- und Jugendarbeit auf der Grundlage des entwickelten Berichtswesens. Einige Beispiele, in denen die Jugendpolitik auch an Steuerungsgruppen und anderen Gremien beteiligt ist, zeigen zudem, dass im kommunalen Wirksamkeitsdialog politische Vertreter/innen auch eine aktive Rolle einnehmen.

In großen Kommunen wird die Jugendpolitik auch auf der sozialräumlichen Ebene der Bezirksvertretungen einbezogen. Dazu gibt es zahlreiche positive Beispiele, die deutlich machen, wie Jugendpolitik als kommunale Politik stark auf Sozialräume und die darin vorhandenen Einrichtungen bezogen ist. Zum Teil wird die Jugendpolitik auch in die entstandenen Kreisläufe der Qualitätsentwicklung einbezogen, insbesondere dann, wenn es um die Formulierung langfristiger Zielsetzungen für den gesamten Bereich der Offenen Kinder- und Jugendarbeit geht. Da es mit solchen Zielformulierungen immer wieder auch Probleme gibt, haben zahlreiche Jugendämter Workshops etc. durchgeführt, um die Jugendhilfepolitik in den Stand zu versetzen, solche Zielformulierungen vornehmen zu können.

Die im Kinder- und Jugendförderungsgesetz festgeschriebene Zeitdauer des Förderplans für jeweils eine Wahlperiode kommt den Einschätzungen im Rahmen des Wirksamkeitsdialoges der Offenen Kinder- und Jugendarbeit sehr entgegen. Die dort gemachten Erfahrungen im Bereich der Schnittstellen zur Politik und der Einbeziehung der Kommunalpolitik können genutzt werden, weil es gelungen ist, kommunale Politik in den Dialog zu integrieren, insbesondere auf der Ebene der Formulierung langfristiger Zielsetzungen für den gesamten Bereich der Kinder- und Jugendarbeit. Solche Zielsetzungen müssen jetzt durch die kommunale Politik für die im Gesetz insgesamt angesprochenen Bereiche der Kinder- und Jugendförderung formuliert werden. Dass diese jetzt für einen längeren Zeitraum als ein Jahr gelten sollen, ist ausgesprochen konstruktiv. Es ist sehr sinnvoll, globale Zielsetzungen für eine Dauer von fünf Jahren zu formulieren, so dass dann Zeit besteht, die Wirkungen zu evaluieren und entsprechende Rückmeldungen im Bereich der Kommunalpolitik zu verarbeiten.

Rollen und Funktion des öffentlichen Trägers

Die Rollendiffusität der Jugendämter im Bereich der Wirksamkeitsdialoge ist zum Teil ein Problem: Sie sind oft gleichzeitig Planer, öffentlicher Träger, Anbieter, Berater und Förderer der Offenen Kinder- und Jugendarbeit. In zahlreichen insbesondere größeren Kommunen werden deshalb Veränderungsprozesse in Gang gesetzt, um diese Diffusität zu vermeiden und die Rollen stärker zu klären. Begleitet wird die Entwicklung des Wirksamkeitsdialoges durch größere jugendpolitische Veränderungen auf kommunaler Ebene, die in letzter Zeit dazu geführt haben, dass zahlreiche größere Kommunen ihre Einrichtungen in freie Trägerschaft überführt haben. Für den Wirksamkeitsdialog ist diese Entwicklung nicht negativ zu sehen, weil sie eher zu einer Klärung der Rollen zwischen öffentlichem Träger, Planer, Förderer und Anbieter führt. Dennoch ist es auch von Vorteil, wenn zahlreiche Jugendämter eigene Einrichtungen vorhalten und diese dann in Form von Eigenbetrieben verwalten.

Die Verpflichtung des öffentlichen Trägers im Rahmen der Jugendhilfeplanung für Kinder- und Jugendförderpläne auf kommunaler Ebene ist eine große Herausforderung für die meisten Jugendämter. Diese Herausforderung ist nur durch eine intensive Beteiligung der unterschiedlichen Felder und der freien Träger zu bewältigen. Der Wirksamkeitsdialog liefert dazu wichtige Grundlagen insbesondere in den zahlreichen Moderations- und Steuerungsgruppen. Das Modell der Steuerungsgruppe mit starker Beteiligung der freien Träger kann auch für Kinder- und Jugendförderpläne genutzt werden. Die auch für den Bereich der Offenen Kinder- und Jugendarbeit auftretenden Probleme, insbesondere der Rollendiffusität der Jugendämter, erstrecken sich kaum auf die Bereiche Jugendverbandsarbeit, Jugendsozialarbeit und Kinder- und Jugendschutz, so dass eine „Ausweitung" dialogischer Verfahren auf diese Bereiche aus Sicht des öffentlichen Trägers möglich ist. Dort existieren auch schon zahlreiche Erfahrungen mit Vertragswesen bzw. Kontraktmanagement, auf die nun zurückgegriffen werden kann.

Rückmeldung an Einrichtungen und Projekte

Ebenso wie die Dialogforen auf Landesebene ein wichtiges Gremium sind, um den Jugendämtern und Trägern Rückmeldungen zu den von ihnen gegebenen Daten und Informationen zu geben, hat sich eine ähnliche dialogische Kommunikation auch auf kommunaler Ebene als wichtiges Element des Wirksamkeitsdialoges entwickelt: In Feedback- oder Fachgesprächen erhalten die einzelnen Einrichtungen und Träger Antworten und Rückmeldungen zu ihren Daten, zur Zielerreichung und zur Evaluation. Je Orientierung des Wirksamkeitsdialoges (s.u.) haben diese Gespräche unterschiedlichen Charakter. Die mit solchen Rückmeldegesprächen verbundenen Effekte sind meist positiv: Die Einrichtungen haben das Gefühl, dass ihre Berichte und Daten auch tatsächlich gelesen und ausgewertet werden und dass man sich mit ihrer Situation beschäftigt. Solche Gespräche haben dann zum Teil auch Beratungen zur Folge bzw. Hilfestellungen bei Konzeptentwicklungen. Die meisten Jugendämter, die Erfahrungen mit solchen Gesprächen haben, berichten, dass diese im ersten Jahr sehr zögerlich und zum Teil in einer schwierigen Atmosphäre geführt werden mussten. Erst allmählich entwickelte sich bei den Einrichtungen das Gefühl, ein offenes Gespräch führen zu können. Erleichternd wirkte sich aus, wenn auf Seiten der Politik klargestellt wurde, dass solche Gespräche keine sofortigen Wirkungen hinsichtlich der finanziellen Förderung haben werden. Dennoch – so die Einschätzung der Jugendämter – können hier Steuerungsaspekte tatsächlich umgesetzt werden, sozialräumliche Bedarfe angemeldet und Schwerpunkte und Zielsetzungen entsprechend verändert werden.

Die im Rahmen des Wirksamkeitsdialoges entwickelte Dialogstruktur kann als Grundlage für Kinder- und Jugendförderpläne genutzt werden, wenn diese ebenfalls als dynamisches Modell verstanden werden. Die Rückmeldungen an Einrichtungen und Träger schaffen für das gesamte Feld Transparenz und geben den Einrichtungen und Projekten eine aktive Rolle, so dass ein Gesamtkreislauf in Gang gebracht werden kann. Die Dialogforen zum Wirksamkeitsdialog auf Landesebene haben diesen Prozess noch einmal verstärkt und sollten auch für Kinder- und Jugendförderpläne genutzt werden. Auch im Verständnis der zu entwickelnden Förderpläne als dynamischen Prozess sind solche „Rückmelderunden“ für die Träger, Projekte und Einrichtungen der Jugendverbandsarbeit und der Jugendsozialarbeit und des Kinder- und Jugendschutzes erforderlich. Dies erscheint möglich, wenn die zur Verfügung stehende Zeit einer Wahlperiode dafür genutzt wird.

Einbettung des Wirksamkeitsdialogs in ein kommunales Gesamtkonzept: Der Kinder - und Jugendförderplan

Die Erfahrungen mit dem Wirksamkeitsdialog in NRW zeigen, dass dieser nur dann erfolgreich sein kann, im Sinne einer besseren Absicherung und Weiterentwicklung der OKJA, wenn es ein kommunales Gesamtkonzept gibt. Ein Gesamtkonzept einer Kommune ist die Schnittstelle zwischen Fachlichkeit und Politik, in dem z. B. die Politik strategische Ziele formuliert und die Praxis fachliche Einsichten und Erfahrungen liefert, was die Politik überhaupt erst in den Stand versetzt, fachpolitische Entscheidungen zu treffen. Der in Nordrhein-Westfalen entwickelte Kinder- und Jugendförderplan ist ein Gesamtkonzept der Jugendförderung einer Kommune, das über die OKJA hinausgeht und auch die Bereiche Jugendverbandsarbeit, Jugendsozialarbeit und Kinder- und Jugendschutz einbezieht. Die bisher in NRW in einer kommunalpolitischen Wahlperiode gemachten Erfahrungen zeigen, dass diese Herangehensweise gut ist. So werden die einzelnen Bereiche der Jugendförderung auch von anderen Institutionen, etwa von Schule, als ein Gesamtbereich außerschulischer Kinder- und Jugendbildung bzw. –förderung wahrgenommen. Auch wenn die ersten Kinder- und Jugendförderplane in NRW relativ bestandsorientiert waren, haben sie doch dazu geführt, dass das Feld insgesamt transparenter ist und durch die Kinder- und Jugendförderpläne eine höhere Akzeptanz seitens der Politik erzielt werden konnte sowie auch eine verbesserte Rollenverteilung zwischen Politik, Trägern, Fachkräften. Auch wenn der Wirksamkeitsdialog für die OKJA schon ein Verfahren ist, das die Politik mit einbezieht, so bilden die Kinder- und Jugendförderpläne doch einen größeren Rahmen, in dem sich die Bereiche der Jugendförderung bewegen. Auch für die Konzeptentwicklung von Einrichtungen und Projekten ist der entsprechende Kinder- und Jugendförderplan als Gesamtkonzept einer Kommune sinnvoll, gibt er der einzelnen Einrichtung doch mehr Sicherheit und einen Rahmen, in dem Einzelkonzepte sozialräumlich differenziert entwickelt werden können.

Die Grenzen der Qualitätsentwicklung

Trotz positiver Auswirkungen auf die fachliche Präsentation und Legitimation durch Qualitäts- und Wirksamkeitsdialoge – so wie sie auch in Landkreisen und Großstädten durchgeführt werden – können diese die Strukturveränderungen und z. T. deutlichen Kürzungen im Bereich der Jugendarbeit nicht verhindern. Maßnahmen zur Qualitätsentwicklung wie die Entwicklung von Wirksamkeitsdialogen stellen aber eine wichtige Grundlage dar, um das Feld der OKJA zu sichern sowie die Leistungen auch im Vergleich zu den anderen Feldern der Jugendhilfe besser sichtbar zu machen. Qualitätsentwicklung ist die Voraussetzung für eine gute Entwicklung der OJKA, kann aber keine Versicherung für ihre jugendpolitische Zukunft sein. Diese hängt von ganz anderen Faktoren ab, wie etwa der demographischen und der jeweiligen kommunalen Entwicklung oder der jugendpolitischen Situation im jeweiligen Bundesland – auch vor dem Hintergrund einer nach wie vor rechtlich nicht wirklich abgesicherten Position der OKJA.

Insbesondere dann, wenn die Instrumente und Bausteine der Qualitätsentwicklung eher technokratisch abgearbeitet und im „top down" Verfahren administriert werden, stellen sich keine fachlichen Entwicklungen ein. Bessere Steuerung alleine macht das Feld und die erbrachten Leistungen noch nicht besser! Die Kinder- und Jugendarbeit muss angesichts der sich verändernden Rahmenbedingungen neue Perspektiven entwickeln; Qualitäts- und Wirksamkeitsdialoge können dabei einen kommunalen Rahmen bilden, in dem sich inhaltlich-fachliche Entwicklungen transparent gestalten und das Feld nach außen hin (Politik!) besser dargestellt und legitimiert werden kann.

Literatur

Deinet U. (Hrsg.) (2005): Sozialräumliche Jugendarbeit. Grundlagen, Methoden, Praxiskonzepte, überarbeitete und erweiterte Auflage. Wiesbaden

Deinet, U./ Szlapka, M./Witte, W. (2007): Qualität durch Dialog. Qualitätsentwicklung, Berichtswesen und Wirksamkeitsdialoge in der Kinder- und Jugendarbeit. Wiesbaden

Deinet, Ulrich/Krisch, Richard (2002): Der sozialräumliche Blick der Jugendarbeit. Methoden und Bausteine zur Konzeptentwicklung und Qualifizierung, Opladen

Gilles, Christoph/Buberl-Mensing, Heide (2000): Qualität in der Jugendarbeit gestalten. Konzeptentwicklung, Evaluation und Fachcontrolling. Landschaftsverband Rheinland, Köln

Liebig, R. (2004): Strukturdaten zur Offenen Kinder- und Jugendarbeit. Befunde einer Jugendamtsbefragung in Nordrhein-Westfalen. In: deutsche jugend, Heft 7/8, S. 315-323

Liebig, R. (2005): Dialogstrukturen, Selbstreflexion und Fördergelder. Das Instrument des „Wirksamkeitsdialogs" in NRW – am Beispiel der Offenen Kinder- und Jugendarbeit. In: Zentralblatt für Jugendrecht, Heft 10, S. 379-389

Lindner, Werner (2011): Jugendarbeit, in: Otto, Hans-Uwe/Thiersch, Hans (Hg.) Handbuch soziale Arbeit, 4. völlig neu bearbeitete Auflage, München und Basel, S. 669-675

Ministerium für Frauen, Jugend, Familie und Gesundheit des Landes Nordrhein-Westfalen (2002): Offene Kinder- und Jugendarbeit: Der Wirksamkeitsdialog, Düsseldorf

Ministerium für Schule, Jugend und Kinder des Landes Nordrhein-Westfalen (2003): Strukturdaten der Offenen Kinder- und Jugendarbeit in Nordrhein-Westfalen 2001: Befunde der ersten Strukturdatenerhebung im Rahmen des landesweiten Berichtswesens zur Offenen Kinder- und Jugendarbeit, Düsseldorf

Ministerium für Schule, Jugend und Kinder des Landes Nordrhein-Westfalen (2004): Die Offene Kinder- und Jugendarbeit in Nordrhein-Westfalen. Befunde der zweiten Strukturdatenerhebung zum Berichtsjahr 2002, Düsseldorf

Mühlmann, Thomas (2013): Systematische Datenerhebung als Grundlage einrichtungsbezogenen Berichtswesens, in: Deinet, Ulrich/Sturzenhecker, Benedikt (Hrsg.) (2013, i.E.) Handbuch Offenen Kinder- und Jugendarbeit, 5. völlig überarbeiteten und erweiterten Auflage, Wiesbaden

Projektgruppe WANJA (Hrsg.) (2000): Handbuch zum Wirksamkeitsdialog in der Offenen Kinder- und Jugendarbeit. Qualität sichern, entwickeln und verhandeln; Münster

Spiegel, Hiltrud von (Hrsg.) (2000): Jugendarbeit mit Erfolg. Arbeitshilfen und Erfahrungen zur Qualitätsentwicklung und Selbstevaluation. Münster

Sturzenhecker, B./ Deinet, U. (Hrsg.) (2007): Konzeptentwicklung in der Kinder und Jugendarbeit. Reflexionen und Arbeitshilfen für die Praxis. Weinheim

Ulrich Deinet

Chancen und Grenzen partizipativer Projekte zur Qualitätsentwicklung[17]

Das Ziel dieses Beitrages besteht darin, die Erfahrungen aus mehreren Beratungsprozessen zur Evaluation und Qualitätsentwicklung der Offenen Kinder- und Jugendarbeit in größeren Städten zu reflektieren und daraus Anregungen für vergleichbare Projekte zu formulieren. Ein solches Projekt steht im Hintergrund dieses Beitrags und dient als Beispiel für Bedingungen, Erfahrungen und Probleme, so wie sie in zahlreichen weiteren Projekten der letzten Jahre zu finden waren, die durch die Forschungsstelle für sozialraumorientierte Praxisforschung und Entwicklung (FSPE) an der Fachhochschule Düsseldorf durchgeführt wurden.

Wie viele Städte in dieser Größe verfügt auch die Stadt in unserem Beispiel mit mehr als zehn von hauptamtlichen Mitarbeiter/innen geführten Einrichtungen sowie stadtweiten Projekten (Ferienspielen etc.) über eine gute Infrastruktur im Bereich der Kinder- und Jugendarbeit. Durch eine langjährige Stagnation im Bereich der Jugendpolitik (keine Aufstockung oder Veränderung der Förderung) ist aber auch die fachliche Weiterentwicklung beeinträchtigt worden. Mittelkürzungen des Landes wurden – wie in vielen Städten – auf alle vorhandenen Häuser umgelegt, so dass es faktisch zu einer Mittelkürzung für alle Einrichtungen kam. Die Stadt erhöhte die Mittel für die Offene Jugendarbeit nicht, wodurch infolge von Lohnerhöhungen und Preissteigerungen etc. de facto ein Minus für fast alle Einrichtungen entstand. Das Evaluationsprojekt sollte die Grundlage für eine jugend- und förderpolitische Neuorientierung liefern. Ausgangspunkt für den Auftrag der Evaluation war weniger das Ziel einer externen Bewertung, vielmehr sollten eine gemeinsame Konzeptentwicklung und ein Aufbruch der Kinder- und Jugendarbeit in der Stadt stattfinden. Auf keinen Fall sollten die einzelnen Einrichtungen bewertet und verglichen werden, was auch der Rahmen des Projekts nicht zugelassen hätte. Da der Auftraggeber (das Jugendamt) den Begriff der Evaluation für das Projekt bevorzugte, sprechen wir im Folgenden auch immer von einem Evaluationsprojekt, obwohl es sich streng genommen eher um ein Beratungs- und Entwicklungsprojekt handelt.

---

17 Der Beitrag wurde unter dem Titel: „Evaluation und Qualitätsentwicklung in der Offenen Kinder- und Jugendarbeit. Erfahrungen und Empfehlungen“ in der Zeitschrift „deutsche jugend“, Heft 9/2011, Juventa Verlag, Weinheim, S. 369-376 veröffentlicht.

Für das Forschungsteam stellte sich die Gesamtsituation der Offenen Kinder- und Jugendarbeit als ausgesprochen ambivalent dar. Auf der einen Seite stellte sich die generelle Frage nach dem Sinn des Forschungsprojektes, andererseits gab es zahlreiche Hinweise auf erhebliche Probleme (z. B. Wochenendöffnungszeiten). Einzelne Einrichtungen wurden als besonders „veränderungsresistent“ betrachtet, neue Träger als zusätzliche Anbieter in dem Bereich zum Teil kritisch beäugt. Durch ein Zentralteam für die Jugendförderung war es dem Jugendamt bisher jedoch immer gelungen, den Ruf der Kinder- und Jugendarbeit in der Stadt insgesamt sehr positiv zu gestalten, z. B. durch stadtweite Aktionen wie etwa eine an mehreren Standorten durchgeführte Ferienaktion mit großer öffentlicher Beachtung. Die aus Sicht des Jugendamts insgesamt offene Situation hatte den positiven Effekt, dass das Gesamtdesign des Projektes weitgehend vom Forscherteam vorgeschlagen werden konnte. Aus heutiger Sicht ist das Projekt als eine Mischform von Evaluation, Beratung, Organisations- und Konzeptentwicklung zu sehen. Der Auftrag bestand dezidiert nicht darin, einzelne Einrichtungen zu evaluieren, sondern die Ebene des Projektes war immer eine trägerübergreifende, die sich stadtweit auf alle Einrichtungen bezog. Man könnte auch von der Initiierung eines Qualitäts- bzw. Wirksamkeitsdialogs sprechen; zu dieser Frage werden unten weitere Ausführungen gemacht.

Die Organisationskultur im Feld: Stagnation und Frustration

Auf der Grundlage einer Begehung aller Einrichtungen und der Durchführung einer Kick-off-Veranstaltung entstand auf der fachlichen Ebene der Eindruck, dass die modernen Diskurse der Kinder- und Jugendarbeit von den Fachkräften der Einrichtungen kaum bedient werden und auch Fachbegriffe aus diesen Diskursen wenig bekannt waren. Die Situation war durch folgende Aspekte gekennzeichnet:

- Es gab kaum Hinweise auf eine erkennbare *Partizipation* und Beteiligung von Kindern und Jugendlichen, abgesehen von kleinen Gestaltungsprojekten in einzelnen Einrichtungen. Auch in der später durchgeführten Befragung der Einrichtungsmitarbeiter wurde dieser Punkt eher als nebensächlich beschrieben bzw. als in der Praxis kontinuierlich wirkende Haltung aufgefasst, die sich aber nicht in spezifischen Projekten manifestiert.

- Hinausreichende Angebote in den jeweiligen Sozialräumen, *mobile Projekte im Stadtteil* oder eine mobile Jugendarbeit existierten nicht, d. h. die Einrichtungen waren traditionell eher auf eine „Komm-Struktur" eingestellt.
- Die *Kooperation mit Schule* existierte zwar in einzelnen Projekten, insgesamt war dies aber eher noch die Ausnahme und die Diskussion der Fachkräfte war vergleichbar mit der landesweiten Fachdiskussion vor etwa zehn Jahren, in der es um die Frage ging, ob man überhaupt mit Schule kooperieren solle etc.
- Bei der Frage nach einer *Bildungsorientierung* erschienen die Fachkräfte insgesamt weit weg vom aktuellen Diskurs über Jugendarbeit und informelle/non-formelle Bildung.
- *Diversity-Themen* wie „Interkulturalität" oder „Gender" schienen implizit vorhanden zu sein, wurden jedoch in eher klassischen Formen gestaltet, die über Angebote wie Mädchentage oder klassische Formen der Ausländerpädagogik selten hinausreichten.
- Nach einiger Zeit entstand der sichere Eindruck, dass ein großer Teil der Fachkräfte nicht mehr auf dem *aktuellen Stand der Diskurse in der Jugendarbeit* ist und auch wenige Fortbildungen besuchte.
- Die *Zusammenarbeit zwischen den Einrichtungen* bezog sich immer auf die Durchführung einzelner Projekte, eine stadtweite Kooperation im Sinne eines „Teams Jugendarbeit", sozialraumbezogene Teams oder ein Austausch von Spezialisten für bestimmte Bereiche zwischen den Einrichtungen waren nicht bekannt.
- Das generelle Problem der *Überalterung* in der Offenen Kinder- und Jugendarbeit war schnell sichtbar, insbesondere aber die zum Teil sehr lange Verweildauer von Fachkräften in einzelnen Einrichtungen, wo sie zum Teil seit ihrem Anerkennungsjahr arbeiten.
- Ein weiteres Problem stellte die *Trägerlandschaft* dar, die zwar etwas in Bewegung geraten war, aber vor allem aus einem politisch kalkulierten Verteilungssystem zwischen der Stadt selbst sowie den Kirchen und einem Wohlfahrtverband bestand. Daneben gab es noch einen kleinen Träger, der nur eine Einrichtung besaß und deshalb sehr stark auf den Erhalt dieser Einrichtung fixiert war. Auch ein gewisses Misstrauen zwischen den Trägergruppen war nicht zu übersehen: Ihre wichtigste Gemeinsamkeit lag in der Sorge um die Zukunft ihrer Einrichtungen und Mitarbeiter/innen.

- Die relativ weit fortgeschrittene *sozialräumliche Orientierung* der Hilfen zur Erziehung wirkte bisher nicht erkennbar auf die Kinder- und Jugendarbeit aus, obwohl die Kinder- und Jugendeinrichtungen zu den einzelnen Sozialraumteams gehörten und dort auch die Dienst- und Fachaufsicht lag.

Elemente von Projekten zur Qualitätsentwicklung

Bestandsaufnahme in den Einrichtungen

Mit Hilfe von standardisierten Interviews wurde bei den vorhandenen Fachkräften und Einrichtungen eine detaillierte Situationsanalyse als Bestandserhebung vorgenommen. Diese musste als wichtige Planungsgrundlage auch detailliert dokumentiert werden, sollte aber auch den Charakter einer Selbstreflexion haben. Der Leitfaden für dieses Interview beinhaltete zahlreiche Themen (Konzeptentwicklung, Schwerpunkte, Arbeitsbereiche, Kooperationspartner etc.); Die Ergebnisse wurden zunächst in der Steuerungsgruppe beraten (s.u.).

Sozialraumrecherche durch Studierende

Im Rahmen eines Seminars wurden mit einer Gruppe von 20 Studierenden im Umfeld der Einrichtungen Sozialraumerkundungen durchgeführt. Dabei wurden qualitative Befragungen (über 420 befragte Kinder und Jugendliche) sowie aktivierende Befragungsformen, wie das Cliquenraster und die Nadelmethode angewandt. Hier ging es um die Lebenslagen von Kindern und Jugendlichen in der Großstadt und weniger um die Sicht auf die Einrichtungen. Untersuchungsorte waren informelle Treffs, der öffentliche Raum, aber auch Schulen. Dazu gehörten auch Interviews mit Schlüsselpersonen zur Situation von Kindern und Jugendlichen in der Großstadt.

Die zusätzlichen Hausarbeiten der Studierenden zeichneten zum Teil ein interessantes Porträt der einzelnen Einrichtungen, auch über die ermöglichten Interviews mit Besucherinnen und Besuchern. Die Hausarbeiten wurden den Einrichtungen zum großen Teil zur Verfügung gestellt und die sehr interessiert an den Ergebnissen waren. Im Nachhinein kann allerdings nicht behauptet werden, welche Wirkungen diese Einblicke von außen durch Studierende auf die Konzeptentwicklung der Einrichtungen wirklich hatten.

Bildung einer Steuerungsgruppe mit Einrichtungsvertretern und Trägern

Eine zentrale Rolle im Evaluationsprojekt kam der *Steuerungsgruppe* zu, die aus dem Forschungsteam, den Verantwortlichen der Stadt und Vertreter/innen der Einrichtung gebildet wurde. Diese Steuerungsgruppe sollte auch den Forschungsprozess selbst kritisch begleiten (z. B. die Inhalte des Interviewleitfadens). Die Besetzung der Steuerungsgruppe erfolgte in Abstimmungen mit den Verantwortlichen der Stadt. Die Steuerungsgruppe wurde kontinuierlich über die Aktivitäten im Prozess informiert und einbezogen. Sie sollte je nach Bedarf und zeitlichen Möglichkeiten in einem Zeitraum von vier bis sechs Wochen zusammenkommen.

Einzelveranstaltungen und weitere Bausteine

Den gemeinsamen Auftakt bildete eine *Kick-off-Veranstaltung*; während des Projekts fanden Inhouse-Fortbildungen zu unterschiedlichen Themen statt sowie ein Transferworkshop am Ende des Projekts. Mit den freien Trägern wurden separate Sitzungen durchgeführt, um sie speziell in ihrer Rolle über den Verlauf des Projektes und deren Ergebnisse zu unterrichten. In der Abschlussphase fanden verschiedene Gespräche z. B. mit den jugendpolitischen Sprechern der Parteien statt, um die Ergebnisse nicht nur im Jugendhilfeausschuss zu präsentieren.

Abschließende Empfehlungen an die Politik

Nach der Erhebungs- und Analysephase wurde den Fachkräften in einem sogenannten *Transferworkshop* zunächst die erste Fassung der abschließenden Empfehlung präsentiert und mit ihnen gemeinsam bearbeitet. Diese Empfehlungen wurden dann in der Steuerungsgruppe mehrfach diskutiert und sollten als gemeinsames Ergebnis in den Jugendhilfeausschuss eingebracht werden. Trotz einigen Kontroversen zwischen Forschergruppe und Fachkräften in der Steuerungsgruppe konnte ein gemeinsames Resultat erzielt werden, d. h. Empfehlungen, die als gemeinsames Ergebnis des Prozesses präsentiert wurden:

- Sicherung einer angemessenen Grundförderung und Erweiterung der Ressourcen, u. a. durch die Entwicklung neuer Förderrichtlinien (z.B. zusätzliche Projektmittel);
- Schaffung eines Budgets für Qualifizierung (Fortbildung, kollegiale Beratung, Supervision im Einzelfall);

- Entwicklung neuer Strukturen bei den Betriebskosten (z. B. Übernahme bei gleichzeitiger Motivation zum Energie- und Materialsparen);
- Aufstockung der personellen Ressourcen im Jugendamt zur besseren fachlichen Begleitung der Einrichtungen;
- Überprüfung aller Gremien und AGs;
- Verbesserung der sozialräumlichen Kooperation, Qualifizierung der Arbeit der Sozialraumteams;
- Einführung eines effektiven Qualitäts- bzw. Wirksamkeitsdialogs (vgl. Deinet u. a. 2008).

Empfehlungen für die Durchführung partizipativer Projekte zur Qualitätsentwicklung

Moratorium als jugendpolitische Grundlage des Prozesses

Als sehr förderlich für Phasen der Umorientierung der Kinder- und Jugendarbeit hat sich ein Moratorium erwiesen, das den Trägern über die Laufzeit des Projekts Schutz gewährt und so Veränderungsprozesse in einem geschützten Rahmen ermöglicht. Konkret wurde festgelegt, dass es innerhalb der Projektlaufzeit keine weiteren Einschnitte in die finanzielle Ausstattung der Einrichtungen oder andere strukturelle Veränderung geben soll. Solche Rahmenbedingungen müssen von der Politik im Vorfeld gesetzt werden. Auch wenn die Politik sich nicht in die direkte pädagogische Arbeit oder in die konzeptionellen Binnendifferenzierungen der Einrichtungen einmischen sollte, müssen von ihr klare Vorgaben für die weitere Entwicklung des Gesamtfeldes gegeben werden. Ist dies nicht der Fall, entstehen Hindernisse und auch Vorlagen für die überall vorhandenen „Besitzstandswahrer“ und „Bedenkenträger“, die ihre Verweigerung einer fachlichen Entwicklung stets mit der fehlenden jugendpolitischen Grundlage begründen können.

Trennung von Moderation und fachlicher Begleitung

In dem komplizierten Prozess auf den verschiedenen Ebenen des Evaluationsprozesses hat es sich sehr bewährt, die Moderation z. B. der Steuerungsgruppe, aber auch großer Veranstaltungen, von der fachlichen Begleitung zu trennen. So kann sich eine Person ganz auf die Moderation konzentrieren, während die andere Person die inhaltliche Expertise trägt. Es war ebenso oft ein großer Vorteil, dass der Moderator in seiner inhaltlich neutralen Rolle bleiben konnte, ebenso wie der inhaltliche Berater manchmal eine andere Position als der Moderator einnehmen konnte. Die Konfrontation der Fachkräfte mit bestimmten inhaltlichen Positionen seitens des fachlichen Beraters konnte beispielweise gleichzeitig von der Moderation aufgefangen werden, um die Veranstaltung nicht zu gefährden. Diese strenge Trennung wurde auch in der Leitung der Steuerungsgruppe beibehalten. Es gab Sitzungen, in denen nur der Moderator anwesend war. Seine Rolle prägte ebenfalls sein Auftreten in anderen Situationen, etwa bei der Moderation der Kick-off-Veranstaltung oder des Transferworkshops. Dieses „Pärchenprinzip" mit unterschiedlichen Rollen hat sich sehr bewährt und kann als Empfehlung für ähnliche Prozesse formuliert werden.

Parallele Gestaltung des Gesamtprojektes auf unterschiedlichen Ebenen

Die Einführung eines Qualitäts- bzw. Wirksamkeitsdialoges, so wie man heute das Evaluationsprojekt in der Großstadt bezeichnen würde, muss sich auf verschiedenen Ebenen gleichzeitig entwickeln. Auf der Einrichtungsebene haben Interviews, Portraits und Befragungen durchaus Prozesse ausgelöst; hier fehlte allerdings eine einrichtungsbezogene Konzeptentwicklung, die nicht Bestandteil dieses Prozesses war und sehr aufwändig gewesen wäre. Die Durchführung großer Veranstaltungen für die gesamte Mitarbeiterschaft hatte einen wichtigen Signalcharakter für den Beginn des Prozesses, die Präsentation wichtiger Zwischenergebnisse und den Abschluss.

Die gleichzeitige Kommunikation mit Auftraggebern, Jugendpolitik und – in einer separaten Kommunikationslinie – mit den Trägern sicherte die Entwicklung des Projektes ab, so dass alle Seiten informiert waren (und sich vor allen Dingen auch informiert fühlten). Es entwickelte sich eine Kommunikationskultur, die es anscheinend vorher so nicht gegeben hatte und die eine wichtige Grundlage für die weitere Qualifizierung der Arbeit in der Stadt wurde. Ein wichtiges Bindeglied zwischen diesen Ebenen und völlig neu für die Kultur der Jugendpolitik in der Stadt war die Steuerungsgruppe, die sich an Erfahrungen aus dem nordrhein-westfälischen Wirksamkeitsdialog anlehnte. Die gleichzeitige Arbeit auf unterschiedlichen Ebenen war jedoch nicht immer einfach, so etwa bei der Frage, wer als erster ausformulierte

Empfehlungen bekommen sollte. Dies war ein wichtiger Gesichtspunkt in der Balance zwischen der Gestaltung eines partizipativen Prozesses mit den Fachkräften und den Ansprüchen des Auftraggebers. Es stellt sich insgesamt die Frage, wie Fachkräfte aus Einrichtungen an einem Evaluationsprozess oder Qualitätsentwicklungsprozess beteiligt werden können, bei dem es auch darum geht, ihr Feld „neu zu bestellen".

Qualitätsentwicklung bedeutet immer auch Fortbildung

Die Zusammenarbeit mit der gesamten Mitarbeiterschaft der Kinder- und Jugendarbeit einer Großstadt ist dadurch gekennzeichnet, dass es einige Fachkräfte gibt, die sich regelmäßig fortbilden, andere tun dies unregelmäßig und ein weiterer Teil überhaupt nicht. Dies ist durchaus typisch für den Bereich der Kinder- und Jugendarbeit und wahrscheinlich für die Jugendhilfe insgesamt. In diesem Projekt war eine erhebliche Differenz zwischen dem Stand der Fachkräfte und dem fachwissenschaftlichen Diskurs im Feld festzustellen. Es gab zwar Fachkräfte, die Fortbildungen individuell absolviert hatten, aber es machte nicht den Eindruck, dass diese Fortbildungen konzeptionell begründet waren oder etwa auf Stadtebene dazu führten, dass einzelne Einrichtungen Schwerpunkte herausbilden konnten.
Es ist deshalb zu empfehlen, einen Evaluations- bzw. Qualifizierungsprozess auch als Fortbildungsprozess zu verstehen und zu gestalten, um damit auch die Fachkräfte zu erreichen, die in den letzten Jahren von sich aus keine Fortbildung mehr besucht haben. So wurden in der Großstadt als Ergebnis etwa Fortbildungstage zu Themenbereichen wie Kooperation Jugendarbeit/Schule, Jugendkulturen etc. eingerichtet. Ein wichtiges Ergebnis des gesamten Prozesses, der sich auch in den Empfehlungen wiederfindet, ist die weitere Gestaltung von Fortbildungsveranstaltungen für die gesamte Mitarbeiterschaft der Kinder- und Jugendarbeit.

> „Wenn man den Sumpf trockenlegen will, darf man nicht mit den Fröschen sprechen!"

Dieser Spruch verfolgte das Forscherteam in der Reflexion über den Gesamtprozess lange Zeit. Obwohl die Partizipation der Fachkräfte einen sehr großen Stellenwert hat und für einen Entwicklungsprozess unverzichtbar ist, wurde doch deutlich, dass bestimmte Themenstellungen zum Tabu werden und in einer partizipativen Form nicht bearbeitet werden können. Es stellt sich für kommende Projekte die Frage, welche Themen an welche Stelle gehören. Jugendpolitische Versäumnisse können z. B. kaum durch partizipative Projekte kompensiert werden. Die Auftragslage für solche Projekte ist meist sehr komplex, sie sollte aber von Beginn an so gut wie möglich geklärt werden.

Literatur

Deinet, Ulrich/Sturzenhecker, Benedikt (Hrsg.) (2007): Konzeptentwicklung in der Kinder- und Jugendarbeit. Reflexionen und Arbeitshilfen für die Praxis, Weinheim und München

Deinet, Ulrich/Szlapka, Marco/Witte, Wolfgang (2007): Qualität durch Dialog. Bausteine kommunaler Qualitäts- und Wirksamkeitsdialoge, Wiesbaden

Deinet, Ulrich (2008): Qualität durch Dialog – kommunale Qualitäts- und Wirksamkeitsdialoge in der Offenen Kinder- und Jugendarbeit am Beispiel Nordrhein-Westfalens, in: Lindner, Werner (Hrsg.): Kinder- und Jugendarbeit wirkt, aktuelle und ausgewählte Evaluationsergebnisse der Kinder- und Jugendarbeit, Wiesbaden, S. 125-138

Ulrich Deinet, Michael Janowicz

Innovationen in der Offenen Kinder- und Jugendarbeit – Praxis, Forschung und Transfer

Ausgangslage

Vor dem Hintergrund der veränderten bildungspolitischen und sozialen Rahmenbedingungen sind für das Feld der Offenen Kinder- und Jugendarbeit Innovationen im Sinne neuer Angebote, Handlungsansätze und konzeptioneller Weiterentwicklungen notwendig. Solche Prozesse werden bei näherer Betrachtung häufig sichtbar – etwa in der Studie zur Kooperation von Jugendarbeit und Schule (Deinet u. a. 2010). Die Praxis bringt immer wieder Entwicklungen hervor, die positive Veränderungsprozesse in Gang setzen und die ggf. als beispielhaft für den gesamten Bereich betrachtet werden können. Basierend auf langjähriger, fundierter Kenntnis des Feldes ist jedoch anzunehmen, dass viele interessante Projekte, Konzepte und Angebote ihren üblichen Wirkungsradius nicht überschreiten und damit nicht an die Fachöffentlichkeit gelangen.

Auch die Analyse der Empirie der Offenen Kinder- und Jugendarbeit von Holger Schmidt (2011) zeigt eine große Forschungslücke, gerade in Bezug auf die Themen, die für die Weiterentwicklung der Praxis von großer Bedeutung sind, wie etwa die Kooperationsformen und ihre Auswirkungen. Mit solchen z. T. sehr differenzierten Fragestellungen ist die Forschung allerdings überfordert. Eine Lösung dieses Problems besteht nur in einem intensiveren Transfer zwischen Praxis und Forschung und außerdem der Entwicklung eines erneuerten Ansatzes von Praxisforschung. Ein Ansatz, die Kluft zwischen Praxis und Forschung ein stückweit zu überbrücken, liegt beispielsweise in einem Konzept wie es u. a. von Richard Krisch (2009) in seiner sozialräumlichen Methodik der Jugendarbeit entwickelt wurde. Werner Lindner ruft die Praxis auf, sich stärker der Forschung und der Evaluation zu öffnen. In seinem Betrag „Heute schon geforscht?“ (Lindner 2008) kritisiert er die weit verbreitete Trennung von Praxis und Theorie in der Kinder- und Jugendarbeit, trotz zahlreicher auch aktueller Studien, die die Wirksamkeit der Kinder- und Jugendarbeit untersuchen und zu interessanten Ergebnissen kommen, etwa zu Bildungswirkungen (Hinweise eintragen). Er weist auf zahlreiche Hindernisse und gegenseitige Vorurteile von Theorie und Praxis hin und kommt zu der Einschätzung: „Aus allen diesen Gründen ergibt sich in der Praxis der Kinder- und Jugendarbeit eine Haltung, die einen fassbaren

Nutzen von Forschung/Evaluation für die unmittelbare Praxis aberkennt und in der Folge auch entsprechende Interessen, Initiativen und Anstrengungen gern mit Desinteresse, Distanz und Misstrauen unterläuft. Solange dieser Nutzen nicht deutlich und nachweisbar wird, bleiben sämtliche noch so gut gemeinten Anregungen – zumeist von außen – Makulatur; ihnen wird ausgewichen, sie werden ausgebremst, verschoben, vergessen und ignoriert (wenn auch mit bisweilen schlechtem Gewissen, da die eigenen professionellen Ansprüche ja durchaus präsent sind)" (Lindner 2008, S. 12). Unter der Überschrift „vom Nutzen der Forschung" plädiert Lindner für eine Kinder- und Jugendarbeit, die nicht nur an Forschung und Evaluation interessiert ist, um ihre Legitimation zu verbessern, sondern um sich mit erhöhter Kompetenz in jugendpolitische Debatten einschalten zu können: „Die Kinder- und Jugendarbeit wäre daher zunächst angehalten, sich über eigene hautnahe und dichte Erkundungen die Expertise für die Lebenslagen der Kinder- und Jugendlichen, ihres eigenen Umfeldes (zurück) zu holen). Denn angesichts der unübersehbar vielfältigen Ausdifferenzierung der Lebenslagen von Kindern und Jugendlichen und der damit verbundenen Unmöglichkeit über soziologische Großtheorien und akademische Jugendforschung noch signifikante Kenntniszuwächse zu erlangen, kommt gerade kleinteiligen dichten Beschreibungen ein ungleich erhöhter Erkenntniswert zu" (Lindner 2008 S. 14). Lindner spricht in diesem Zusammenhang von einem neuen Standard in der Kinder- und Jugendarbeit, „der sich in den Bereichen Forschung und Evaluation zu verorten hätte (und sich keinesfalls schon durch die bisherigen Qualitätsentwicklungen erledigt)" (Lindner 2008, S. 15). Er präferiert praxisintegrierte Forschungsvorhaben in der Kinder- und Jugendarbeit „als alltägliche, wie selbstverständlich gehandhabte Instrumente zu sehen, die ferner gar auf den Habitus der Fachkräfte nachhaltig einwirken" (Lindner, a.a.O.).

Dieser Beitrag basiert auf den Vorarbeiten für das Projekt PUTZ (Praxisforschungs- und Transferzentrum Offene Kinder und Jugendarbeit) an der Fachhochschule Düsseldorf, mit dem eine sehr praxisnahe Erforschung von Innovationen angestrebt wird. Die hier vorgestellten Praxisbeispiele stammen aus der Testphase des Projektes. Da PUTZ bisher aufgrund fehlender Ressourcen nicht wie geplant umgesetzt werden kann, soll hier ein Ausblick auf das Vorhaben gegeben werden.

Schwierige Positionierung der Offenen Kinder und Jugendarbeit innerhalb der Felder der Jugendhilfe

Die OKJA stellt ein sozialpolitisch nicht ausreichend abgesichertes Feld dar. Innovative Ansätze sind deshalb nicht zuletzt auch als Grundlage für eine stabile Positionierung innerhalb der kommunalen Strukturen notwendig. Die

Offene Kinder- und Jugendarbeit bildet nach wie vor den drittgrößten Bereich der Jugendhilfe (nach Tageseinrichtungen und den Hilfen zur Erziehung). Diese Tatsache entspricht heutzutage allerdings bei weitem nicht ihrer tatsächlichen Bedeutung und so wird die OKJA immer mehr zu einem Bereich der sozialpolitischen Inpflichtnahme, die für jedes neue Thema zur Verfügung stehen muss. In der kommunalen Landschaft existieren dabei deutliche Unterschiede in ihrer Positionierung. Einerseits erscheint sie oft als „Schmuddelkind" der Jugendhilfe, die im Vergleich zu den weitaus größeren und gesetzlich abgesicherten Bereichen der Kindertageseinrichtungen und der Hilfen zur Erziehung eher marginalisiert wird. Demgegenüber kann man in anderen Kommunen den Eindruck gewinnen, dass sie ein anerkannter Bestandteil der sozialen Infrastruktur ist und die Kinder- und Jugendeinrichtungen z. B. auch im Zuge der Entwicklung von Bildungslandschaften (als gleichwertiger Partner) in Bildungsvereinbarungen einbezogen werden.

Die Positionierung der Offenen Kinder- und Jugendarbeit und ihr spezifisches Mandat lassen sich dabei wie folgt zusammenfassen: Offene Kinder- und Jugendarbeit ist Erziehung, Bildung, Betreuung, aber nicht Prävention! Im Sozialgesetzbuch heißt es dazu: „Jungen Menschen sind die zur Förderung ihrer Entwicklung erforderlichen Angebote der Jugendarbeit zur Verfügung zu stellen. Sie sollen an den Interessen junger Menschen anknüpfen und von ihnen mitbestimmt und mitgestaltet werden, sie zur Selbstbestimmung befähigen und zu gesellschaftlicher Mitverantwortung und zu sozialem Engagement anregen und hinführen (§11 SGBVIII (1)".

Das SGB VIII (besonders der § 11) beschreibt sehr deutlich ein Curriculum der Kinder- und Jugendarbeit, das diese von anderen Arbeitsbereichen der Jugendhilfe unterscheidet:

- Kinder- und Jugendarbeit ist gehört nicht zum Jugendschutz oder der Jugendsozialarbeit,
- Kinder- und Jugendarbeit ist nicht Prävention im Vorfeld der Hilfen zur Erziehung (kann aber diese Wirkung entfalten).
- Kinder- und Jugendarbeit ist nicht Hilfe zum Übergang in den Beruf (kann diese Wirkung aber entfalten) (vgl. Deinet u.a. 2010).

Die OKJA muss deshalb ein stückweit unkalkulierbar bleiben, weil sie sich an den häufig wechselnden Themen und Interessen von jungen Menschen orientiert. Werner Lindner beschreibt das Spektrum der Jugendarbeit zwischen „Experimentierfeld" und „Ressource zur Lebensbewältigung": „Wenn die Kinder- und Jugendarbeit angesichts der gesellschaftlichen Verwerfungen wie auch im Hinblick auf die anwachsenden öffentlich-finanziellen Krisen, Szenarien auch zur Bearbeitung sozialer Ungerechtigkeit einen Beitrag leisten will, ist sie zum einen gefragt sich noch stärker als Experimentierfeld für jugendliche Lebensentwürfe zu profilieren und als Ressource der Lebensbewältigung zur Verfügung zu stehen“ (Lindner 2011, S. 669).

Für die Weiterentwicklung der gesamten Jugendhilfe und eine profilierte Stellung der OKJA im Feld ist es wichtig, dass die OKJA mit einem positiven Selbstbewusstsein in die Diskussion um die Weiterentwicklung der Jugendhilfe gehen kann. Dafür sprechen insbesondere drei Faktoren:

- Offene Kinder- und Jugendarbeit ist *der* Bereich an der Schnittstelle von öffentlichem Raum, Schule, Freizeit und Familie.
- Der konzeptionelle Ansatz ist so flexibel, um sich an die sozialräumlichen Gegebenheiten anpassen zu können.
- Als Partner von Schule, den Bereichen der Jugendhilfe und weiteren Institutionen bietet die Offene Jugendarbeit ein breites Spektrum informeller und nicht-formeller Bildungsangebote.

Innovative Entwicklungen: Grundlagen und Tendenzen

Ausgehend von den skizzierten Entwicklungen, dem fachwissenschaftlichen Diskurs und auf der Grundlage vielfältiger Projekterfahrungen können einige Voraussetzungen formuliert werden, die für die Entwicklung von Innovationen notwendig erscheinen.

Anpassung der Angebote an neue Rahmenbedingungen

Die Angebote der OKJA müssen sich an den Bedarfen der Zielgruppen orientieren und attraktiv gestaltet sein. Was hier sehr bekannt klingt, ist in der Praxis zunehmend schwieriger umzusetzen. Dafür können (mindestens) zwei Gründe genannt werden. Zum einen haben sich die Bedürfnisse, Lebenskonzepte etc. stark ausdifferenziert, so dass man schon längst nicht von der Jugend sprechen kann. Zum anderen wird die Konkurrenz auf dem „Freizeitmarkt“ stetig größer, d. h. Kinder und Jugendliche werden mit einer steigenden Zahl von etwa kommerziell ausgerichteten Angeboten konfrontiert. Hinzu kommt, dass heute eine Großzahl der Heranwachsenden sehr gut mit diversen Unterhaltungsgeräten ausgestattet ist (Computer, Smartphone, Spielkonsole etc.). Die vielfältigen Möglichkeiten dieser Geräte ersetzen oft die klassischen Beweggründe, um eine Jugendfreizeiteinrichtung aufzusuchen: Sowohl das Spielen als auch das Kommunizieren sind von zu Hause und zunehmend auch von jedem beliebigen Ort aus möglich.

Die Fachkräfte stehen gewissermaßen vor einer Entscheidung: Entweder sie versuchen, in diesem Bereich (der neuen Medien etc.) mitzuhalten und konkurrenzfähig zu bleiben oder sie setzen bewusst andere Schwerpunkte und versuchen eine Alternative zu bieten. Es gibt keine pauschale Antwort. Jedoch ist ein entweder/oder in diesem Punkt weder realistisch noch wünschenswert. Die OKJA kann und muss je nach Ausgangslage ihren eigenen Zugang zwischen diesen beiden Polen finden. Die leitende Maxime könnte sein, den Handlungs(spiel)raum ihrer Zielgruppen zu erweitern. Fest steht dabei, dass die OKJA ihre Angebote deutlich professioneller ausrichten muss. Bei häufig sehr knappen Personalressourcen kann das etwa heißen, stärker spezialisierte Honorarkräfte (Künstler, Tänzer, Sportler, Mediendesigner etc.) mit attraktiven Angeboten einzubeziehen.

Klares Einrichtungsprofil

Die Einrichtungen der Kinder- und Jugendarbeit müssen erkennbar sein, d. h. über ein eigenständiges (konzeptionelles) Profil verfügen. Dazu gehören nicht zuletzte auch ein „richtiger" Name mit dem dazugehörigen professionell gestalteten Erscheinungsbild (Schriftzug, Logo, Internetauftritt etc.). Die Benennung einer Jugendfreizeiteinrichtung nach ihrer postalischen Adresse (z. B. „Merowinger 14") ist nicht nur sehr einfallslos, sondern auch wenig jugendorientiert – und für die Wahrnehmung außerhalb des professionellen Umfeldes (z. B. des Jugendamtes) gar erschwerend.

Das Profil der Einrichtungen sollte mit seinen Besonderheiten und Alleinstellungsmerkmalen nach außen präsent sein, wobei es bei größeren Einrichtungen durchaus unterschiedliche Schwerpunkte geben kann. Die Spezialisierungen müssen sich zwar in entsprechenden Angeboten niederschlagen, sollten aber nicht unbedingt das gesamte Programm dominieren.

Ansprechendes Erscheinungsbild (Architektur)

Das Erscheinungsbild einer Kinder- und Jugendeinrichtung sollte nach Möglichkeit etwas unkonventionell sein (zumindest durch Gestaltung von Außenwänden etc.). Es existieren zahlreiche positive Beispiele, wie so etwas mit einfachen Mitteln umgesetzt werden kann. Allerdings gibt es immer noch etliche Einrichtungen, die sich nicht von gewöhnlichen Häusern unterscheiden und daher nicht als solche erkennbar sind. Die Gestaltungsmöglichkeiten gehen über das Bemalen von Wänden hinaus und können auch konzeptionelle Aspekte der Arbeit widerspiegeln. Solche Möglichkeiten ergeben sich aber in der Regel nur bei Neubauten, die etwa eine modulare Nutzung verschiedener Bereiche des gesamten Hauses zulassen (z. B. von außen selbständig begehbare Cliquenräume).

Diversifizierung der Räume

Der starre Immobilienbezug der OKJA mit einer starken Fokussierung auf „das Jugendhaus" entspricht zunehmend nicht mehr den gegebenen Realitäten. Daher muss diese Haltung verändert werden zugunsten einer räumlichen Diversifizierung, die unterschiedliche Bezüge zulässt. Dazu können u.a. gehören:

- Eine Stammeinrichtung bzw. feste Projekträume;
- Feste Stationen an Schulen, d. h. Räume die der Jugendarbeit dort zur Verfügung stehen und einen spezifischen Charakter haben;
- Regelmäßiger Einsatz von Fachkräften im öffentlichen Raum, z. B. mit Beteiligungsmethoden der sozialräumlichen Analyse wie Stadtteilbegehungen, Fotodokumentation etc.;
- Verlagerung der regulären Arbeit an Orte, an denen sich die Zielgruppen aufhalten (dies kann auch temporär und jahreszeitabhängig geschehen) wie z. B. Spielplätze, Innenstadt, Badeseen oder informelle Treffs.

Jugendarbeit im öffentlichen Raum

Die Jugendarbeit im öffentlichen Raum ist vermehrt mit der Arbeit in Einrichtungen verbunden, so dass die frühere Trennung zwischen den beiden Bereichen zunehmend überwunden wird. Auf diese Weise können die Fachkräfte zu Experten in ihrem Sozialraum werden und sind nicht mehr nur Spezialisten für Besucherinnen und Besucher der eigenen Einrichtungen. Dies ist ein bedeutender Schritt im Selbstverständnis, für die Konzeptentwicklung, aber auch für die öffentliche Darstellung und Legitimation der OKJA. Die regelmäßige Präsenz im öffentlichen Raum kann dazu führen, dass auch Mediations- und „Kümmereraufgaben" von den Fachkräften übernommen werden. Das heißt u. a. dass die Einrichtungen ihre zum Teil einseitige Cliquenorientierung überwinden und auch Partner für Gruppen werden, die nicht in die Einrichtung kommen wollen, zu denen aber Kontakte im Sozialraum bestehen. Dazu dienen auch sozialraumorientierte und stadtweite Projekte in Kooperation mit anderen Institutionen, insbesondere mit Schulen. Solche Aktionen machen die Arbeit in einer anderen Form sichtbar als dies im Alltag einer Einrichtung der Fall sein kann. Mit einem solchen Ansatz kann die OKJA zum verlässlichen Partner aller Kinder und Jugendlicher im Sozialraum werden, auch im Sinne einer Lobbyarbeit. Auch für Fachleute aus Politik und Verwaltung könnten bzw. müssten die Fachkräfte der OKJA als Expert/innen für die Lebenswelten von Kindern und Jugendlichen gelten.

Personalentwicklung, Qualifikation

Das Ziel einer modernen Personalentwicklung in der OKJA sollte darin liegen, zum einen Projekte und Einrichtungen zu stärken, zum anderen aber auch einrichtungsübergreifende Perspektiven zu entwickeln (d. h. die Fachkräfte nicht nur projekt- und einrichtungsbezogen einzusetzen, sondern vorhandene Fähigkeiten breiter zu nutzen). Dazu gehört eine individuelle Personalentwicklung (z. B. Mitarbeitergespräche) mit dem Ziel, die Fachkräfte sowohl hausbezogen zu unterstützen als auch ihre Weiterentwicklung zum Teil jenseits der jeweiligen Einrichtungen zu fördern. So sollten Fachkräfte nach drei bis fünf Jahren eine Zusatzqualifikation erwerben, die sie nicht nur für ihr Haus qualifiziert. Fachkräfte, die beispielsweise 15 Jahre ohne Zusatzqualifikation in einer Einrichtung arbeiten, haben anschließend große Probleme bei der Stellensuche. Durch Spezialisierungen und Zusatzqualifikation können Fachkräfte nicht nur in ihrer Einrichtung Entwicklungsprozesse vollziehen, neue Rollen einnehmen etc., sondern stehen auch für andere mit ihrem Spezialwissen zur Verfügung. Der Personaleinsatz muss derart geregelt sein, dass Spezialisten nicht nur in ihrer Stammeinrichtung arbeiten, sondern auch darüber hinaus tätig werden können – damit könnte außerdem die einrichtungsübergreifende Vernetzung gefördert werden.

Zu einem guten Einstieg in das Arbeitsfeld der OKJA gehört eine spezifische Schulung, die von Fachhochschulen im Rahmen eines Bachelorabschlusses nicht erwartet werden kann. Dabei besteht die Möglichkeit, eine Gruppe von neuen Fachkräften eines Trägers gemeinsam fortzubilden, die anschließend auch untereinander in Projekten aktiv werden kann. Solche abteilungs- oder trägerweiten Qualifikationen sind auch für Leitungspositionen denkbar, die ebenfalls über den puren Wissenszuwachs hinaus wirken können. Ältere Mitarbeiter sollten in den Teams als erfahrene Mitarbeiter erkennbar sein und evtl. über die Jugendarbeit hinausgehende Kompetenzen entwickeln, z. B. als Berater. Auch das Thema Fortbildung sollte reflektiert werden: Es ist häufig wenig effektiv, wenn nur einzelne Mitglieder an Fortbildungen teilnehmen und diese ihre neu erworbenen Kenntnisse im Team nur schwer vermitteln können. Eine Alternative bilden sogenannte Inhouse-Seminare, in denen ein ganzes Team weitergebildet wird. Damit steigen unter Umständen die Chancen, den Arbeitsalltag nach der Fortbildung effizient zu verändern.

Konzeptionelle Entwicklungslinien

In der Praxis der Offenen Kinder- und Jugendarbeit haben sich einige Entwicklungstendenzen und konzeptionelle Differenzierungen herausgebildet, von denen hier die drei markantesten kurz dargestellt werden sollen:

Kooperation mit Schule

Stark verbreitet ist eine intensive Kooperation mit Schule mit sehr unterschiedlichen Konzepten im Primarbereich und im Bereich der Sekundarstufe I (siehe Beitrag in diesem Band). Diese im Feld der Offenen Kinder- und Jugendarbeit durchaus kontrovers diskutierte konzeptionelle Orientierung ist insofern von großem Interesse, da durch die Entwicklung von der Halbtags- zur Ganztagsschule die Schule zu einem der wichtigsten Lebensorte von Kindern und Jugendlichen außerhalb ihrer Familie wird. Vor dem Hintergrund dieser Entwicklungen muss die Offene Kinder- und Jugendarbeit sich auch in der Kooperation zur Schule deutlich positionieren.

Gemeinwesenorientierung

Jugendeinrichtungen sind auch Stadtteilzentren (bzw. können diese Rolle übernehmen). Sie sind Motoren sozialräumlicher Kooperation und Vernetzung zwischen verschiedenen Institutionen und bilden oft den Mittelpunkt eines Netzwerkes. In ausgeprägter Form übernehmen die Fachkräfte auch Quartiersmanagementaufgaben. Diese insbesondere im großstädtischen Bereich anzutreffende konzeptionelle Differenzierung von Einrichtungen der Offenen Kinder- und Jugendarbeit wird oft durch entsprechende Strukturen bei Jugendämtern unterstützt.

Ausweitung der Zielgruppe

Kinder- und Jugendeinrichtungen werden zu Kinder-, Jugend- und Familieneinrichtungen, d. h. sie arbeiten intergenerativ, machen Angebote für Familien (vergleichbar mit Familienzentren arbeiten sie intensiver mit den Hilfen zur Erziehung zusammen). Diese Variante der Offenen Kinder- und Jugendarbeit ist ebenfalls eine Konsequenz aus dem in manchen Stadtteilen ausgesprochen stark zu bemerkenden demographischen Wandel, in denen die Einrichtungen darauf angewiesen sind, neue Zielgruppen zu erreichen. Die Übernahme solcher über die klassische Zielgruppe hinausgehender Funktionen ist nicht unproblematisch und zum Teil mit anderen Zielsetzungen oder Paradigmen verbunden. Dazu zählt etwa die in der Praxis durchaus verbreitete Kooperation mit den Hilfen zur Erziehung. Genauso ist die Einbeziehung von Familien- und Elternarbeit ein bisher in der Offenen Kinder- und Jugendarbeit eher vernachlässigter Aspekt, da in der Geschichte die Jugendarbeit ihre Freiraumfunktion auch darin fand, dass sie Kindern und Jugendlichen einen Raum außerhalb ihrer Familien zur Verfügung stellte.

Innovationsforschung und Transfer

Eine systematische Analyse von Innovationen in der OKJA kann zu einer erweiterten Formulierung von Varianten, Typen und Entwicklungslinien führen und damit das gesamte Feld positiv befruchten sowie Impulse für die gegenwärtigen Herausforderungen liefern. Im Sinne einer Weiterentwicklung des Feldes müssen dafür entsprechende Angebote, Projekte und Konzepte erfasst und multipliziert werden. Da die aktiven Fachkräfte selbst im Rahmen ihres Arbeitsalltags dazu nicht in der Lage sind, gilt es, einen effizienten Transfer in die Fachwissenschaft herzustellen. Eine intensive, unabhängige Feldforschung ist notwendig, um die skizzierten Prozesse entsprechend zu untersuchen und sie anschließend der Praxis wieder zur Verfügung zu stellen.

Aber wie können Innovationen in der Offenen Kinder- und Jugendarbeit verstanden werden? Der folgende theoretische Abriss soll eine kurze Einführung geben.

Innovation in der OKJA

> "Innovationen in der Jugendarbeit sind kein Selbstzweck, sondern sollen dazu beitragen, Kinder und Jugendliche zu erreichen, ihnen attraktive, interessante und brauchbare Angebote zu machen, ihr Aufwachsen zu fördern, sie bei Problemen der Lebensbewältigung zu unterstützen und ihnen Möglichkeiten zur sozialen Integration zu geben" (Düx/INKOR, 2002, S. 17)

Der Begriff Innovation (vom griechischen „innovatio“ als „etwas neu Geschaffenes“) kann wörtlich mit „Erneuerung“ übersetzt werden. Die Forderung nach Erneuerung in der Jugendarbeit ist vermutlich so alt wie die Jugendarbeit selbst. Es geht aber nicht um unreflektiertes Streben nach Neuem, sondern um kreative Lösungen für gegenwärtige Herausforderungen. Der Trendforscher Matthias Haas stellt im Hinblick auf die OKJA die These auf, dass Veränderungen häufig Angst hervorrufen, in erster Linie als „Veränderungsdruck“ wahrgenommen werden und in Folge dessen die Möglichkeit, die Entwicklungen selbst mitzugestalten, selten in Betracht gezogen werden.

Die Jugendarbeit solle sich vielmehr aktiv in die Veränderungsprozesse einbringen (BAG-OKJE, 01/2009, S. 10) Auch das Institut für angewandte Innovationsforschung weist auf die hemmenden Faktoren von Veränderungen hin: „Weil beim Innovieren schnell klar wird, dass man bestehende Strukturen in Frage stellt und der Verlust liebgewordener Privilegien droht, werden echte Innovationen verschoben solange es geht“ (http://www.iai-bochum.de). Innovation darf dabei nicht zum Selbstzweck verkommen und sich nicht auf das bloße Nacheifern von Trends beschränken. Die Verfasser des 9. Kinder- und Jugendberichtes sprechen von einem ausgewogenen Verhältnis zwischen „der Stabilisierung bewährter, sozialpädagogisch genuiner, fachlich unverzichtbarer Angebote“ und der Einführung von neuen bzw. erweiterten Konzepten oder Angeboten, es gehe also darum, eine „Balance zwischen Innovation und Stabilisierung der Jugendhilfestrukturen herzustellen“ (MGFFI, 2010, S. 23).

Die Rufe nach Neuerungen ertönen zwar immer wieder, systematische Analysen zu Innovationen im Feld der OKJA sind dagegen eher rar. Die in den vergangenen Jahren umfassendste Auseinandersetzung mit Innovationen in der Kinder- und Jugendarbeit hat das Dortmunder Projekt INKOR („Innovationen in der Kinder- und Jugendarbeit – Inhalte, Konzepte, Rahmenbedingungen“) vorgelegt. Die Verantwortlichen haben Innovation in der Jugendarbeit dabei wie folgt definiert: „Als innovativ sollen Konzepte, Inhalte, Organisations- und Arbeitsformen in der Praxis der Kinder- und Jugendarbeit verstanden werden, die – ausgehend von einer Analyse des Ist-Zustandes – an Kernproblemen ansetzen, um diese nach selbstgesetzten Zielen zu verändern. Mit anderen Worten: Als innovativ wollen wir Neuansätze, Entwicklungen und Verbesserungen betrachten, die an Ursachen, nicht an Symptomen ansetzen, die Jugendarbeit nachhaltig verändern und voranbringen, nicht nur modernistisch aufgepeppte Angebote, die sich mit neuen Namen schmücken oder kurzlebigen Modetrends hinterher hecheln" (Düx, 2002, S. 13). Die Definition von INKOR liefert einen ersten Ansatz für ein Verständnis von Innovationen in der OKJA, in dem sie die „Analyse des Ist-Zustandes“ und die „selbstgesetzten Ziele“ des jeweiligen Akteurs hervorhebt. In der eher problemorientierten Betrachtung bleibt sie aber unter Umständen lückenhaft. Nicht unwichtig erscheint in dem Zusammenhang der Hinweis, dass eine Innovation zunächst wertfrei zu betrachten ist bzw. dass eine Erneuerung nicht automatisch auch gut sein muss: "Innovativ sind Strukturen der Kinder- und Jugendarbeit, die eine Differenz zum Gegebenen darstellen (...), neue konzeptuelle Ansätze, Inhalte und Angebote, Zielgruppen, Zugangswege, Organisations-, Finanzierungs- und Arbeitsformen" (Düx, 2002, S. 14).

Auf der Grundlage von INKOR könnte die Definition der Innovation in der OKJA erweitert werden. Die Ausgangssituation für Innovationen etwa muss nicht zwingend defizitär sein, d.h. es muss sich nicht immer um die Problemlösung handeln. Wie bei INKOR festgestellt, müssen Innovationen nicht unbedingt eine absolute Neuerfindung bedeuten, sondern können auch eine entscheidende Weiterentwicklung einer Sache darstellen (Düx/INKOR, 2002, S. 16). Auch die Neuerfindung ist relativ zu betrachten, was in erster Linie regional begründet werden kann: eine Neukonzeption kann aufgrund besonderer Rahmenbedingungen an einem Ort als innovativ eingestuft werden, während dieses Konzept an anderer Stelle bereits lange praktiziert wird. Entscheidend ist, dass Fachkräfte, Einrichtungen und Jugendämter kreativ auf die sich ihnen stellenden Herausforderungen reagieren und umgekehrt auch positive Entwicklungen erkennen und aufgreifen.

Die Innovationen in der OKJA können zunächst grob in drei Bereiche unterteilt werden:

1. Angebots- und Projektebene
   (praktisch-pädagogische Arbeit)
2. Einrichtungsebene
   (allgemeine Rahmenbedingungen, z. B. Raum-/ Sozialraumkonzept, Öffnungszeiten, Personal, Finanzierung)
3. Organisations- und Steuerungsebene
   (kommunale oder trägerspezifische Gesamtorganisation)

Diese drei Ebenen unterliegen in der Praxis häufig dynamischen Interdependenzen und können deshalb nicht streng isoliert betrachtet werden. Dennoch bieten sie eine erste Orientierung für den Forschungsgegenstand und gewährleisten eine möglichst umfassende Erfassung des Feldes. Diese Dreiteilung impliziert auch die von INKOR vorgeschlagene Unterteilung in „Interaktionsbezogene und Organisationsbezogene Innovationen“ (Düx, 2002, S. 17), mit der zwischen inhaltlichen und strukturellen Veränderung unterschieden wird. Die zusätzliche Betrachtung der Innen- bzw. der Außenperspektive kann Auskünfte darüber geben, welche Bedeutung dem Blick über den eigenen Wirkungsradius zukommt.

Mit der Grundannahme über die Existenz vielseitiger innovativer Prozesse in der OKJA sollte das primäre Ziel darin liegen, einen Transfer herzustellen, der dazu beiträgt, diese Prozesse zu eruieren und entsprechend zu multiplizieren. Ein Transfer ist in erster Linie auf zwei Ebenen notwendig:

- Transfer zwischen Praxis und Wissenschaft
- Transfer zwischen den Praxisakteuren

Praxisbeispiele

Die folgenden drei Beispiele sollen exemplarisch zeigen, wie die OKJA auf den genannten drei Ebenen auf Herausforderungen reagieren kann und durch innovative Konzepte ihr Profil stärken kann.

Beispiel: Angebots- und Projektebene

„50% Bildung, 50% Sport"

Kurzbeschreibung

"50% Bildung, 50% Sport" ist ein Projekt zur intensiven Förderung von Jugendlichen bei Defiziten in der Schule und in der Ausbildung. Um die Motivation für das Bildungsangebot zu erhöhen, wird parallel gemeinsam Sport getrieben (in erster Linie Fußball). Einen Schwerpunkt der Arbeit bildet die individuelle Hilfe im Hinblick auf den Schulabschluss, es kann aber auch um die Versetzung oder um Ausbildungssuche/Bewerbung eines Jugendlichen gehen. Das Angebot findet zweimal wöchentlich in einer festen Gruppe statt. Eine Einheit widmet sich der Bildung – hier findet Nachhilfe, Einzelförderung als auch Gruppenarbeit statt. In der anderen Einheit wird gemeinsam ein Sportangebot durchgeführt. Das Projekt wird durch drei Bildungs- und Sportcoachs begleitet. Dabei handelt es sich um ältere Jugendliche aus demselben Sozialraum, die andere Bildungswege eingeschlagen haben und zusätzlich ebenfalls sportlich aktiv sind. Diese Coachs sind den Teilnehmern bekannt, genießen aber aufgrund ihrer Erfolge eine Vorbildfunktion. Das Angebot findet in den Räumlichkeiten des Treffs und auf Sportplätzen und in Sporthallen statt. Es ist auf den Zeitraum von sechs Monaten begrenzt und fand im Jahr 2010 erstmals statt.

Idee, Anstöße, Ziele

Sport (Fußball) gehört zu den Hauptaktivitäten der beteiligten Jugendlichen und sie lernen sich auch darüber kennen. Die Erfahrungen und Erfolgserlebnisse aus dem Sport sollen als Muster für die Schulleistungen dienen, hier wird ein Transfer angestrebt ("Was ich beim Fußball zielgerichtet schaffe, das kann ich auch in der Schule schaffen"). Das übergeordnete Ziel des Projektes ist es, die Chancen der gesellschaftlichen und beruflichen Teilhabe durch die Koppelung von Bildung und Sport zu stärken. Das Angebot soll bei den Jugendlichen Prozesse in Gang setzen, die neben einer Steigerung der sozialen Kompetenz, die Steigerung der Lernbereitschaft und die Aktivierung eigener Potenziale zu Folge hat.

Besondere Merkmale, Veränderung, Innovation

Beide Bereiche, Bildungs- und Sportsozialarbeit, sind seit langem feste Bestandteile der Arbeit in der Einrichtung. Die Neuerung besteht in der fokussierten und zielgerichteten Koppelung dieser beiden Bereiche. Diese Koppelung hat zwei Effekte: Die Motivation der Jugendlichen für ein Bildungsangebot durch Sport sowie eine bessere Lernbereitschaft und Lernfähigkeit durch Bewegung. Einzelne Jugendliche erkennen auch den Bedarf einer Sonderförderung und nehmen diese außerhalb des Gruppenangebots in der Einrichtung wahr.

Beispiel: Einrichtungsebene

Modulare Jugendarbeit – Offene Jugendeinrichtung „ohne Haus"!

Kurzbeschreibung

In einer Großstadt in NRW hat eine große offene Jugendfreizeiteinrichtung ihr Haus komplett aufgelöst und ihre Arbeit in Form von unterschiedlichen Modulen neu strukturiert. Zu den Modulen zählen: Mobile Arbeit, Kooperationen mit Schulen, Jugendberufshilfe und ein Jugendcafé. Für die mobile Arbeit stehen drei Kleinbusse zur Verfügung, die unterschiedliche öffentliche Plätze und Schulen anfahren. In der Kooperation mit Schule bestehen neben der Übermittagsbetreuung diverse Sonderprojekte (Förderprojekte, interkulturelles Essensfest). Die Jugendberufshilfe (Bewerbungstraining, Ausbildungsplatzsuche) findet im Jugendbüro statt. Das Jugendcafé trägt einen starken Veranstaltungscharakter (Schwerpunkt Kultur) und wird im hohen Maße von den Besucher/innen selbst organisiert. Die Module sind miteinander verzahnt. Um diesen Aspekt zu fördern, wird versucht, einzelne Fachkräfte in mehreren Modulen einzusetzen. Auch im Hinblick auf die Zielgruppen findet eine Verzahnung statt, z. B. existieren Angebote für die Kinder aus der Schulkooperation im Jugendcafé. Die Arbeit ist dadurch stark auf Kooperation und Netzwerk ausgelegt. Grundsatz: "Weg von der reinen Beziehungsarbeit, rein in den Stadtteil. Es geht nicht in erster Linie um den einzelnen Pädagogen in einem Beziehungsgeflecht mit Jugendlichen, sondern um ein miteinander abgestimmtes Beziehungssystem, das für den Besucher eine einheitliche Qualität darstellt" (aus dem Konzept).

Idee, Anstöße, Ziele

Am Anfang stand u.a. die Überlegung, wie wirksam der herkömmliche Ansatz von Jugendarbeit in einer innerstädtischen Einrichtung sein kann, um eine angemessene Zahl von Jugendlichen zu erreichen. Die Idee: Mit zwei Personalstellen in der OKJA eine wesentlich höhere Wirkung zu erzielen, d.h. mehr Jugendliche erreichen und adäquate Angebote für sehr unterschiedliche Zielgruppen in unterschiedlichen Feldern anzubieten. Die Anstöße zu der Umstrukturierung hatten mehrere Quellen. Zum Einen stand ohnehin ein Auszug aus dem ehemaligen Jugendhaus an. Des Weiteren spielte die allgemeine Entwicklung des offenen Ganztags eine große Rolle (und die damit verbundenen Veränderungen bei den Besuchszeiten). Zusätzlich bestand der Wunsch des Trägers, die Aktivitäten im Feld der Kinder- und Jugendarbeit quantitativ und qualitativ zu erhöhen und sich insgesamt neu aufzustellen.

Besondere Merkmale, Veränderung, Innovation

Durch die Umstrukturierung auf das modulare System ist der Einzugs- und Einsatzbereich für die Mitarbeiter/innen deutlich größer geworden. Dadurch wird die Arbeit sichtbarer und sie wird weiträumiger wahrgenommen (besonders durch die Präsenz der Kleinbusse in der mobilen Arbeit). Damit verbunden sind z. B. Anfragen von Stellen, mit denen das ehemalige Haus keine Berührungspunkte hatte. Die "Einrichtung" hat trotz der dezentralen Ausrichtung ihr Profil gestärkt und ist auch innerhalb des Trägers bekannter geworden.

Beispiel: Organisations- und Steuerungsebene

Konzeptionelle Schwerpunkte der Einrichtungen in einer Kommune

Kurzbeschreibung

In einer mittelgroßen Stadt hat eine Umstrukturierung der offenen Jugendeinrichtungen stattgefunden, in Folge dessen jede Einrichtung mindestens einen Arbeitsschwerpunkt bekommen/gewählt hat. Zu den Schwerpunkten zählen u.a. Politische Bildung, Jugendkultur, Medienpädagogik und Prävention. Die Schwerpunktlegung wird vertraglich festgelegt, um damit eine qualitativ und quantitativ angemessene Steuerung zu gewährleisten. Die Einrichtungen arbeiten ihre Schwerpunkte jeweils aus und sollen in der Praxis inhaltlich voneinander profitieren. Die einzelnen Einrichtungen/Träger vernetzen sich zusätzlich, so dass Angebote der Arbeitsschwerpunkte in der eigenen und in anderen Einrichtungen sowie in Kooperation mit Schulen erbracht werden können. Neben der Arbeit im Rahmen der Schwerpunkte werden kontinuierlich sogenannte Basisangebote durchgeführt.

Anstöße, Ziele

Den Anstoß für die Umstrukturierung gab zum einen eine gravierende Sparmaßnahme auf kommunaler Ebene. Zum anderen waren es persönliche Interessenlagen der Fachkräfte, aus denen die Schwerpunkte entstanden sind. Ziele der Umstrukturierung: sicher zu stellen, dass bestimmte pädagogische Angebote überhaupt weiter existieren können; Vernetzung, um möglichst viele Kinder/Jugendlichen zu erreichen; Starke Profilierung der Einrichtung (auch in Hinblick auf die Politik).

Besondere Merkmale, Veränderung, Innovation

Die jeweiligen Einrichtungen identifizieren sich überwiegend stark mit ihren inhaltlichen Schwerpunkten kommunizieren diesen auch nach außen. Zusätzlich werden die Einrichtungen von außen gezielt nach Angeboten im Rahmen der Schwerpunkte wahrgenommen und entsprechend angefragt (z. B. von Schulen). Die Schwerpunktlegung hat zur Folge, dass die Einrichtungen nicht nur in der unmittelbaren Umgebung agieren, sondern auch stadtweit aktiv werden. Die Festlegung von Schwerpunkten in den einzelnen Einrichtungen hat eine größere Vernetzung der Einrichtungen untereinander zur Folge, da diese an den jeweils anderen Schwerpunktangeboten partizipieren können.

Ausblick

Eine systematische Analyse von innovativen Praxisbeispielen in der OKJA könnte zu einer erweiterten Formulierung von Varianten, Typen und Entwicklungslinien führen und damit das gesamte Feld positiv befruchten sowie Impulse für die gegenwärtigen Herausforderungen liefern. An dieser Stelle könnte auch Praxisforschung ansetzen. Das an der Fachhochschule Düsseldorf gestartete PUTZ-Projekt (Praxisforschungs- und Transferzentrum Offene Kinder- und Jugendarbeit) hat sich zur Aufgabe gemacht, innovative Entwicklungen in der Offenen Kinder- und Jugendarbeit zu ermitteln und zu untersuchen. Erforscht werden sollen alle Praxisbereiche auf den unterschiedlichen Ebenen der OKJA vom Angebotsportfolio bis zur Steuerung, schwerpunktmäßig in Nordrhein-Westfalen. Als zentraler Baustein soll mittelfristig eine Internetplattform eingerichtet werden, auf der die Ergebnisse inklusive zahlreicher Praxisbeispiele präsentiert und laufend aktualisiert werden. Diese Plattform soll als erste Anlaufstelle für Interessierte dienen und zum fachlichen Austausch anregen. Damit fungiert das Projekt als Schnittstelle zwischen Fachöffentlichkeit und Praxis. Angestrebt werden ein effizienter Transfer zwischen den beiden Bereichen und damit eine zukunftsweisende Weiterentwicklung der Offenen Kinder- und Jugendarbeit insgesamt.

Literatur

BAG OKJE e. V. (2009): Offene Jugendarbeit. Zeitschrift für Jugendhäuser, Jugendzentren, Spielmobile – Dokumentation zum Kongress für Zukunftsforschung in der Offenen Kinder- und Jugendarbeit „Offen für morgen"; Stuttgart 01/2009

Deinet, Ulrich/Icking, Maria/Leifheit, Elisabeth/Dummann, Jörn (2010): „Jugendarbeit zeigt Profil in der Kooperation mit Schule", in der Reihe „Soziale Arbeit und Sozialer Raum" (Hrsg. Ulrich Deinet) Bd. 2, Barbara Budrich

Düx, Wiebken; Rauschenbach, Thomas; Züchner, Ivo (INKOR) (2002): Innovationen in der Kinder- und Jugendarbeit. Jugendhilfe NRW – Erfahrungen, Einsichten, Herausforderungen, Münster

Krisch, Richard (2009): Sozialräumliche Methodik der Jugendarbeit. Aktivierende Zugänge und praxisleitende Verfahren. Weinheim und München

Lindner, Werner (2008): Heute schon geforscht? Strategische Perspektiven für ein Ende der Bescheidenheit in: Deutsche Jugend, 56. Jahrgang 2008, Heft 1, S. 9-17

Lindner, Werner (2011): Jugendarbeit, in: Otto, Hans-Uwe/Thiersch, Hans (2011) Handbuch „Soziale Arbeit", 4., völlig neu bearbeitete Auflage, München, S. 669-675

Ministerium für Generationen, Familie, Frauen und Integration des Landes Nordrhein-Westfalen (MGFFI) (2010): Bildung, Teilhabe, Integration – Neue Chancen für junge Menschen in Nordrhein-Westfalen; 9. Kinder- und Jugendbericht der Landesregierung; Düsseldorf

Schmidt, Holger (2011): Empirie der Offenen Kinder- und Jugendarbeit. Wiesbaden

Autorenverzeichnis

Christian Reutlinger, Dr. phil. habil., Erziehungswissenschaftler und Sozialgeograph, Professur für Sozialraumforschung und Sozialraumarbeit an der Fachhochschule St. Gallen, Institut für Soziale Arbeit (IFSA) in Rorschach, Institutsleiter des Kompetenzzentrums Soziale Räume. Arbeitsschwerpunkte: Social Development, Transnationale Soziale Arbeit, Sozialgeografie der Kinder und Jugendlichen, Europäische Jugendforschung, Sozialpädagogische Sozialraumforschung und Sozialraumarbeit.

Christina Muscutt, Sozialpädagogin, B.A., wissenschaftliche Hilfskraft in der Forschungsstelle für sozialraumorientierte Praxisforschung und Entwicklung (FSPE) an der Fachhochschule Düsseldorf.

Katja Müller, Dipl. Sozialpädagogin, M.A., Fachberaterin für Jugendarbeit im LWL-Landesjugendamt Westfalen, Lehrbeauftragte an der FH Münster.

Matthias Spaan, Sozialpädagoge, B.A., wissenschaftliche Hilfskraft in der Forschungsstelle für sozialraumorientierte Praxisforschung und Entwicklung (FSPE) an der Fachhochschule Düsseldorf.

Michael Janowicz, Dipl. Sozialpädagoge, M.A.; wissenschaftlicher Mitarbeiter in der Forschungsstelle für sozialraumorientierte Praxisforschung und Entwicklung (FSPE) an der Fachhochschule Düsseldorf; Mitarbeit in mehreren Praxisforschungsprojekten in der Offenen Kinder- und Jugendarbeit sowie im Bereich Jugendkultur.

Richard Krisch, Dr. phil., Pädagogischer Grundlagenreferent im Verein Wiener Jugendzentren, Lektor an der Fachhochschule Campus Wien, langjährige Praxis in der Offenen Kinder- und Jugendarbeit, Veröffentlichungen u.a. zu den Themen: Sozialräumliche Jugendarbeit, Sozialraumorientierung, Diversität, politische Bildung und Jugendarbeit.

Ulrich Deinet, Dr. rer. soc., Dipl.-Pädagoge, Professur für Didaktik/Methodik der Sozialpädagogik an der Fachhochschule Düsseldorf, Leiter der Forschungsstelle für sozialraumorientierte Praxisforschung und Entwicklung (FSPE); Mitherausgeber des Online-Journals *sozialraum.de*. Arbeitsschwerpunkte: Kooperation von Jugendhilfe/Schule, Sozialraumorientierung, Konzept- und Qualitätsentwicklung in der Offenen Kinder- und Jugendarbeit